高等学校应用技术型经济管理系列教材（会计系列）

高等学校应用型经济管理规划教材

总主编／李雪　主审／徐国君

U0780356

Excel 在会计和财务管理中的应用

Application of Excel in Accounting and Financial Management

（第二版）

蔡素兰◎主编

杨屾　武娟◎副主编

立信会计出版社
LIXIN ACCOUNTING PUBLISHING HOUSE

图书在版编目(CIP)数据

Excel 在会计和财务管理中的应用/蔡素兰主编. —2 版.
—上海:立信会计出版社,2019.1(2022.7 重印)
高等学校应用技术型经济管理系列教材. 会计系列
ISBN 978 - 7 - 5429 - 6050 - 4

Ⅰ.①E… Ⅱ.①蔡… Ⅲ.①表处理软件—应用—会计
—高等学校—教材②表处理软件—应用—财务管理—高等学
校—教材 Ⅳ.①F232②F275-39

中国版本图书馆 CIP 数据核字(2019)第 008884 号

策划编辑	方士华
责任编辑	方士华
封面设计	南房间

Excel 在会计和财务管理中的应用(第二版)

EXCEL ZAI KUAIJI HE CAIWU GUANLI ZHONG DE YINGYONG

出版发行	立信会计出版社		
地 址	上海市中山西路 2230 号	邮政编码	200235
电 话	(021)64411389	传 真	(021)64411325
网 址	www. lixinaph. com	电子邮箱	lixinaph2019@126. com
网上书店	http://lixin. jd. com		http://lxkjcbs. tmall. com
经 销	各地新华书店		

印 刷	常熟市华顺印刷有限公司	
开 本	787 毫米×1092 毫米	1/16
印 张	15	
字 数	360 千字	
版 次	2019 年 1 月第 2 版	
印 次	2022 年 7 月第 9 次	
印 数	23 801—25 900	
书 号	ISBN 978 - 7 - 5429 - 6050 - 4/F	
定 价	35.00 元	

如有印订差错,请与本社联系调换

总　序

　　教材是高校实现人才培养目标的重要载体,教材及教材建设对高校发展具有举足轻重的作用。与培养模式相对应的教材是培养合格人才的基本保证,是实现培养目标的重要工具。由于历史的原因,在财经类教材的出版方面,相关出版社出版研究型本科或者高职高专、中等职业等层次的教材较多,也较成熟,而在应用技术型本科教材出版上比较欠缺,虽然近年来也出版了一些这方面的教材,但总体而言,还是缺乏权威性、普适性、实用性、创新性的财经类应用技术型本科教材。造成这种状况的原因主要在于:出版社对财经类应用技术型本科教材的出版还不够重视,没有进行有效的组织;财经类应用技术型本科院校多为新建院校,教材建设相对滞后,主观上也较愿意使用研究型本科教材;在教材使用中存在比较严重的混用现象,教材的目标读者群不明确,不少教材既适用于研究型本科又适用于应用技术型本科,或者既适用于本科又适用于高职高专。

　　由于目前应用技术型教材种类和数量匮乏或质量欠佳,使得应用技术型本科不得不沿用传统研究型教材,比如东北财经大学会计系列教材(包括《基础会计》《中级财务会计》《管理会计》《高级财务会计》《审计》等),中国人民大学会计系列教材(如《成本会计》),教育部统编教材(如《财务管理》)等国家级规划教材。这些教材本身的质量很好、级别很高,但是并不适用于应用技术型本科的教学,教师和学生普遍反映不好用。即使从全国范围看,也还没有相对成套、成熟的适合应用技术型高校使用的教材,不适应教育教学要求。存在的主要问题包括:①教材的定位和要求较高;②教材的内容多、难度大;③教材着重于理论解释,相关案例、实训等内容较少,缺乏普适性、实用性。所以,需要编写适应学生水平、便于学生接受的应用技术型教材。

　　我们组织具有多年应用技术型人才培养经验的优秀教师和实务界专家编写了这套教材。本套系列教材由《基础会计》《中级财务会计》《成本会计》《管理会计》《财务管理》《审计学原理》《审计实务》《审计基础与实务》《税法》《经济法》《西方经济学》《金融学》等构成。为了保证教材的质量,本套系列教材聘请了著名高校的专家、教授对本套教材编写进行专门指导和审核。每本教材至少有一名本学科的知名专家或学科带头人提出审核指导意见,至少有一名高等院校教学一线的高级职称教师参与组织编写,至少有一名行业协会、实务界专家和教学研究机构人员提出编写建议。

　　本套系列教材的特色如下。

　　1. 应用性

　　应用技术型本科的教材建设应坚持培养应用技术型本科人才的定位,充分吸收和借鉴传统的普通本科教材与高职高专类教材建设的优点和经验,以就业为导向,做到理论上优于高职高专类教材、动手能力的培养上优于传统的本科院校教材。

　　本套系列教材体现了应用技术型本科的定位,体现了素质教育和"以学生发展为本"的教育理念,遵循了高等教育教学基本规律,重视知识、能力和素质的协调发展,根据应用技术型人才培养模式对学生的创新精神、实践能力和适应能力的要求,在内容选材、教学方法、学习方法、实验和实训配套等方面突出了应用性特征。

2. 针对性

本套系列教材的编写符合会计学、财务管理和审计学专业的培养目标、培养需求、业务规格(知识结构和能力结构)和教学大纲的基本要求,与各专业的课程结构和课程设置相对应,与课程平台和课程模块相对应。本套系列教材在结构的布局、内容重点的选取、示例习题的设计等方面符合教改目标和教学大纲的要求,把教师的备课、试讲、授课、辅导答疑等教学环节有机地结合起来。

3. 先进性

本套系列教材反映了应用技术型会计人才教育教学改革的内容,能够反映学科领域的新发展。本套系列教材的整体规划、每一种教材构造等均体现了实用性和创新性。本套系列教材还强调了系列配套,包括了教材、学习指导书、教学课件等。

4. 基础性

本套系列教材打破传统教材自身知识框架的封闭性,尝试多方面知识的融会贯通,注重知识层次的递进,体现每一门科目的基本内容,同时,在具体内容上突出实际运用知识的能力,使本套系列教材做到"教师易教,学生乐学,技能实用"。

5. 易于自学性

自学能力的培养是高等教育应该教授给学生的一项基本能力。只有具备了自主学习的能力,才能最终建立起终身学习的保障体系,这也是应用技术型本科人才培养的客观要求。应用技术型高校的生源素质与其他高校相比存在较大差距,除一部分高考发挥失误的学生外,有相当一部分学生在学习习惯、基础知识等方面存在一定的欠缺,这要求本套系列教材要能调动这部分学生的学习积极性,在理论方面尽量通俗易懂,实践方面尽量采用案例式教学。为了有利于学生课后自主学习,本套系列教材配套了学习指导书和教学课件。

因此,本套系列教材的定位和特色把握准确,教材的特色明显,适用于应用技术型高等学校教学,容易得到学生和市场的认可,便于学生的自学和教师的教学。

高等学校应用技术型经济管理系列教材(会计系列)凝聚了众多领导、教授和专家多年来的经验和心血。当然,由于我们的经验和人力有限,教材中难免存在不足,我们期待着各位同行、专家和读者的批评指正。我们将随着经济发展和会计环境的变迁不断修订教材,以便及时反映学科的最新发展和人才培养的最新变化。

本套系列教材出版后,得到学生和市场的认可,深受广大读者欢迎。为了更好地回馈读者,本套系列教材从2017年起启动第二版的修订工作,各种教材的第二版将陆续出版。我们会一如既往地做好教材修订和相关服务工作,希望广大读者对本套系列教材给予支持。

李 雪

2019 年 1 月

第二版前言

本书是高等学校应用技术型经济管理系列教材(会计系列)之一,具有应用性、针对性、先进性、基础性、自学性的特点,在充分吸收和借鉴传统的普通本科教材与高职高专类教材建设的优点和经验的基础上,以就业为导向,做到理论上高于高职高专类教材、动手能力的培养上高于传统的本科院校教材。

一、本书写作思路及内容安排

"Excel 在会计和财务管理中的应用"是财经类各专业学生必学的一门技术性较强专业课程。每章都结合大量案例及详细操作步骤对重点内容进行讲解,并加入"Excel 函数链接""操作注意事项""提示""延伸阅读""相关思考""本章小结""思考与练习"等内容,以培养学生的操作能力和创新能力。在讲解的过程中案例丰富,针对性强,并与实务工作紧密结合,以增强学生理论与实务相结合的能力;同时借助于详细的图、表及操作步骤进行讲解,便于学生理解掌握。本书共分为十一章,主要内容包括 Excel 基础知识、Excel 数据处理基础、Excel 在会计核算中的应用、Excel 在工资管理中的应用、Excel 在固定资产管理中的应用、Excel 在货币时间价值中的应用、Excel 在证券投资中的应用、Excel 在筹资决策中的应用、Excel 在投资决策中的应用、Excel 在流动资产管理中的应用、Excel 在财务分析中的应用。本书主要作为普通高等教育经济管理类专业教材,也可供相关专业人员参考。

二、本书的编写特点

本书从应用型人才培养的角度,用通俗易懂的语言深入浅出地介绍 Excel 在会计和财务管理中的应用,本书的特色如下:

(1)逻辑性强。在总体布局上,首先介绍 Excel 基础操作,然后介绍 Excel 在会计中的应用,最后介绍 Excel 在财务管理中的应用。各部分既是相互独立的知识单元,又是相互联系的有机整体。

(2)实践性强。在内容安排上,注重教、学、训、练、用的结合,以培养学生动手操作能力为原则,既注重实务工作中 Excel 会计应用,又兼有知识技能的拓展。并且图文并茂,穿插丰富案例,模拟实务工作,缩短了课堂和实际工作的距离,为培养符合市场经济要求的应用型会计核算与管理人才服务。

(3)教材的设计体现综合性和超前性。本教材是基于 Excel2013 版编写的,使学生通过课程的学习与练习能更多地接触计算机在会计工作中应用,提高分析和解决问题的能力。

(4)以就业为导向,紧扣职业教育的主旋律。教材的设计突出理论联系实际,体现实际操作能力,重视知识、能力和素质的协调发展,为学生的就业打下坚实基础。

(5)配套资料丰富。本书配有《Excel 在会计和财务管理中的应用学习指导书》,以及多媒体课件、操作数据等辅助资料。

本书由蔡素兰主编,杨屾、武娟副主编,多位优秀教师和实务界专家参编。具体分工如下:第一章 Excel 基础知识(蔡素兰),第二章 Excel 数据处理基础(杨屾),第三章 Excel 在会计核算中的应用(蔡素兰),第四章 Excel 在工资管理中的应用(蔡素兰),第五章 Excel 在固定资产管理中的应用(杨屾),第六章 Excel 在货币时间价值中的应用(韩真真),第七章 Excel 在证券投资中的应用(武娟),第八章 Excel 在筹资决策中的应用(武娟),第九章 Excel 在投资决策中的应用(蔡素兰),第十章 Excel 在流动资产管理中的应用(韩真真),第十一章 Excel 在财务分析中的应用(孙美杰)。

本书在编写的过程中参考了大量相关教材和论著,在此向有关作者致以深深的谢意!

本书的编写先后经过多次讨论研究,力求内容编排合理、避免错误,但难免存在考虑不周,表达不妥当的地方,书中疏漏不足之处,敬请读者批评指正。

编 者

2019 年 1 月

目　录

第一章　Excel 基础知识

内容简介

　　本章主要是介绍目前市场上最强大的电子表格制作软件 Excel 的基础知识,介绍 Excel2013 的工作界面、自定义 Excel,如何管理和使用工作簿,如何输入和编辑数据,如何管理工作表以及如何打印的相关知识。

学习目的和要求

　　通过本章的学习,学生应对 Excel 的工作界面有全面的认识,并对 Excel 的基本操作有所了解。熟悉 Excel 的工作界面,知道各部分的名称、用途;学会管理工作簿;掌握数据的输入和编辑;学会管理工作表以及打印工作表。

引例　Excel 是一项伟大的发明

我们现在用的 Excel 表格是微软在 1985 年研发出来的 Excel 衍生版本。最开始 Excel 只能用在 Mac 上，后来在 1987 年微软发布了第一款能在 Windows 上使用的 Excel，现在我们在 Windows 上用的 Excel2013 已经是第 15 版本了。

Excel 就像会计里借和贷的复式记账法一样已经被用了非常多年了。它用行和列来分隔数据，用它来做会计或者商业分析比较一目了然。对于做会计的人来说，电子表格绝对是一个伟大发明。现在会计行业几乎人人都用电子表格处理数据，如果没有电子表格，会计只能在一摞一摞的纸上写写画画，要是那样还哪有人想干会计。电子表格虽然只是信息时代中无数电脑应用中的一个，它的地位可能远不及硬件里的键盘鼠标，甚至也没有软件中的各种操作系统那么重要，但是它绝对改变了很多人的生活和会计行业的运转模式。从这个角度来说，它是一个伟大的发明。

第一节 Excel 概述

一、Excel 的工作界面

Excel2013 的工作界面主要有"文件"按钮、快速访问工具栏、标题栏、功能区、编辑栏、工作表编辑区、状态栏和滚动条 8 个部分组成，如图 1-1 所示。

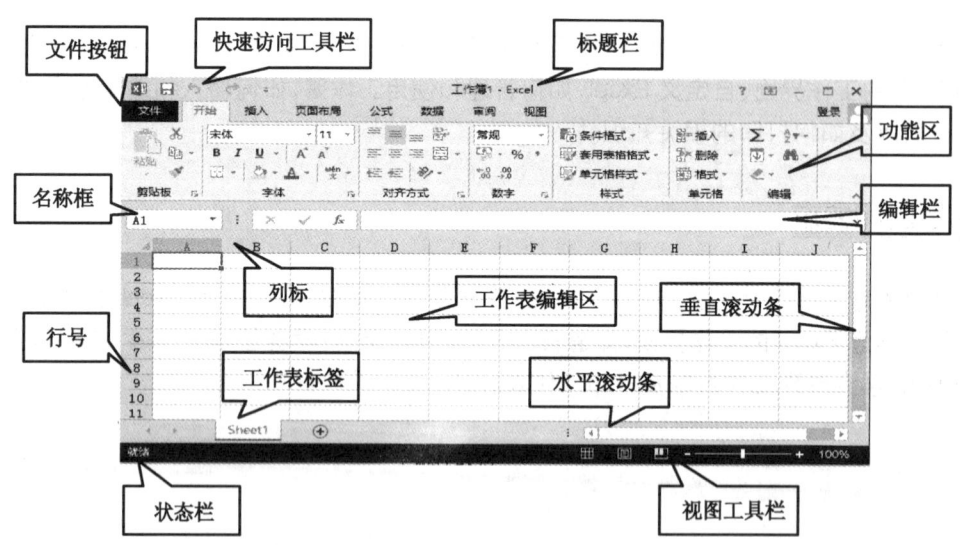

图 1-1　Excel2013 的工作界面

（一）标题栏

标题栏位于 Excel 窗口的最上方，用于显示当前工作簿名称和窗口名称。标题栏最右端是对 Excel 窗口进行操作的 3 个按钮，分别为"最小化"按钮，"最大化"/"还原"按钮和"关闭"按钮，单击相应按钮可以对窗口进行相应操作。

（二）快速访问工具栏

快速访问工具栏是 Excel 窗口左上角的一个工具栏，可以快速访问频繁使用的工具。默认状态下包含"保存"按钮 ⊟、"撤销"按钮 ← 和"恢复" → 按钮。

（三）"文件"按钮

Excel2013 中添加了"文件"按钮。单击"文件"按钮，会显示一个不同的屏幕（Microsoft Office Backstage），Microsoft Office Backstage 视图取代了传统的文件菜单，用户只需要通过单击鼠标，即可执行与工作簿相关的各项操作，如图 1-2 所示。该屏幕的左侧包含一些命令，要退出 Microsoft Office Backstage 视图，单击左上角的返回箭头按钮。

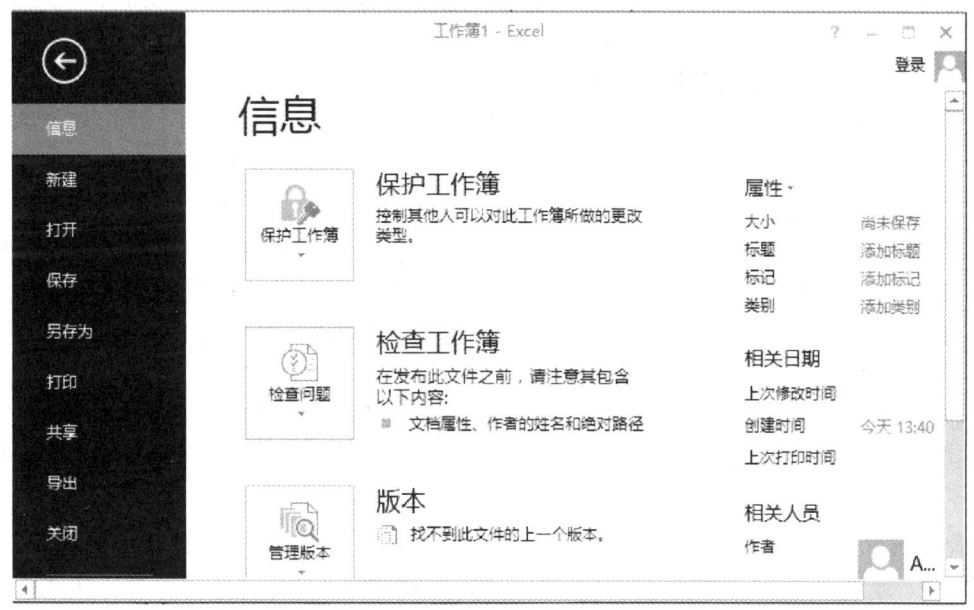

图 1-2 "文件"面板

（四）功能区

Excel2013 的功能区位于标题栏的下方，由一排选项卡组成较宽的带形区域，其中包含各种按钮和命令。默认情况下，功能区由开始、插入、页面布局、公式、数据、审阅、视图等选项卡组成，功能区中的各选项卡提供了不同的命令，并将相关命令进行了分组，如图 1-3 所示。

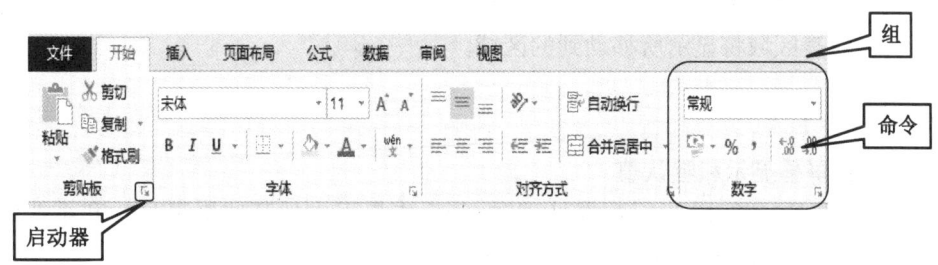

图 1-3 选项卡、组、命令

选项卡：每个选项卡代表在 Excel 中执行的一组核心任务；组：每个选项卡包含一些功能类似的组并且将组中相关项显示在一起；命令：选项卡的各种按钮或者菜单项；"启动器"按钮：位于选项卡中某个组中的右下方，可以打开对应组的对话框或者任务空格。

使用功能区的方法很简单，只需单击需要使用的功能按钮即可，鼠标指向某个功能按钮并在其上停留片刻，将会出现该功能按钮的功能说明。有些功能按钮含有下拉箭头，单击该箭头可以打开下拉菜单，从中可以选择该功能的子功能，下拉菜单在很大程度上将复杂的对话框设置简化。

（五）名称框与编辑栏

名称框与编辑栏位于功能区的下方，名称框用于显示所选单元格或单元格区域的名称，编辑栏用于显示和编辑活动单元格中的数据或公式。

（六）工作表编辑区和工作表标签

工作表编辑区是 Excel 的主要工作区，由网格线组成的表格区域，用于显示或者编辑工作表中的数据。它是占据屏幕最大且用于记录数据的区域，所有的信息都将存放在这张表中。

工作表标签位于工作表区域的左下方，用于显示工作表的名称。通过单击工作表标签可以切换工作表，即只需单击工作表标签就可以激活相应的工作表。另外双击可重命名工作表，按住左键可移动工作表，右击可插入、删除、移动、重命名工作表等。

（七）状态栏

状态栏位于工作表区域的下方，状态栏中不仅可以显示当前命令或操作的相关信息，而且可以根据当前的操作显示相应的提示信息，如显示所选单元格的平均值、计数及求和数。

默认情况下，状态栏右侧显示"视图"工具栏。"视图"工具栏中列有"视图快捷方式"按钮▉ ▉ ▉、"显示比例"按钮▉100%▉和"显示比例"区域按钮▉▉▉。使用视图工具可以快速选择合适的视图方式和设置工作表编辑区的显示比例。

（八）水平、垂直滚动条

水平、垂直滚动条分别位于工作表区域的右下方和右边。水平、垂直滚动条用于在水平、垂直方向改变工作表的可见区域，滚动条的使用方法有以下三种：

（1）单击滚动条两端的方向键，单击一次则工作表区域向指定的方向滚动一个单元格位置；如果按住鼠标，则工作表区域将一格一格的持续滚动。

（2）单击滚动条内的空白区，工作表区域将一次一屏向指定方向滚动。

（3）拖动滚动条中的小方块，在拖动过程中，屏幕将显示所移动到的行号或者列标，释放鼠标后，工作表区域将显示所移动到的区域。

二、自定义 Excel

（一）设置屏幕显示和默认值

用户在使用 Excel2013 进行数据处理时，若工作界面中的某些屏幕显示和系统的默认设置不符合所需，都可以进行修改。

1. 设置屏幕显示

更改屏幕显示通常可以使用以下两种方法：

（1）通过"视图"选项卡，可以显示或隐藏网格线、编辑栏或标题，如图 1-4 所示。

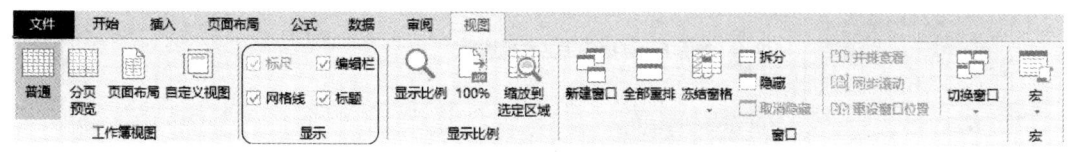

图 1-4 "视图"选项卡

（2）单击"文件"|"选项"，打开"Excel 选项"对话框，单击"高级"选项卡，如图 1-5 所示。可以设置是否显示滚动条、工作表标签、行和列标题，或设置网格线的颜色等。

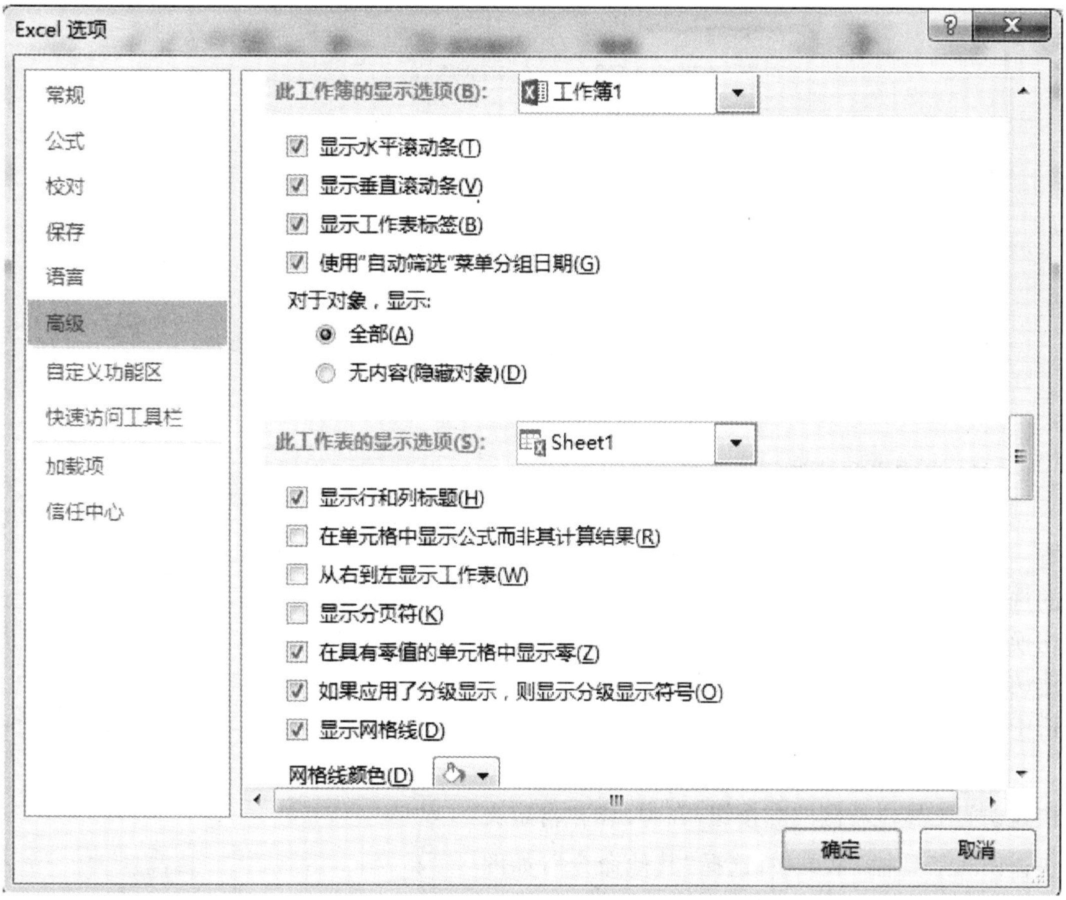

图 1-5 "Excel 选项"对话框的"高级"界面

2. 设置默认值

单击"文件"|"选项"，打开"Excel 选项"对话框，单击"常规"选项卡，如图 1-6 所示。可以设置新建工作簿时默认字体、字号及包含的工作表数。

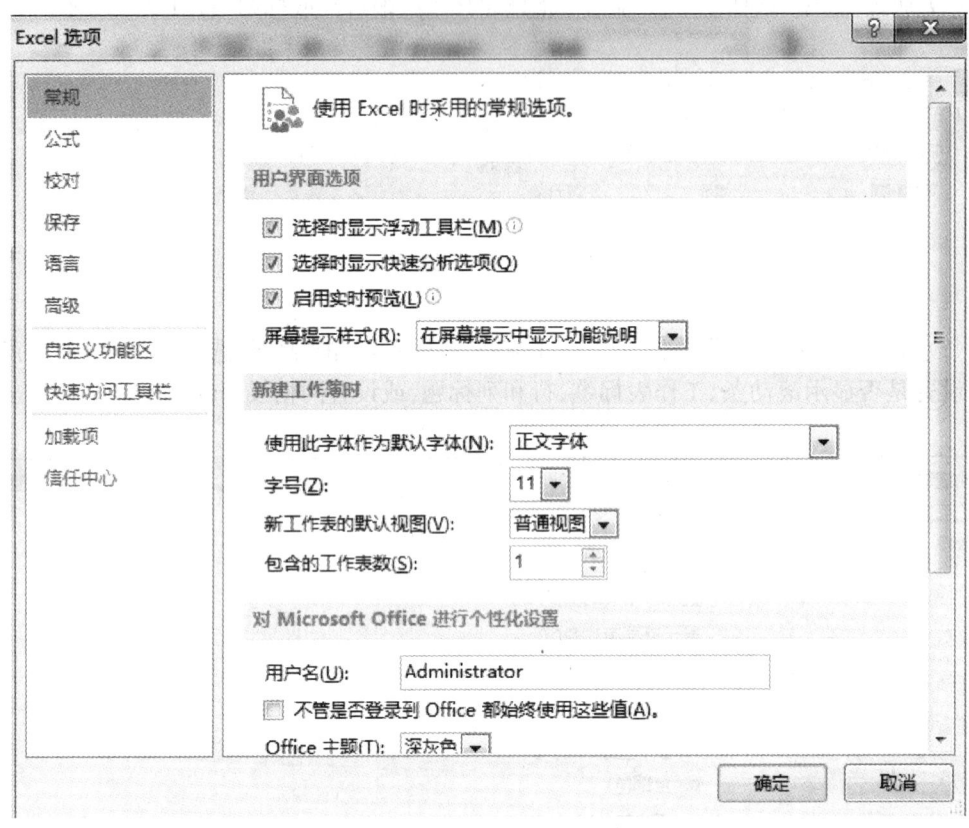

图1-6 "Excel选项"对话框的"常规"界面

(二)自定义快速访问工具栏

Excel中有一些命令并不显示在功能区中,或有一些命令经常使用,但是分布在功能区中不同的选项卡里,使用它们需要在不同选项卡上进行切换,无形之中增加了工作量,可以通过自定义快速访问工具栏,将这些命令显示在快速访问工具栏中,以便于使用。

如果要自定义快速访问工具栏,则可以单击快速访问工具栏右侧的 按钮,在弹出的"自定义快速访问工具栏"菜单中,选择"其他命令",如图1-7所示,打开"Excel选项|快速访问工具栏"选项,如图1-8所示。选择需要添加的命令(如"照相机"命令),单击添加,即可以将命令添加到"快速访问工具栏"中,如图1-9所示。

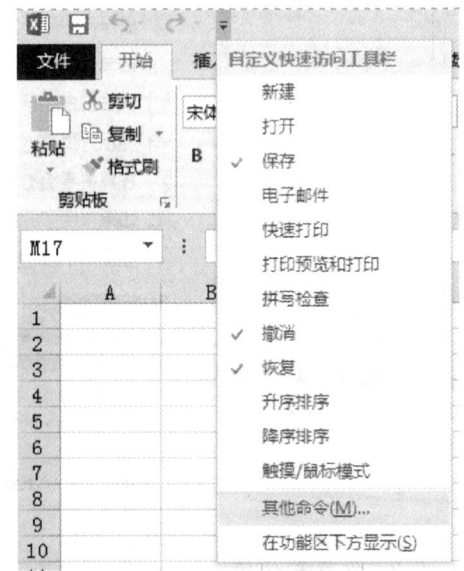

图1-7 "自定义快速访问工具栏"命令

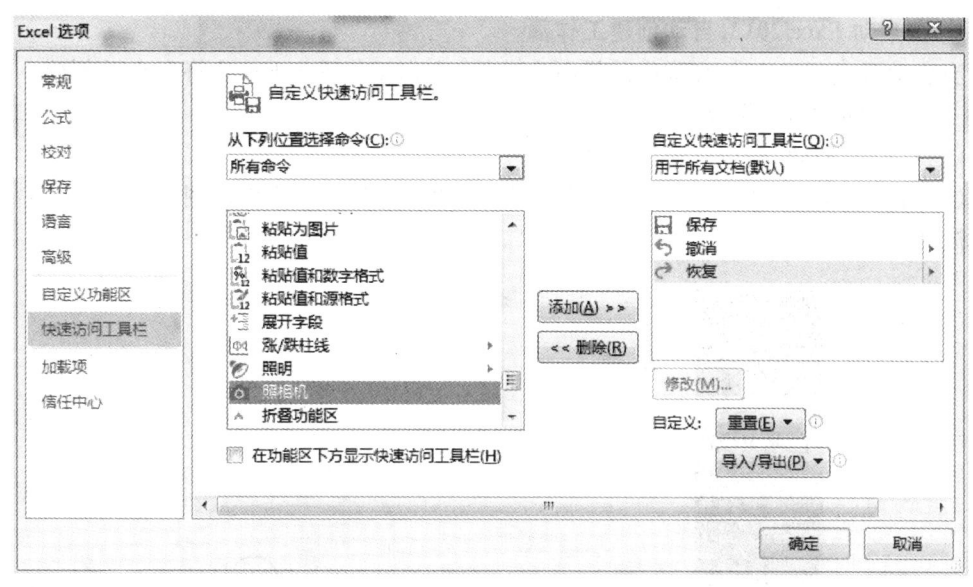

图 1-8 "Excel 选项"对话框的"快速访问工具栏"界面

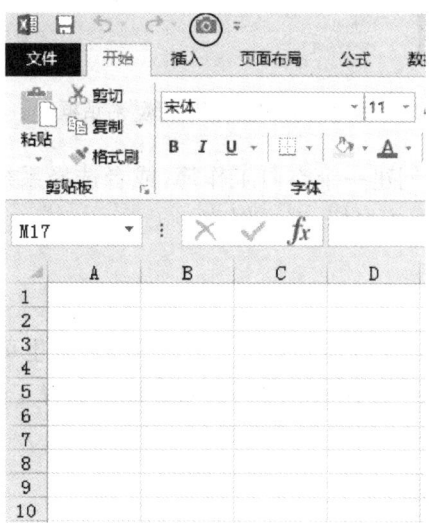

图 1-9 快速访问工具栏添加命令

第二节 管理工作簿

Excel 基本操作对象包括：工作簿、工作表、单元格和工作范围。其中工作簿是计算和储存数据的文件，每一个工作簿最多可包含 255 张工作表，因此可以在单个文件中管理各种类型的相关信息。在 Excel2013 中，打开一个工作簿默认包含 1 张工作表，即为 Sheet 1。

一、创建工作簿

创建工作簿就是新建一个 Excel 文档，可以使用以下几种方法创建工作簿。

（一）启动 Excel2013，自动创建工作簿

当启动 Excel2013 时，在弹出的界面中选择"空白工作簿"，Excel 将会自动创建一个名为"工作簿1"的空白工作簿。

（二）使用"新建"命令创建工作簿

（1）单击功能区的"文件"按钮，在菜单中选择"新建"命令，弹出如图 1-10 所示的"空白工作簿"对话框；

图 1-10　"新建工作簿"对话框

（2）单击"空白工作簿"创建一个空白工作簿，或者选择系统中已经安装的创建模板创建一个基于模板的工作簿；单击鼠标，完成创建。

二、打开工作簿

若要打开工作簿，可直接双击需要打开的工作簿图标，也可以单击功能区的"文件"按钮，在菜单中选择"打开"命令，在弹出的"打开"对话框中选择工作簿存储的位置，如图 1-11 所示。找到所需的工作簿，单击"打开"按钮即可打开工作簿。

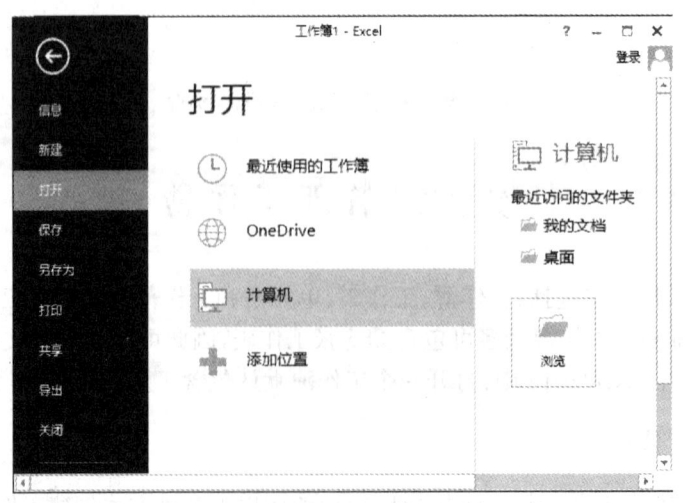

图 1-11　"打开工作簿"对话框

三、保存工作簿

通过以下步骤完成保存工作簿的操作：

（1）单击功能区的"文件"按钮，在菜单中选择"保存"命令，或者选择"另存为"命令，选择存储的位置，弹出如图 1-12 所示的"另存为"对话框。

图 1-12　"另存为"对话框

（2）在"文件名"组合框中输入工作簿的名称。

（3）单击"保存"按钮，完成操作。

在图 1-12 中的"保存类型"下拉列表框中，可以改变 Excel 工作簿的文件格式，这样可以在其他程序中使用 Excel 制作的电子表格。

当工作告一段落或者需要进行其他工作的时候，就需要对已经完成的工作簿进行保存。保存可以将所完成的操作从内存中储存到硬盘上。在实际使用 Excel 的过程中，随时保存十分必要，这样可以避免数据的意外丢失。

使用以下方法还可以实现对文件的自动定时保存。单击功能区的"文件"按钮，选择"选项"|"保存"选项，在显示的"自定义工作簿的保存方法"界面中，设置"保存自动恢复信息时间间隔"，一般系统默认的时间间隔为 10 分钟，也可以根据实际需要进行设置。

第三节｜输入与编辑数据

在 Excel 工作表的单元格中，可以使用两种最基本的数据格式：常数和公式。常数是指文字、数字、日期和时间等数据，还可以包括逻辑值和错误值，每种数据都有它特定的格式和输入方法，为了使用户对输入数据有一个明确的认识，有必要来介绍一下在 Excel 中输入各种类型数据的方法和技巧。

在向单元格输入数据时，需要掌握以下三种基本输入方法：

(1) 单击目标单元格,然后直接输入数据;

(2) 双击目标单元格,单元格中会出现插入光标,将光标移到所需位置后,即可输入数据;

(3) 单击目标单元格,再单击编辑栏,然后在编辑栏中编辑或修改数据。

一、输入文本

Excel 单元格中的文本包括任何汉字、英文字母、数字、空格以及其他能够从键盘中输入的符号。在 Excel 中每个单元格中最多可容纳 32 767 个字符数。编辑栏可以显示全部字符,而单元格内最多显示 1 024 个字符。

向单元格中输入文本时,如果右侧相邻单元格中没有数据,那么 Excel 允许长文本覆盖到其右侧相邻单元格中;如果右侧相邻单元格中有数据,则当前单元格只显示该文本的开头部分。要想查看并编辑单元格中的所有内容,可以单击该单元格,此时编辑栏可以将该单元格的内容显示出来。

输入文本时,文本会同时出现在活动单元格和编辑栏中,按 Backspace 键可以删除光标左边的字符;如果要取消输入,单击编辑栏中的"取消"按钮,或者按 Esc 键即可。

 提示

若要删除单个单元格的内容,选择单元格后,按 Backspace 键;若要删除多个单元格的内容,选择这些单元格区域后,须按 Delete 键。

在单元格中输入文本后,如果要激活当前单元格右侧相邻的单元格,按 Tab 键;若要激活左侧相邻单元格,按 Shift+Tab 键;若要激活下方相邻单元格,按 Enter 键;若要激活上方相邻单元格,按 Shift+Enter 键。

二、输入数字

数字也是文本的一种,和输入其他文本一样,在工作表中输入数字也很简单。要在一个单元格输入数字,首先选中单元格,然后输入数字,最后按 Enter 键即可。

在 Excel 中,可以作为数字的字符包括:0、1、2、3、4、5、6、7、8、9、一、( )、.、e、E、,、/、￥、$、%等。

 提示

默认情况下,单元格中数字和其他文本的对齐方式不同。单元格中数字的默认对齐方式为右对齐,而其他文本的默认对齐方式为左对齐。如果要更改对齐方式,可以在"设置单元格格式"对话框中进行设置。

在单元格中输入某些数字时,其格式不同输入的方法也不同,下面介绍不同数字的输入方法:

1. 输入分数

分数格式通常表示为"分子/分母",但在 Excel 中日期的输入方法也是用斜杠来分隔年月日的,比如在单元格中输入"1/3",按回车键则显示"1月3日"。为了避免将输入的分数与日期混淆,在单元格中输入分数时,要在分数前输入"0"(零)以示区别,并且在"0"和分子之

间要有一个空格隔开,比如在输入三分之一时,应该输入"0 1/3"。

2. 输入负数

在单元格中输入负数时,可在负数前输入"－"作标识,也可将数字置在( )括号内来标识,比如在单元格中输入"(1)",按一下回车键,系统自动显示为"－1"。

3. 输入日期和时间

Excel 是将日期和时间视为数字处理的,只不过有其特定的格式。在 Excel 中输入可以识别的日期或时间数据之后,该日期或时间在单元格中的格式将变为 Excel 某种内置的日期或时间格式。

用户可以用斜杠"/"或者横杠"－"来分隔日期中的年、月、日。比如要输入"2016 年 1 月 1 日",可以在单元格中输入"2016/1/1"或者"2016-1-1"。Excel 会自动将其转换为默认的日期格式。

日期显示的格式有很多种,如果要设置日期的其他显示格式,可以选择"开始"|"单元格"|"格式"|"设置单元格格式"命令(或选择某一个单元格后,右击,在弹出对话框中选择"设置单元格格式"命令),在"设置单元格格式"对话框中选择"数字"选项卡,然后选择"分类"列表框中的"日期"选项即可,如图 1-13 所示。

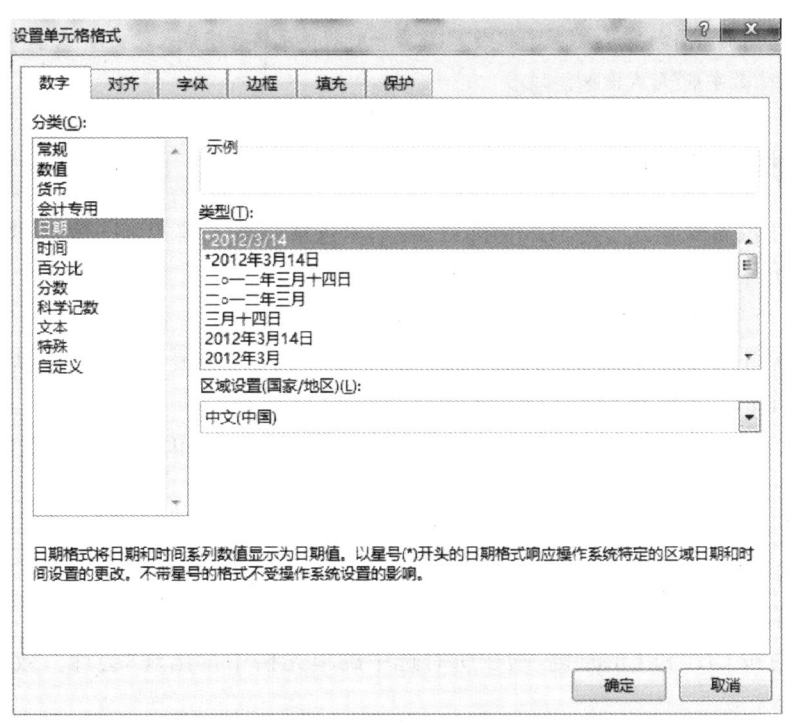

图 1-13 "数字"选项卡

在 Excel 中输入时间时,用户可以按 24 小时制输入,也可以按 12 小时制输入。这两种输入的表示方法是不同的。如果按 12 小时制输入时间,要在时间数字后加一个空格,然后输入 a(或 AM)、p(或 PM)。例如输入下午 2 时 30 分 38 秒,用 24 小时制输入格式为 14:30:38,而用 12 小时制输入时间格式为 2:30:38 p。

💡 **提示**

在 Excel 中,可以采用快捷方式插入系统当前的日期和时间。

按 Ctrl+;快捷键(两个键):插入系统当前的日期。按 Ctrl+Shift+;快捷键(三个键):插入系统当前的时间。

通过这种快捷方式插入的日期和时间不会随系统日期和时间的更新而更新,若要达到更新的效果,应使用 TODAY( )或 NOW( )函数。

❓ **相关思考 1-1** ··

如何正确显示长数字串

在 Excel 某个单元格中,在默认状态下输入长数字串,若超过 11 位,系统会将其变成"E+"的形式,那么如何设置使其正确显示呢?

可以采用以下方式输入长数字串,使其正确显示:

(1) 打开"设置单元格格式"对话框,选择"数字"选项卡,在"分类"列表框中选择"文本"选项,将单元格格式设置为"文本"。

(2) 在输入项前面添加单引号(英文状态下,这是一种将单元格数字格式设置为"文本"的快捷方式)。

(3) 采用="数字串"形式输入。

三、数据快速填充

在表格中经常要输入一些有规律的数据,如果按常规逐个输入这些数据,既费时又容易出错。下面介绍又快又准确地输入这些有规律数据的方法。

1. 在多个单元格中输入相同的数据

如果表格中有很多单元格的内容是相同的,逐个单元格重复输入会很麻烦。可以使用一次填充多个单元格的方法。

【案例 1-1】 采用在多个单元格中输入相同数据的方法在单元格 A1、B2、C3、B4、A5 中输入"会计"。

【操作步骤】

(1) 选中单元格 A1,按住 Ctrl 键依次选择单元格 B2、C3、B4、A5。

(2) 在单元格 A5 中输入"会计",如图 1-14 所示。

(3) 同时按 Ctrl 和 Enter 键,则在所有选中的单元格中都出现"会计",效果如图 1-15 所示。

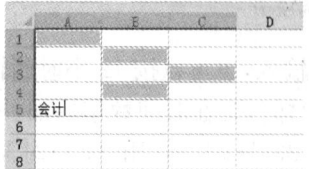

图 1-14　选中区域输入内容

图 1-15　输入相同内容效果图

操作注意事项

1. 选择多个单元格时,若是连续的区域,不必采用按住 Ctrl 键一个个选择,可以用鼠标拖动或采用按 Shift 键的方式,然后在当前活动单元格中输入内容,最后再按 Ctrl 和 Enter 组合键。

2. Ctrl 和 Enter 组合键的按键顺序:先按住 Ctrl 键,再按 Enter 键。

2. 序列填充

序列是指按照某种规律排列的一列数据,如等差序列、等比序列、日期序列等。可使用 Excel 的自动填充功能,在连续的单元格内产生有规律的序列。

【案例 1-2】 在单元格区域 A1:A10 中填充 1~10 的等差序列。

【操作步骤】

(1) 在单元格 A1 中输入 1,在单元格 A2 中输入 2,选中上述两个单元格,如图 1-16 所示。

(2) 点击单元格 A2 右下角的填充柄,按住鼠标左键向下拖动到单元格 A10 后释放鼠标,即产生 1~10 的等差序列,如图 1-17 所示。

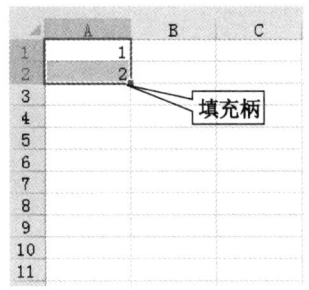

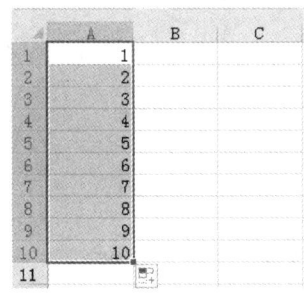

图 1-16　自动填充前　　　　　　　　图 1-17　自动填充后

操作注意事项

采用自动填充的方式产生等差序列时,须至少输入序列的前两位(这样才能明确等差序列的首位及差值),再进行填充。

提示

1. 既可以在同一行里进行自动填充,也可以在同一列里进行自动填充。

2. 自动填充后,右下角会出现自动填充选项，单击下拉箭头,在弹出的快捷菜单中可以改变填充的方式或指定填充的规定,等差序列的自动填充选项包括:复制单元格、填充序列、仅填充格式、不带格式填充、快速填充。而日期序列还包括:以天数填充、以工作日填充、以月填充、以年填充。

【案例 1-3】 在单元格区域 A1:A10 中填充首位为 3,比值为 2 的等比序列。

【操作步骤】

(1) 在单元格 A1 中输入 3,选择单元格区域 A1:A10,如图 1-18 所示。

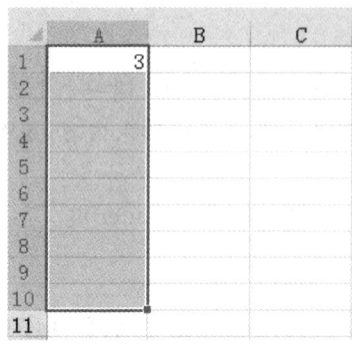

图1-18 选中区域

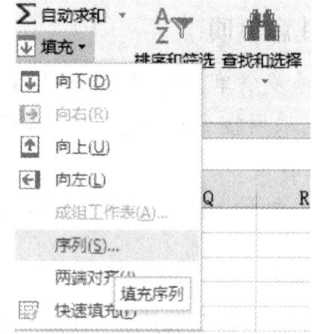

图1-19 选择"序列"命令

(2) 单击"开始"|"编辑"|"填充"命令,在弹出的子菜单中选择"序列"命令,如图1-19所示。

(3) 打开"序列"对话框,在"类型"区域选择"等比序列"单选按钮,在"步长值"栏中输入"2",如图1-20所示。

(4) 单击"确定"按钮,即产生等比序列,如图1-21所示。

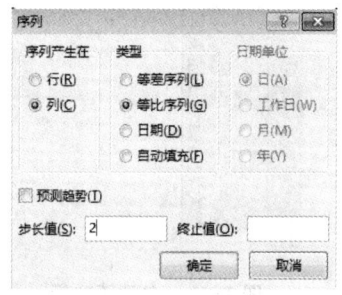

图1-20 "序列"对话框

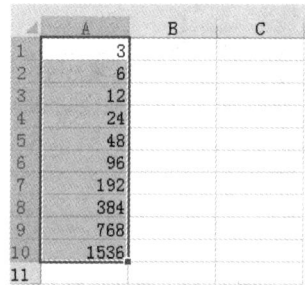

图1-21 产生等比序列

操作注意事项

1. 采用上述方法建立序列时,由于"序列"对话框中没有输入首位数的位置,所以在插入路径之前须先输入首位数。

2. 输入首位数之后,要先选中要产生序列的单元格区域,再插入路径,否则无法产生序列。

提示

通过"序列"对话框既可产生等比序列,也可以产生等差序列、日期序列。

3. 自定义序列

Excel提供了11种预定义的序列,如星期、月份等,用户可以利用填充的方式快速输入这些预定义的序列。例如:在某个单元格中输入星期一,然后选取该单元格,将鼠标指标对准填充柄,按住左键不放,向右或向下拖动鼠标,则序列星期二、星期三……自动填充在鼠标经过的单元格。除此之外,用户还可以根据需要自定义序列。

【案例 1-4】　在单元格区域 A1:D1 中自动填充序列:春天、夏天、秋天、冬天。

【操作步骤】

(1) 单击"文件"选项卡,选择"选项"|"高级"命令。在打开的"Excel 选项"对话框中单击"编辑自定义列表"按钮,如图 1-22 所示。

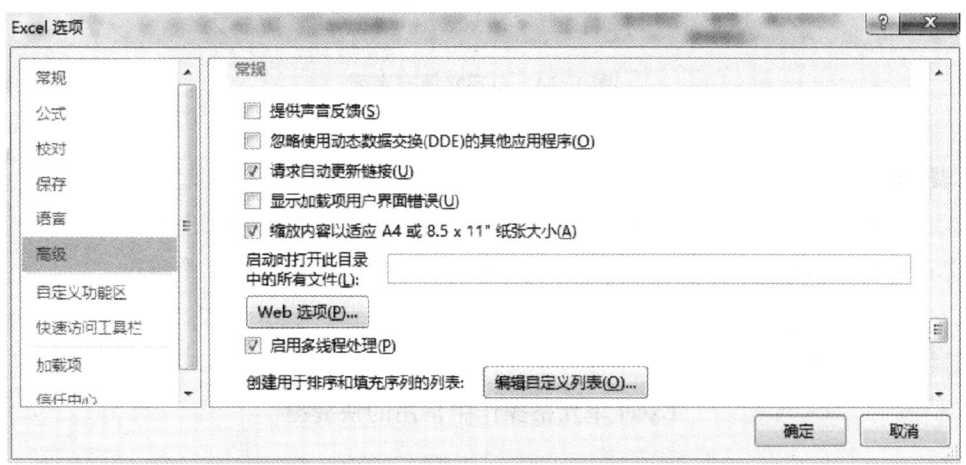

图 1-22　"Excel 选项"中"高级"选项卡

(2) 打开"自定义序列"对话框,在"自定义序列"文本框中选择"新序列"选项,在"输入序列"文本框中输入"春天、夏天、秋天、冬天",序列内容之间按 Enter 键隔开。如图 1-23 所示。

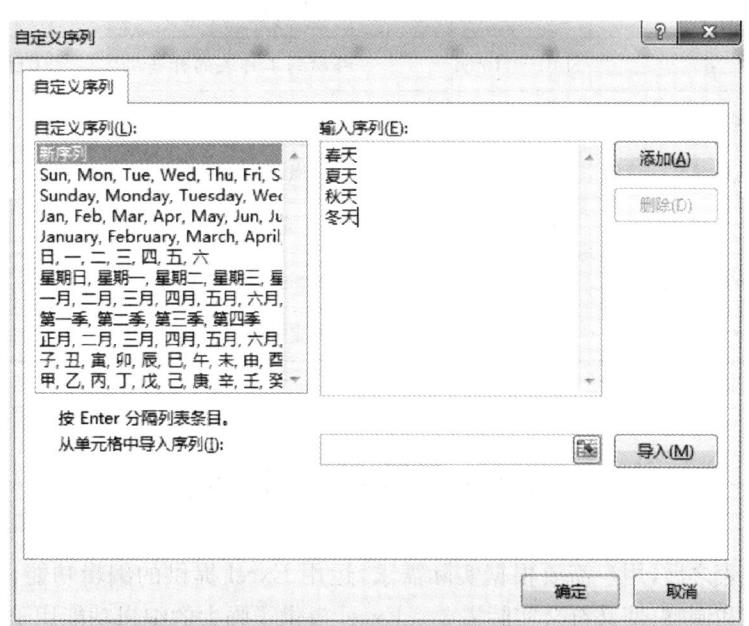

图 1-23　自定义序列的设置

（3）单击"添加"按钮，此时"自定义序列"文本框最后出现新建序列内容。

（4）单击"确定"按钮，完成自定义序列的设置，并返回工作界面。

（5）选中单元格 A1，输入"春天"，单击单元格 A1 右下角的填充柄，按住鼠标左键向右拖动到单元格 D1 后释放鼠标，即产生"春天、夏天、秋天、冬天"的序列内容，如图 1-24 所示。

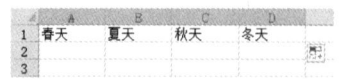

图 1-24　自定义填充序列

 **提 示**

1. 序列内容之间可以按 Enter 键分开，也可以用英文状态下的逗号分开。

2. 若单元格区域中已有序列内容，也可采用"导入"的方式自定义序列。

 延伸阅读 1-1

Excel 单元格操作中常用的快捷键

Excel 提供非常多的快捷键，其中用于输入、编辑、设置格式的快捷键常用的有：

功能	快捷键	功能	快捷键
打开"设置单元格格式"对话框	Ctrl＋1	打开"插入"单元格对话框	Ctrl＋Shift＋加号
打开"查找"对话框	Ctrl＋F	打开"替换"对话框	Ctrl＋H
在单元格中换行	Alt＋Enter	用当前输入项填充选定的单元格区域	Ctrl＋Enter
移到行首	Shift＋Home	移动到工作表的开头	Ctrl＋Shift＋Home
向右填充	Ctrl＋R	向下填充	Ctrl＋D
插入超链接	Ctrl＋K	激活超链接	Enter
撤销上一次操作	Ctrl＋Z	定义名称	Ctrl＋F3
复制选定的单元格	Ctrl＋C	剪切选定的单元格	Ctrl＋X
粘贴复制的单元格	Ctrl＋V	选定整张工作表	Ctrl＋A

第四节　管 理 工 作 表

建立工作表之后，用户需要根据实际需求，运用 Excel 提供的编辑功能，对工作表中的数据进行修改和调整，使其符合实际需要。Excel 提供了强大的编辑功能用于对工作表及其数据进行各种操作。本节将详细介绍工作表的基本操作、拆分与冻结工作表、保护工作表和修饰工作表等内容。

一、工作表的基本操作

1. 激活工作表

激活工作表可以使用以下操作方法之一：

（1）单击工作簿底部的工作表标签。

（2）使用键盘，按 Ctrl＋PageUp 快捷键激活当前工作表的前一张工作表，按 Ctrl＋PageDown 快捷键激活当前工作表的后一张工作表。

（3）使用工作表"标签滚动"按钮。当在工作簿中显示不了过多的工作表标签时，可以单击"标签滚动"按钮 ‹ › … 对工作表标签进行翻页。

2. 插入工作表

在编辑工作表的过程中，经常要插入一个新的工作表，可以使用以下操作方法之一：

（1）选择"开始"|"单元格"|"插入"|"插入工作表"命令，如图 1-25 所示。

（2）单击工作表标签右侧的"插入工作表"按钮 ⊕ 。

（3）在工作表标签上单击鼠标右键，在弹出的快捷菜单中选择"插入"命令。

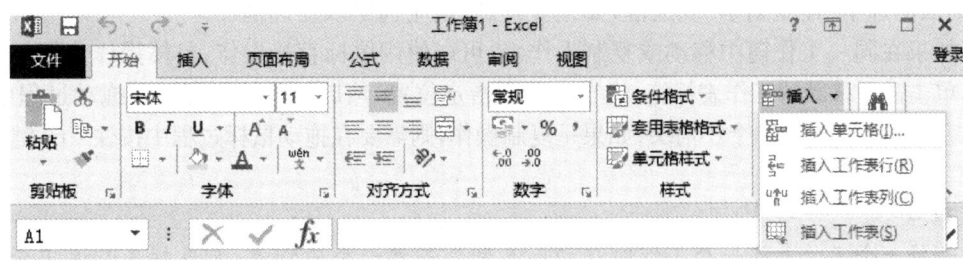

图 1-25　"开始"|"插入"|"插入工作表"命令

3. 删除工作表

删除某个工作表，可以使用以下操作方法之一：

（1）选择"开始"|"单元格"|"删除"|"删除工作表"命令。

（2）在需要删除的工作表标签上单击鼠标右键，从弹出的快捷菜单中选择"删除"命令。

 提示

一张工作表被删除之后无法恢复，所以删除以前一定要慎重考虑。

4. 移动和复制工作表

Excel 工作表可以在一个或者多个工作簿中移动，如果要将一个工作表移动或复制到不同的工作簿时，两个工作簿必须都是打开的。使用菜单或鼠标都可以实现工作表的移动或复制。

使用菜单移动或复制工作表的具体操作步骤如下：

（1）在要移动的工作表标签上单击鼠标右键。

（2）在弹出的对话框中单击"移动或复制"命令，如图 1-26 所示，打开"移动或复制工作表"对话框，如图 1-27 所示。

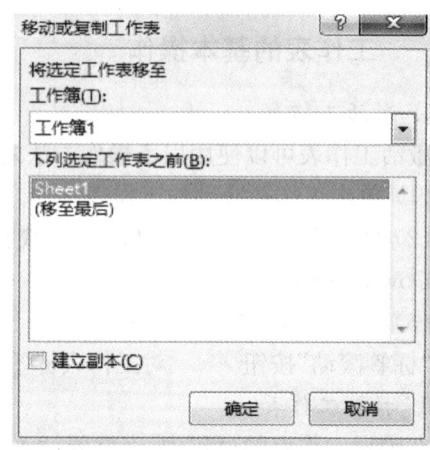

图1-26 "移动或复制工作表"命令　　　　图1-27 "移动或复制工作表"对话框

（3）在"移动或复制工作表"对话框中"工作簿"下拉列表框中选择需要移动到的工作簿，然后在"下列选定工作表之前"列表框中选择要移至位置之后的工作表。如果只需要移动，则取消选中"建立副本"复选框，如果要复制，则应选中该复选框。

如果在同一工作簿中移动或复制工作表，可以使用鼠标直接操作，具体操作步骤如下：

单击需要移动的工作表标签，将它拖动到指定位置，然后再释放鼠标。在拖动过程中，鼠标将变成一个小表和一个小箭头；如果是复制操作，则需要在拖动鼠标过程中按住 Ctrl 键。

提示

若将一个工作表从一个工作簿移动或复制到另外一个工作簿，而目标工作簿中含有与此工作表同名的工作表，Excel 将改变此工作表的名称并使之变为唯一的名称。例如，Sheet 2 将变为 Sheet 2(2)。

5. 重命名工作表

为工作表起一个有意义的名称，有利于辨认、查找和使用工作表，为工作表重命名有以下几种操作方法：

（1）激活要重命名的工作表（如 sheet 1），选择"开始"|"单元格"|"格式"|"重命名工作表"命令，此时工作表标签 sheet 1 的颜色变黑，输入新的工作表名称即可。

（2）在工作表标签上单击鼠标右键，从弹出的快捷菜单中选择"重命名"命令，工作表标签 Sheet 1 的颜色变黑，输入新的工作表名称即可。

（3）双击工作表标签，工作表标签 sheet 1 的颜色变黑，输入新的工作表名称即可。

6. 隐藏与显示工作表

如果不希望被他人查看某些工作表，可以使用 Excel 的隐藏功能将工作表隐藏。隐藏工作表还可以减少屏幕上显示的窗口和工作表，避免不注意的改动。例如，可以隐藏包含敏感数据的工作表。当一张工作表被隐藏之后，它的标签也会被隐藏起来。隐藏的工作表处于打开状态，其他文档仍然可以利用其中的信息。

隐藏工作表的操作步骤如下：

（1）在要隐藏的工作表标签上单击鼠标右键。

（2）选择"隐藏"命令，选定的工作表将被隐藏。

 **提示**

不能将同一个工作簿中的所有工作表都隐藏起来,一个工作簿至少应该有一张可见的工作表。

显示隐藏的工作表步骤如下:

(1) 在工作表标签上单击鼠标右键,选择"取消隐藏"命令,打开如图 1-28 显示的"取消隐藏"对话框。

(2) 在"取消隐藏"对话框中选择取消隐藏的工作表,单击"确定"按钮即可。

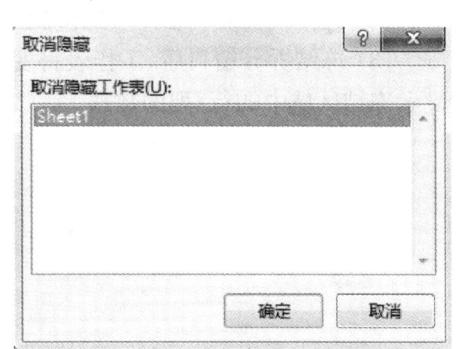

二、拆分与冻结工作表

Excel 提供了拆分和冻结工作表窗口的功能,利用这些功能可以更加有效地利用屏幕空间。拆分和冻结工作表窗口功能是两个非常相似的功能。

图 1-28 "取消隐藏"对话框

1. 拆分工作表

拆分工作表是把工作表当前活动的窗口拆分成若干窗格,并且在每个被拆分的窗格中都可以通过滚动条来显示工作表的每一部分,所以拆分窗口功能可以在一个文档窗口中查看工作表不同部分的内容。拆分工作表的操作步骤如下:

(1) 选定拆分分割处的单元格,该单元格的左上角就是拆分的分割点。

(2) 选择"视图"|"窗口"|"拆分"命令,如图 1-29 所示。

(3) 工作表将被拆分成上下左右四个部分,如图 1-30 所示。

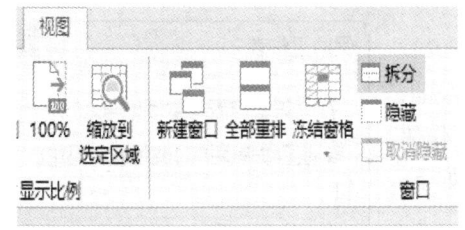

图 1-29 "视图"|"窗口"|"拆分"命令

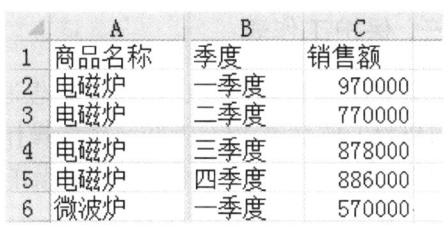

图 1-30 拆分后工作表窗口

 **提示**

拆分时也可选定行号或者列标,这样拆分后的窗口将变成上下或者左右两部分。

取消拆分工作表可以采用如下方法之一:

(1) 单击拆分窗口的任意单元格,选择"视图"|"窗口"|"拆分"命令。

(2) 在分隔条的交点处双击鼠标。

(3) 如果要删除一条分割条,在该分割条上方双击鼠标。

(4) 将要删除的分割条移动至最上方或者最右边。

2. 冻结工作表

对于比较大的工作表,屏幕无法同时显示标题和数据。冻结工作表窗口功能也是将当前工作表活动窗口拆分成窗格,不同的是在冻结工作表窗口时,活动工作表上方和左边的窗格将被冻结,不随垂直滚动条和水平滚动条的滚动而滚动。冻结窗口的操作步骤如下:

(1)选择一个单元格作为冻结点,在冻结点上方和左边所有单元格都将被冻结,并保留在屏幕上。

(2)选择"视图"|"窗口"|"冻结窗格"|"冻结拆分窗格"命令。如图 1-31 所示。

(3)冻结拆分窗口后,工作表将变成如图 1-32 所示,拖动垂直或者水平滚动条,可保持显示冻结区域中的行/列的数据。

图 1-31　"冻结拆分窗格"命令

图 1-32　冻结拆分窗口后工作表窗口

选择"视图"|"窗口"|"冻结窗格"|"取消冻结拆分窗格"命令即可撤销被冻结的窗口。

 提示

若选定行号(或列标)进行冻结窗格,则行号上方区域(或列标左边区域)将被冻结,屏幕不随垂直滚动条(或水平滚动条)的滚动而滚动。

三、保护工作表

如果必须放下手中的工作,但又不想退出 Excel,此时可以为工作表建立保护,防止错误操作对工作表数据等造成的改动。保护工作表的具体操作步骤如下:

(1)激活需要保护的工作表。

(2)选择"审阅"|"更改"|"保护工作表"命令。打开"保护工作表"对话框,如图 1-33 所示。

(3)在"保护工作表"中选择保护的选项并输入密码,然后单击"确定"按钮。输入密码(可选)可以防止未授权用户取消对工作表的保护。

 提示

1."保护工作表"指保护工作表及锁定的单元格内容,由于所有单元格的默认状态都是锁定的,所以"保护工作表"后所有单元格的内容都不能修改。若想保护工作表后修改其中的一部分,可将要修改单元格的锁定状态取消(单击"开始"|"单元格"|"设置单

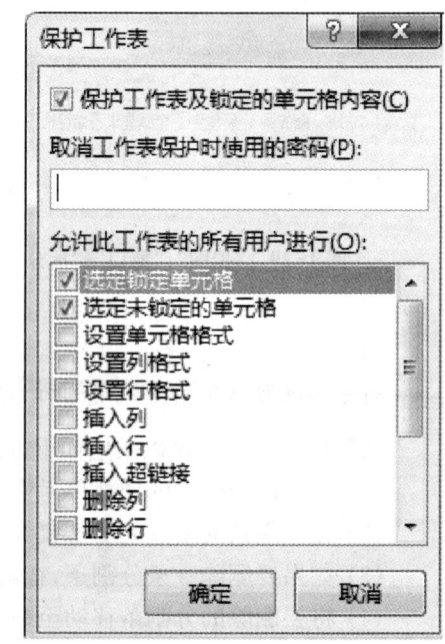

图 1-33　"保护工作表"对话框

元格格式"|"保护"命令）；或通过"审阅"|"更改"|"允许用户编辑区域"命令，设置要修改区域，再保护工作表。

2."保护工作表"后默认情况下不能对单元格的格式、行和列的格式等进行设置。

四、修饰工作表

一个专业的电子表格不仅需要有翔实的数据内容和公式分析、统计的功能，而且还应配有较好的外观，所以经常需要设置表格外观参数来美化工作表，从而更有效地显示数据内容。

1. 设置单元格格式

Excel 中的单元格格式可以设置，包括对数字类型、文本的对齐方式、字体、边框等，具体操作如下：

（1）选择需要设置格式的单元格或单元格区域。

（2）选择"开始"|"单元格"|"设置单元格格式"命令，或者在选中的单元格上单击鼠标右键，在弹出的快捷菜单中选择"设置单元格格式"命令，打开"设置单元格格式"对话框，如图 1-34 所示。

图 1-34 "设置单元格格式"对话框

（3）在"设置单元格格式"对话框中设置单元格格式，然后单击"确定"按钮即可。

同样的方法在"设置单元格格式"对话框中可以设置单元格的对齐、字体、边框、填充和保护等格式。

2. 格式化行和列

为了使工作表更加美观，需要适当地调整工作表的列宽和行高。适当的调整会有助于在一页中显示更多的数据，甚至可以在一行或一列中隐藏保密的数据。

1)调整行高和列宽

Excel中,工作表的默认行高为13.50,列宽为8.38。要改变行高或列宽,可以采用以下操作方法之一:

(1)将鼠标移到行号区数字的上、下边框上或列标区字母的左、右边框上,按住鼠标左键并拖动调整行高或列宽至所需位置后释放鼠标。

(2)选择"开始"|"单元格"|"格式"|"行高"(或"列宽")命令,打开"行高"对话框,在"行高"文本框中输入行高值,然后单击"确定"按钮。

2)隐藏与取消隐藏行或列

要将某些行或列隐藏起来,首先选中需要隐藏的行或列,然后选择"开始"|"单元格"|"格式"|"隐藏和取消隐藏"命令,最后在子菜单中选择需要隐藏的内容,如图1-35所示(或选中需要隐藏的行或列,单击鼠标右键,在弹开的对话框中选择"隐藏"命令,如图1-36所示)。

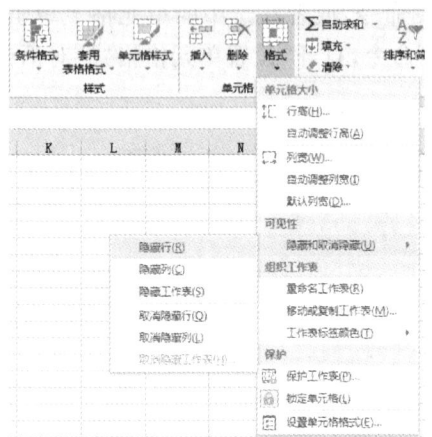

图1-35 功能区中的"隐藏"命令　　　图1-36 右键的"隐藏"命令

要取消隐藏,首先选择包括隐藏行或列的上下行的行号区数字或左右列的列标区字母,然后选择"开始"|"单元格"|"格式"|"隐藏和取消隐藏"命令,最后在子菜单中选择相应的取消隐藏命令(或单击鼠标右键,在弹开的对话框中选择"取消隐藏"命令。)

 提示

1. 在Excel2013中,要取消隐藏的行或列,也可以采用将鼠标放在隐藏的行或列的位置,当鼠标变成上下箭头或左右箭头时,按住鼠标左键拖动鼠标,也可以取消隐藏行或列。

2. 若隐藏了首行或首列,可以通过"全选框"▨或组合键Ctrl+A将整张工作表选定后,再执行取消隐藏。

第五节 | 打 印 管 理

打印工作表是Excel的一项重要内容,这是使用电子表格的关键步骤。一般情况下,在屏幕上编好的工作表上,选择"文件"|"打印"命令,即可打印。但是不同行业的用户需要的

表格样式不同,每个用户也会有自己的特殊要求。为了方便用户,Excel2013 提供了页面设置等命令来设置或调整打印效果,以打印出完美的、具有专业化水平的工作表。

一、打印设置

打开"文件"|"打印"选项,在窗口中可以进行所有类型的打印设置。例如,打印份数、打印机、页面范围、单面打印/双面打印、纵向、页边距的调整等。

1. 设置打印区域

打开"文件"|"打印"选项,在窗口的"页数"文本框中输入需要打印的页数范围,即可打印部分工作表。

2. 设置打印顺序

单击"调整"按钮,在弹出的下拉菜单中可以选择打印顺序,如图 1-37 所示。

3. 设置纸张方向

单击"纵向"按钮,在弹出的下拉菜单中可以选择纸张方向,如图 1-38 所示。

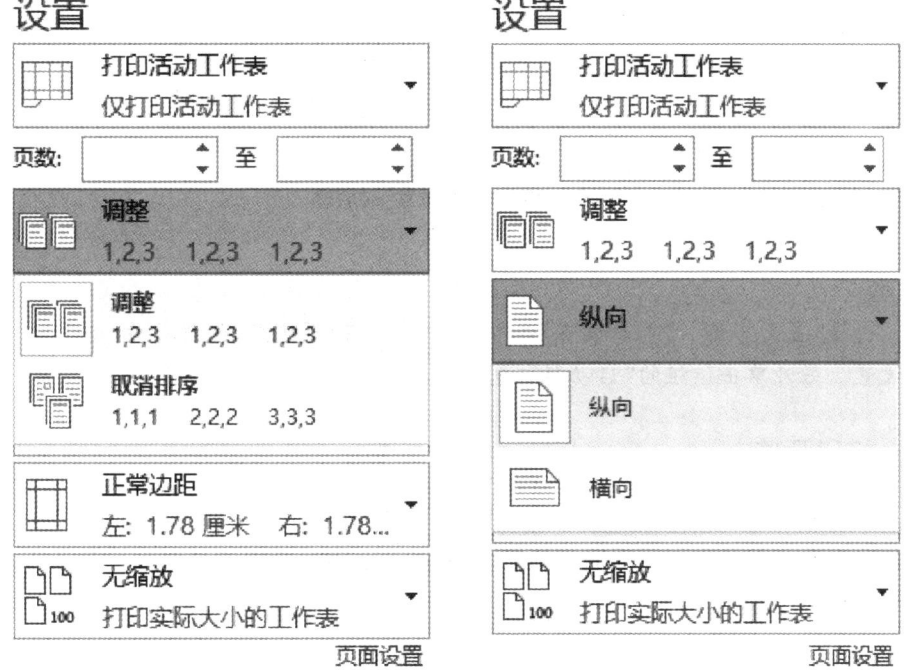

图 1-37 "调整"选项卡　　　　　图 1-38 纸张方向选择

4. 设置纸张大小

单击"A4"按钮,在弹出的下拉菜单中,可以选择打印的纸张大小。

5. 设置页边距

单击"正常边距"按钮,在弹出的下拉菜单中,可以选择打印的页边距。如果想自定义页边距的大小可以选择"自定义边距"按钮,自行设置页边距大小。

此外,单击上述界面中的"页面设置"命令,打开"页面设置"对话框,如图 1-39 所示,可以进行页面、页边距、页眉/页脚、工作表等的设置。

图1-39　"页面设置"对话框

 提 示

通过选择"页面布局"|"页面设置"命令,也可以进行页边距、纸张方向、纸张大小、打印区域等设置。另外单击该组的"启动器",也可以打开"页面设置"对话框。

二、打印预览

打开"文件"|"打印"选项,在窗口的右侧,可以看到即将打印页面的页面预览。打印预览可以快速查看打印效果与期望输出结果之间的差距,然后可以通过页面设置予以调整,以达到理想的打印结果。

本 章 小 结

本章学习后,学生应对 Excel 的工作界面有全面的认识,并对 Excel 的基本操作有所了解。熟悉 Excel 的工作界面及各部分的名称、用途;能够自定义 Excel 和管理工作簿;掌握数据的输入和编辑;学会管理工作表以及打印工作表。

本章重要概念

快速访问工具栏　标题栏　功能区　编辑栏　工作表编辑区　状态栏　滚动条　工作

表标签　单元格　工作表　工作簿　自动填充　自定义序列　隐藏和取消隐藏　拆分　冻结　打印预览

思考与练习

1. 如何在快速访问工具栏中添加命令？
2. 如何快速填充等差序列、等比序列或日期序列？如何自定义序列？
3. 如何保护工作表？
4. 为什么要进行窗口的拆分和冻结？如何操作？

推荐阅读资料

［1］崔婕,姬昂.Excel 在会计和财务中的应用［M］.5 版.北京:清华大学出版社,2015.
［2］韩良智.Excel 在财务管理中的应用［M］.3 版.北京:清华大学出版社,2015.
［3］Excel Home.Excel2013 高效办公——会计实务［M］.北京:人民邮电出版社,2016.
［4］Excel Home.Excel2013 高效办公——财务管理［M］.北京:人民邮电出版社,2016.
［5］http://www.excelhome.net/.

第二章 Excel 数据处理基础

内容简介

本章主要介绍 Excel 公式中的运算符、单元格的引用、数组公式的基本概念及其应用,函数的语法、类型、基本函数的概念及其具体应用,数据的排序与筛选、分类汇总、数据透视表的基本概念及其具体应用,以及图表的类型及应用。

学习目的和要求

通过本章学习,学生应掌握 Excel 公式中的运算符、单元格引用的使用;掌握基本函数的语法和应用;掌握数据的排序与筛选、分类汇总、数据透视表以及主要图表的应用。了解数组公式、函数的类别以及图表的类型等基本概念。

引例　Excel 的数据处理功能

采用电子表格来管理数据是 Excel2013 的功能之一,其主要功能体现在具有强大的数据处理功能。首先,Excel2013 提供了丰富的函数,共有 400 多个内部函数,包括财务、日期与时间、统计、查找与引用、数据库、文本、逻辑等各类函数,通过这些内部函数可以进行各种复杂的运算;此外,Excel2013 还提供了许多如统计分析、方差分析、回归分析、线性规划等这样的数据分析与辅助决策工具。用户利用这些工具,不需要掌握编程方法和相关的数学算法,通过选择选项或按钮即可得到分析结果。

第一节　公　式

在使用 Excel2013 进行数据计算时,会经常用到定义公式。下面将介绍如何在 Excel 中使用自定义公式计算数据。

一、公式中的运算符

运算符用于指定要对公式中的元素执行的计算类型,它是一个标记或符号。通过运算符可以对公式中的元素进行相应的运算。Excel 包含四种类型的运算符:算术运算符、比较运算符、文本运算符和引用运算符。

(一) 算术运算符

如果要完成基本的数学运算,如加法、减法和乘法等,可以使用算术运算符,算术运算符及含义如表 2-1 所示。

表 2-1　　　　　　　　　　算 术 运 算 符

算术运算符	含义	算术运算符	含义
+(加号)	加法运算	/(正斜线)	除法运算
-(减号)	减法运算或负数	%(百分号)	百分比
*(星号)	乘法运算	^(插入符号)	乘幂运算

(二) 比较运算符

比较运算符用于比较两个值的大小。当用比较运算符来比较两个值时,结果是一个逻辑值,即 TRUE(真)或 FALSE(假),比较运算符及含义如表 2-2 所示。

表 2-2　　　　　　　　　　比 较 运 算 符

比较运算符	含义	比较运算符	含义
=	等于	>=	大于或等于
>	大于	<=	小于或等于
<	小于	<>	不等于

进行比较时,需用比较运算符。例如,在某单元格中输入"=A3<8",如果 A3 单元格中

的数据小于8,则结果为 TRUE;反之,结果为 FALSE。

(三)文本运算符

使用文本运算符"&"可以将多个文本连接成组合文本。例如,在某单元格中输入公式"＝12&34"时,结果为"1234"。

(四)引用运算符

单元格引用就是用于表示单元格在工作表中所处位置的坐标集。例如,位于第 D 列和第 6 行交叉处的单元格,其引用形式为"D6"。使用引用运算符可以对单元格区域进行合并计算,引用运算符及含义如表 2-3 所示。

表 2-3　　　　　　　　　　　　　　引用运算符

引用运算符	含义(示例)
:(冒号)	区域运算符,产生对包括在两个引用之间的所有单元格的引用,如"＝SUM(A1：B2)"
,(逗号)	联合运算符,将多个引用合并为一个引用,如"＝SUM(A1, A2, B1, B2)"
空格	交叉运算符,对两个引用共有的单元格进行引用,如"＝SUM(A1：B2 B1：C2)"

二、运算符的优先级

当公式中既有加法,又有乘法或除法,还有乘方时,Excel2013 的运算顺序与数学中相似。对于同一级运算,则按照从等号开始由左至右的顺序进行运算;对于不同级的运算符,则按照运算符的优先级进行运算。各种运算符的优先级如表 2-4 所示,其中优先级的数字越小,该运算优先级别就越高。

表 2-4　　　　　　　　　　　　　　运算符的优先级

运算符	说明	优先级
:(冒号)、空格和,(逗号)	引用运算符	1
―(减号)	负号	2
％(百分号)	百分比	3
ˆ(插入符号)	乘幂运算	4
*(星号)和/(正斜线)	乘法运算和除法运算	5
＋(加号)和―(减号)	加法运算和减法运算	6
&	文本连接符	7
＝,＜,＞,＜＝,＞＝,＜＞	比较运算符	8

如果要改变公式中一些运算符的优先级别,可以将公式中要先计算的部分用括号括起来。Excel 将先计算括号内的部分,然后再计算括号外的部分。

三、创建公式

自定义公式是指输入一些计算指令,指导 Excel 如何计算数据。Excel 自定义公式包括

以下三个部分:

(1) "＝"符号:表示用户输入的内容是公式而不是数据。

(2) 运算符:表示公式要执行的运算类型。

(3) 单元格引用:是指参与运算的单元格名称,如 A1、B2、C3 等。在进行运算时,可以直接输入单元格名称,也可以用鼠标选择需要引用的单元格。

公式是对工作表中的数值进行计算的等式。公式必须以等号"＝"开头。

【案例 2-1】 以汉字"中"和"国"组合成"中国"为例说明如何创建公式。

【操作步骤】

(1) 打开一个空白工作簿,单击要创建公式的单元格,首先输入等号"＝",然后依次输入"中"&"国",如图 2-1 所示。

(2) 输完公式后按 Enter 键,此时可以看到单元格中显示出计算结果,而编辑栏显示出公式,如图 2-2 所示。

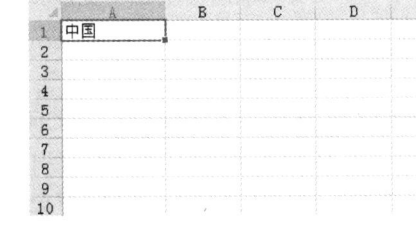

图 2-1　输入公式　　　　　　　　图 2-2　显示计算结果

 提示

当用文本运算符及比较运算符连接数字时,数字串两边的双引号可以不加,但连接一般字母、字符串和文本时,必须加双引号,且是英文状态下的双引号,否则公式将返回错误值。

四、公式中单元格的引用

Excel 中利用单元格引用表示工作表中的单元格或单元格区域并指明公式中所使用的数据的位置,通过引用可以在公式中使用工作表不同部分的数据,或者同一工作簿中不同工作表的单元格,或者不同工作簿中的单元格,或者在多个公式中使用同一个单元格的数值。

(一) 相对引用、绝对引用和混合引用

在 Excel 中,根据引用的单元格与被引用的单元格之间的位置关系可以将引用分为三种:相对引用、绝对引用和混合引用。

1. 相对引用

相对引用就是包含公式的单元格与被引用的单元格之间的位置是相关的,单元格或单元格区域的引用是相对于包含公式的单元格的相对位置,即如果将公式从某个单元格复制或填充到其他单元格,公式中引用的单元格的地址也会发生改变,相对引用将会自动调整计算结果。

相对引用用单元格所在的列标和行号作为其引用或者用单元格区域左上角单元格的引

用＋冒号(：)＋右下角单元格引用表示。例如,D3引用了第D列与第3行交叉处的单元格; D3:E8引用了以单元格D3为左上角、以E8为右下角的矩形单元格区域。

2. 绝对引用

如果在复制公式时不希望Excel自动调整引用,可以使用绝对引用。绝对引用就是在公式中引用的单元格的地址与公式所在的单元格的位置无关,也就是说,被引用的单元格的地址不随公式所在单元格的位置的变化而变化,无论将公式粘贴到哪一个单元格,公式所引用的还是原来单元格的数据。

绝对引用的单元格,在其行号和列标前分别加上绝对引用符号"＄",例如,＄C＄5表示单元格C5的绝对引用,＄C＄5：＄E＄9表示单元格区域C5:E9的绝对引用。

3. 混合引用

混合引用是指行采用相对引用而列采用绝对引用或行采用绝对引用而列采用相对引用的单元格引用。例如,＄C5、C＄5都是混合引用。

混合引用的作用在于,当复制公式时,保持某行或某列的地址固定不变,即如果公式所在单元格的位置改变,则相对引用改变,而绝对引用不变。如果在多行或多列复制公式,则相对引用自动调整,而绝对引用不做调整。绝对引用列采用＄C5、＄D6等形式。绝对引用行采用C＄5、D＄6等形式。

4. 相对引用、绝对引用和混合引用之间的切换

为了简化绝对引用、相对引用和混合引用的输入问题,可以根据需要在它们之间进行切换。Excel专门设立了快捷键F4,可以对单元格的引用进行转换。先选中包含公式的单元格,然后在编辑栏中用鼠标选定要更改的单元格引用,每按一次F4键,选定的单元格引用就在相对引用、绝对引用和两种混合引用之间循环变化。

(二) 引用单元格

1. 引用同一个工作簿的不同工作表中的单元格(跨工作表引用)

公式的引用可以在同一个工作簿中的不同单元格之间进行,即在同一个工作簿中,一个工作表可以引用其他工作表中的单元格数据,引用格式为:工作表名称！单元格或单元格区域的地址。

2. 引用其他工作簿中的单元格(跨工作簿引用)

公式的引用还可以在不同工作簿中的单元格之间进行,即在不同工作簿中,一个工作簿中的某个工作表可以引用其他工作簿中的某个工作表中的单元格数据,引用格式为:路径名\\[工作簿名]工作表名称！单元格或单元格区域的地址。

提示

1. 引用单元格可以采用直接输入或用鼠标选择需要引用的单元格。当采用直接输入时,如果引用与被引用的两个工作簿文件位于同一路径下,则路径名可省略。若用鼠标选择时,引用与被引用的两个工作簿都要处于打开状态。

2. 用鼠标选择需要引用的单元格时,引用同一个工作簿的单元格(同一工作表或不同工作表)默认引用类型为相对引用;引用不同工作簿的单元格默认引用类型为绝对引用。要复制公式时,默认的引用不符合要求,可以修改引用类型。

3. 通过组合键"Ctrl＋'"可将单元格在结果与公式之间进行切换。

五、数组

数组公式是可以同时进行多重计算并返回一种或多种结果的公式。在数组公式中,使用两组或多组数据称为数组参数,数组参数可以是一个数据区域,也可以是数组常量。数组公式的输入步骤如下:

(1) 选定单元格或单元格区域。

(2) 输入数组公式。

(3) 同时按"Ctrl+Shift+Enter"组合键。

【案例 2-2】 求单元格 A1:D1 与单元格 A2:D2 中数据的和。

【操作步骤】

(1) 选取单元格区域 A3:D3,如图 2-3 所示。

(2) 在公式编辑栏中输入数组公式"=A1:D1+A2:D2",如图 2-4 所示。

(3) 同时按"Ctrl+Shift+Enter"组合键,即可在单元格 A3:D3 中得到数组公式"=A1:D1+A2:D2"的结果,如图 2-5 所示。

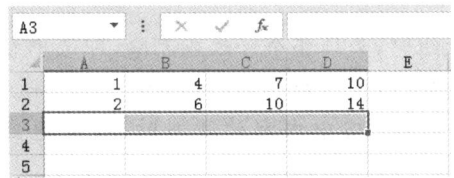
图 2-3　选取单元格区域

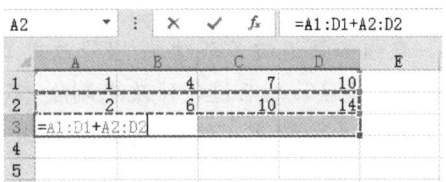
图 2-4　输入数组公式

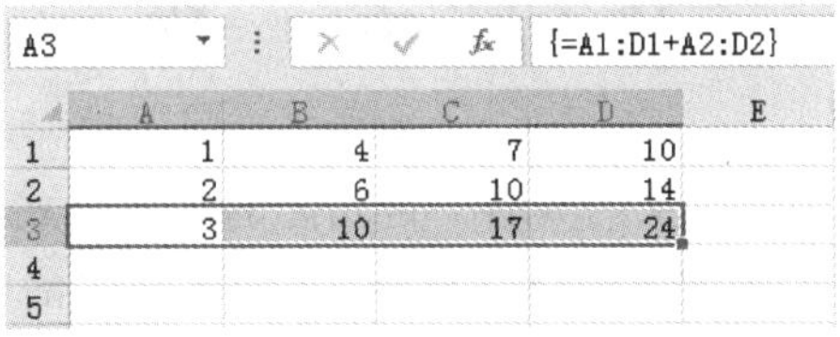

图 2-5　数组公式的结果

操作注意事项

1. 选定的必须是一个区域,而不能是一个单元格,否则只有第一个单元格有结果。

2. "Ctrl+Shift+Enter"组合键的按键顺序必须是先按 Ctrl 和 Shift 键,最后按 Enter 键。

【案例 2-3】 在单元格 A1、B1、A2、B2 中分别输入 1、2、3、4 这 4 个数值。

【操作步骤】

(1) 选取单元格区域 A1:B2,在公式编辑栏中输入数组常量"={1,2;3,4}",如图 2-6 所示。

(2) 同时按"Ctrl+Shift+Enter"组合键,即可在单元格 A1、B1、A2、B2 中分别输入了

1、2、3、4,如图 2-7 所示。

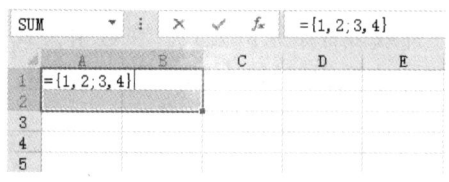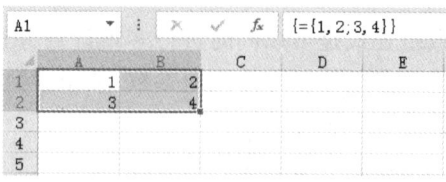

图 2-6　输入数组常量　　　　　　　图 2-7　数组常量

操作注意事项

1. ＝号内的｛｝须自己输入,＝号外的｛｝是按组合键后系统自动加上。

2. 数据间不同列用",“(逗号)分开,不同行用";“(分号)分开。

3. 输入数据时须先列后行。

 **提示**

1. 数组如果返回多个结果,当修改或删除数组时,必须整个修改或删除,即选中整个数组所在单元格区域然后进行修改或删除,不能只修改或删除数组的一部分。

2. 当双击鼠标进入修改或删除数组中某个单元格中内容的状态时,若要退出须按 ESC 键。

第二节｜函　数

所谓函数,就是 Excel 中预定义的具有一定功能的内置公式。对于一些繁琐的公式,人工编写不仅容易出错,而且工作效率较低。此外,我们日常生活中还经常用到求平均值、最大值、最小值、统计数量等操作,Excel 将这些功能都转换成了函数,从而使输入量减少,也降低了输入的错误概率。

一、函数的语法

函数按照特定的顺序进行运算,这个特定顺序就是语法。函数大致可分为函数名和参数表两部分,即函数名(参数 1,参数 2,参数 3,……)。其中,函数名说明函数要执行的运算,函数名后用圆括号括起来的是参数表,参数表说明函数要使用的单元格数值。

参数可以是数字、文本、逻辑值、数组、错误值以及单元格或单元格区域的引用等。Excel 函数的参数还可以是常量、公式或其他函数。当函数的参数表中又包括另外的函数时,就称为函数的嵌套使用。不同的函数所需要的参数个数是不同的,有的函数需要一个参数,有的需要两个或更多个参数(多的可达 255 个参数),也有的函数不需要参数。没有参数的函数称为无参函数。无参函数的调用形式为:函数名( )。无参函数后的圆括号是必需的。

二、函数的类型

Excel 提供了丰富的内置函数,有 400 多个,按照其功能可以分为以下几类:

(1) 数据库函数:分析和处理数据清单中的数据。

(2) 日期与时间函数:在公式中分析和处理日期值和时间值。

(3) 工程函数:对数值进行各种工程上的运算和分析。

(4) 财务函数:对数值进行一般的财务运算。

(5) 信息函数:用于确定保存在单元格中的数据类型。

(6) 逻辑函数:用于进行真假值判断或者进行复合检验。

(7) 查找与引用函数:在数据清单或工作表中查找特定数值,还可以查找某一单元格的引用。

(8) 数学与三角函数:处理各种简单的数学运算。

(9) 统计函数:对数据进行统计分析。

(10) 文本函数:对字符串进行各种运算与操作。

三、函数的输入

在 Excel 的工作表中建立函数的方法有 4 种:直接输入法、"插入函数"方法、使用函数下拉列表输入函数和使用功能区中的按钮输入函数。

1. 直接输入法

直接输入法与输入公式一样,可以直接在单元格或编辑栏内输入函数名及其参数。

【操作步骤】

选中要输入函数的单元格,依次输入等号(=)、函数名、括号及具体参数,单击编辑栏中的"输入"按钮 ✔ 或按 Enter 键,单元格中即显示公式运算的结果。

💡 提示

如果用户对函数名及其参数和用法非常熟悉,运用此方法可以快速输入公式并得到计算结果。

2. "插入函数"方法

Excel 提供了大量的函数,并且有许多函数不经常使用,因此用户很难记住函数及其用法。这时可以利用"插入函数"方法,按照系统提示,逐步选择需要的函数及其相应的参数。

【操作步骤】

选中要输入函数的单元格,选择"公式"选项卡上"函数库"组中的"插入函数"按钮 ,或者单击编辑栏中的"插入函数"按钮 ,在弹出的"插出函数"对话框中进行相关操作即可。

3. 使用函数下拉列表输入函数的方法

【操作步骤】

当在单元格中输入"="后,位于编辑栏左侧原来用于显示单元格地址的名称框中将显示函数名称。单击其右侧的按钮 ▼,将打开函数列表,从中可以选择某个函数。

4. 使用功能区中的按钮输入函数

【操作步骤】

(1) 直接单击"公式"选项卡上"函数库"组中的按钮,如图 2-8 所示。

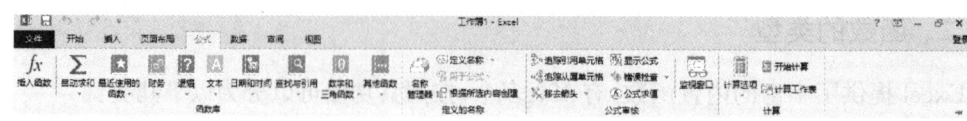

图2-8 "函数库"组中的按钮

（2）这些按钮包括财务、文本、数学和三角函数、逻辑、日期和时间、其他函数等，用户可根据需要的函数所属的类别，单击某个按钮，即可弹出下拉列表，从中选择一项即可。

四、常用函数

Excel 提供了大量的函数，可以进行一般的统计分析、财务计算和查找及引用等，它们处理数据的速度快且不容易出错，为日常工作提供了极大的便利。在此先简单地对一些常用函数进行介绍，其他有关的专门函数将在以后有关章节中分别予以介绍。

1. SUM 函数

SUM 函数用于返回参数的所有数字之和，其语法为 SUM(number 1，number 2，…)，其中，number 1，number 2，…为1～255 个要对其求和的参数，它们可以是数字、公式、范围或者产生数字的单元格引用。

提 示

1. 该函数最多可设置 255 个参数。

2. 该函数忽略引用中的空白单元格、逻辑值和文本，但若采用直接在参数表中输入逻辑值，则逻辑值将被计算，其中 TRUE 将被转化为数字 1、FALSE 将被转化为数字 0 进行计算。另外直接在参数表中输入错误值或不能转换为数字的文本，函数将返回错误值。

3. 如果参数是文本值将被转化为数字进行计算。

4. 如果参数是一个数组或引用，则只计算其中的数字。

【案例2-4】 在如图 2-9 所示的统计表中，计算华夏公司 2019 年各商品的销售量。

月份	1季度	2季度	3季度	4季度	合计
电冰箱	230	340	400	460	
洗衣机	320	250	280	380	
空调	260	560	610	300	
电视机	330	310	290	270	

华夏公司2019年各商品销售量统计表

图2-9 商品销售量原始统计表

【操作步骤】

（1）选择单元格G5，单击编辑栏，输入求和函数表达式（在表达式中引用单元格区域时，可手工输入,也可直接在表格中框选数据区域),如图 2-10 所示,然后按 Enter 键。

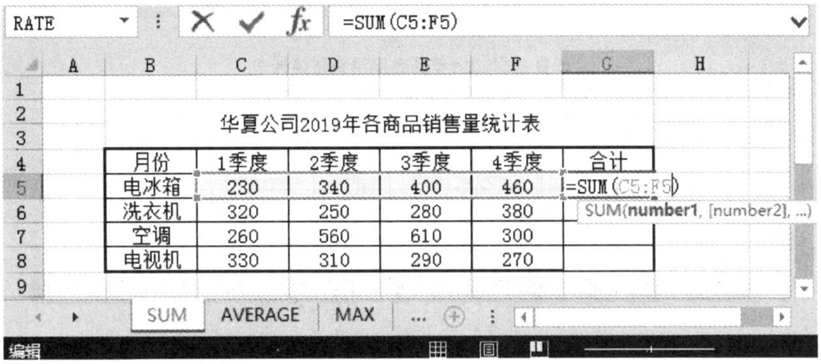

图 2-10　商品销售量统计表公式输入

(2) 选择 G5 单元格,使用"自动填充"功能复制公式,计算出其他商品的销售量合计值,如图 2-11 所示。

图 2-11　商品销售量统计表

💡**提示**

当对某一行或某一列的连续区域进行求和时,还可以使用工具栏中的自动求和按钮∑。

2. AVERAGE 函数

AVERAGE 函数用于返回参数的算术平均值,其语法为 AVERAGE(number 1, number 2, …),其中,number 1, number 2, …为 1~255 个要对其求平均值的参数。

【案例 2-5】　在如图 2-12 所示的统计表中,计算华夏公司 2019 年各商品的季度平均销售量。

【操作步骤】

(1) 选择单元格 G5,单击编辑栏,输入求平均值函数的表达式,如图 2-13 所示,然后按 Enter 键。

图 2-12　商品销售量原始统计表

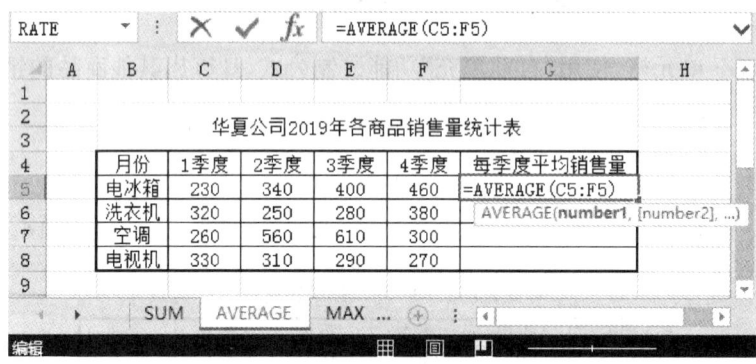

图 2-13　商品销售量统计表公式输入

（2）选择 G5 单元格，使用"自动填充"功能复制公式，计算出其他商品的季度平均销售量，如图 2-14 所示。

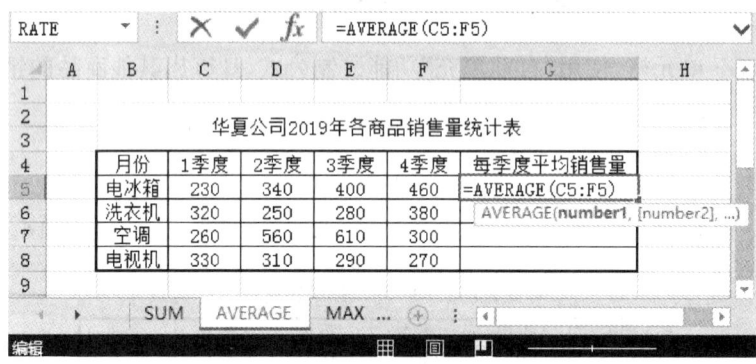

图 2-14　商品平均销售量统计表

3. MAX 函数

MAX 函数用于返回参数的最大值，其语法为 MAX(number 1，number 2，…)，其中，number 1，number 2，…为 1～255 个要从中找出最大值的参数。

【案例 2-6】　在如图 2-15 所示的统计表中，计算华夏公司 2019 年各商品的季度最高销售量。

图 2-15　商品销售量原始统计表

【操作步骤】

（1）选择存放最大值结果的单元格 G5，单击编辑栏，输入求最大值函数的表达式，如图 2-16 所示，然后按 Enter 键。

图 2-16　商品销售量统计表公式输入

（2）选择 G5 单元格，使用"自动填充"功能复制公式，计算出其他商品的季度最高销售量，如图 2-17 所示。

图 2-17　商品最高销售量统计表

4. MIN 函数

MIN 函数用于返回参数的最小值,其语法为 MIN(number 1,number 2,…),其中,number 1,number 2,…为 1~255 个要从中找出最小值的参数。

【案例 2-7】 在如图 2-18 所示的统计表中,计算华夏公司 2019 年各商品的季度最低销售量。

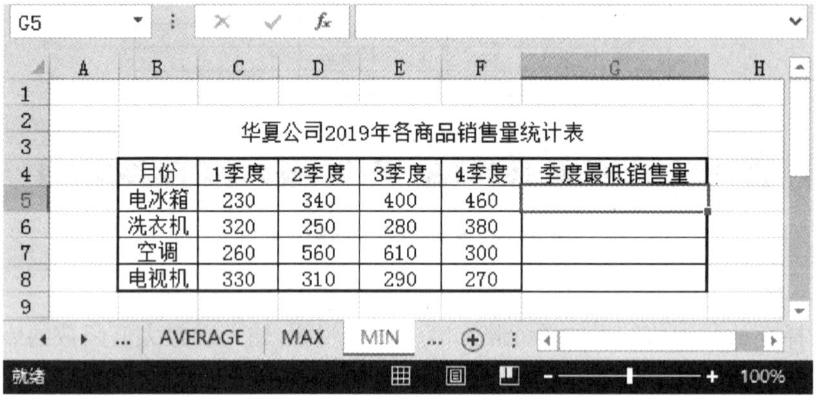

图 2-18　商品销售量原始统计表

【操作步骤】

(1) 选择存放最小值结果的单元格 G5,单击编辑栏,输入求最小值函数的表达式,如图 2-19 所示,然后按 Enter 键。

图 2-19　商品销售量统计表公式输入

(2) 选择 G5 单元格,使用"自动填充"功能复制公式,计算出其他商品的季度最低销售量,如图 2-20 所示。

> **操作注意事项**
>
> 1. 以上公式设置完后须先按 Enter 键,退出输入(或编辑)状态,再进行填充公式。
>
> 2. 采用直接输入公式时,函数的")"可以不加,按 Enter 键后,系统会自动加上。

图 2-20　商品最低销售量统计表

提示

1. SUM、AVERAGE、MAX、MIN 函数都是最多可设置 255 个参数。
2. SUM、AVERAGE、MAX、MIN 函数对参数要求、处理原则均一致。

第三节　数据管理与分析

Excel 不仅可以在工作表中进行快速、有效的公式和函数运算,而且还可以对数据进行排序、筛选和分类汇总等操作,另外 Excel 的数据透视表具有强大的数据分析和数据重组功能。

一、数据排序

对数据进行排序是数据分析不可缺少的组成部分,它将有助于快速、直观地显示数据并更好地理解数据、组织并查找所需数据及最终做出更有效的决策。Excel 可实现对一列或多列数据按文本(升序或降序)、数字(升序或降序)及日期和时间(升序或降序)进行排序,还可以按自定义序列(如大、中和小)或格式(包括单元格颜色、字体颜色或图标集)进行排序。大多数排序操作都是针对列进行的。Excel 提供了多种排序方法。

(一) 简单排序
简单排序是指只根据单个字段值进行排序。
【案例 2-8】 将 2019 年华夏公司销售人员各月销售情况,如图 2-21 所示,按照销售额降序统计。
【操作步骤】
(1) 在 F 列"销售额"字段下选择任一有数据的单元格。
(2) 单击"数据"选项卡下"排序和筛选"组中的"降序"按钮,排序后的统计表如图 2-22 所示。

2019年华夏公司销售人员销售情况统计表				
月份	销售人员	地区	订单数	销售额
1月	陈明	华北	58	283,800
1月	刘力	华北	35	507,200
1月	王磊	西南	25	107,600
1月	张晨	西南	47	391,600
1月	赵小亮	西南	39	226,700
2月	陈明	华北	44	558,400
2月	孙海涛	华北	46	350,400
2月	刘力	华北	74	411,800
2月	王磊	西南	29	154,200
2月	张晨	西南	45	258,000
2月	赵小亮	西南	52	233,800
3月	陈明	华北	30	353,100
3月	孙海涛	华北	44	532,100
3月	刘力	华北	57	258,400
3月	王磊	西南	13	286,000
3月	张晨	西南	14	162,200
3月	赵小亮	西南	36	134,300
4月	陈明	华北	54	595,500
4月	孙海涛	华北	44	480,100

图 2-21　销售人员销售情况原始统计表图

2019年华夏公司销售人员销售情况统计表				
月份	销售人员	地区	订单数	销售额
4月	陈明	华北	54	595,500
5月	孙海涛	华北	50	595,500
12月	孙海涛	华北	47	562,000
2月	陈明	华北	44	558,400
4月	刘力	华北	79	555,500
9月	孙海涛	华北	53	542,800
3月	孙海涛	华北	44	532,100
11月	刘力	华北	42	532,000
1月	刘力	华北	35	507,200
4月	孙海涛	华北	44	480,100
6月	陈明	华北	38	470,500
2月	刘力	华北	74	411,800
6月	赵小亮	西南	54	396,300
11月	张晨	西南	21	391,800
1月	张晨	西南	47	391,600
10月	刘力	华北	38	391,100
6月	刘力	华北	51	389,600
8月	刘力	华北	32	382,900
9月	陈明	华北	32	377,900

图 2-22　排序后的结果

（二）复杂排序

在按单列进行排序后,可能会遇到这一列中有相同数据的情况。针对这种情况,可能还需要进一步排序,即在这一列中有相同数据时,再按另一列的数据大小进行排列。在Excel2013 中,最多只允许同时对 64 列数据进行排序。

【**案例 2-9**】　将 2019 年华夏公司销售人员各月销售情况,如图 2-21 所示,按照销售额降序、订单数升序统计。

【**操作步骤**】

（1）选择任一有数据的单元格,单击"数据"选项卡下"排序和筛选"组中的"排序"按钮。

（2）在弹出的"排序"对话框中进行详细设置。在"主要关键字"下拉列表框中选择"销售额"选项,并设置次序为"降序"。单击"添加条件"按钮,在出现的"次要关键字"下拉列表框中选择"订单数"选项,并设置次序为"升序",如图 2-23 所示。

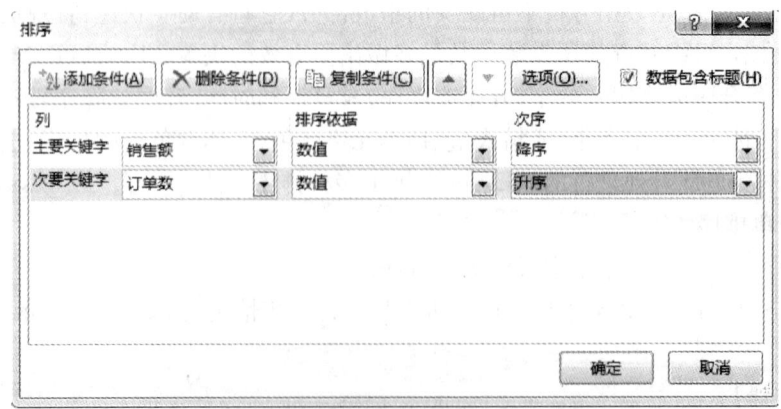

图 2-23　添加条件

（3）单击"确定"按钮,将显示排序结果,如图 2-24 所示。

2019年华夏公司销售人员销售情况统计表					
月份	销售人员	地区	订单数	销售额	
5月	孙海涛	华北	50	595,500	
4月	陈明	华北	54	595,500	
12月	孙海涛	华北	47	562,000	
2月	陈明	华北	44	558,400	
4月	刘力	华北	79	555,500	
9月	孙海涛	华北	53	542,800	
3月	孙海涛	华北	44	532,100	
11月	刘力	华北	42	532,000	
1月	刘力	华北	35	507,200	
4月	孙海涛	华北	44	480,100	
6月	陈明	华北	38	470,500	
2月	刘力	华北	74	411,800	
6月	赵小亮	西南	54	396,300	
11月	张晨	西南	21	391,800	
1月	张晨	西南	47	391,600	
10月	刘力	华北	38	391,100	
6月	刘力	华北	51	389,600	
8月	刘力	华北	32	382,900	
9月	陈明	华北	32	377,900	

图 2-24 复杂排序的排序结果

提示

1. 在"排序依据"下拉列表框中有 4 个选项,分别为"数值""单元格颜色""字体颜色"和"单元格图标"。若要按文本、数字、日期和时间进行排序,就选择"数值";若要按格式进行排序,就选择"单元格颜色""字体颜色"或"单元格图标"。

2. 在"次序"下拉列表框中可以选择排序方式。对文本值、数值、日期或时间值,选择"升序"或"降序"选项;如果要基于自定义序列进行排序,就选择"自定义序列"选项。

三、数据筛选

在一个存在众多数据的工作表中,用户若要查看其中一些特定的数据,就需要从众多数据中选出符合某种条件的数据,将其显示在工作表中,而将那些不符合条件的数据隐藏起来,便于用户查看对其有用的数据。实际上,利用筛选功能相当于数据库中的查询功能。Excel 主要提供了两种方法,即自动筛选和高级筛选。

(一)自动筛选

使用自动筛选功能可以快速地将满足条件的记录行显示在数据表中。自动筛选主要可以分成按列表值筛选和按条件筛选两种。

1. 按列表值筛选

【案例 2-10】 对 2019 年华夏公司销售人员各月销售情况进行筛选,如图 2-21 所示,只显示销售人员王磊的销售情况。

【操作步骤】

(1)选择任一有数据的单元格,单击"数据"选项卡下的"排序和筛选"组中的"筛选"按钮,如图 2-25 所示。

(2)单击"销售人员"字段右边的下拉按钮,在弹出的下拉菜单中取消"全选",然后勾选

"王磊"复选框,如图 2-26 所示。

图 2-25　设置自动筛选　　　　图 2-26　设置筛选条件

(3) 单击"确定"按钮,将显示筛选结果,如图 2-27 所示。

	月份	销售人员	地区	订单数	销售额
	1月	王磊	西南	25	107,600
	2月	王磊	西南	29	154,200
	3月	王磊	西南	13	286,000
	4月	王磊	西南	36	328,200
	5月	王磊	西南	50	125,400
	6月	王磊	西南	16	369,900
	7月	王磊	西南	43	277,000
	8月	王磊	西南	54	342,300
	9月	王磊	西南	39	192,200
	10月	王磊	西南	45	277,900
	11月	王磊	西南	21	157,800
	12月	王磊	西南	21	373,800

2019年华夏公司销售人员销售情况统计表

图 2-27　筛选结果

提示

1. 如果要查看所有的数据,可以撤销已进行的筛选,选择"销售人员"字段右边的下拉按钮,勾选"全部"复选框,即可将全部数据显示在工作表中。

2. 如果要取消筛选状态,再次选择"筛选"命令即可。

3. 自动筛选的快捷键为:Ctrl+Shift+L。

2. 按条件筛选

【案例 2-11】　对 2019 年华夏公司销售人员各月销售情况进行筛选,如图 2-21 所示,只显示订单数大于 40 小于 50 的销售情况。

【操作步骤】

(1) 选择任一有数据的单元格,单击"数据"选项卡下的"排序和筛选"组中的"筛选"按钮,单击"订单数"字段右边的下拉按钮,在弹出的下拉菜单中选择"数字筛选"|"自定义筛

选"命令,如图2-28所示。

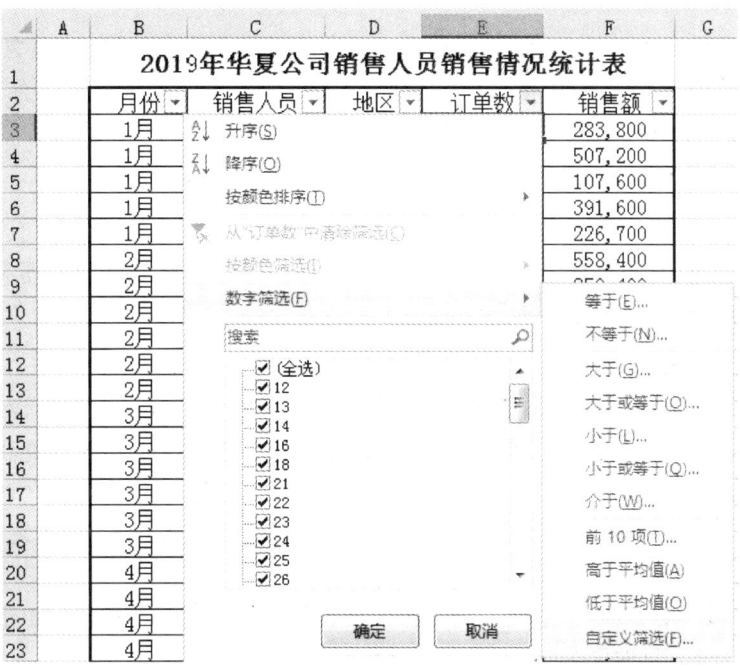

图 2-28　选择"自定义筛选"命令

（2）在弹出的"自定义自动筛选方式"对话框中单击左上方的按钮，在弹出的下拉列表框中选择"大于"选项,在其后面的下拉列表框中输入"40",用同样的方法在下面的下拉列表框中设置"小于 50",如图 2-29 所示。

（3）单击"确定"按钮,将显示筛选结果,如图 2-30 所示。

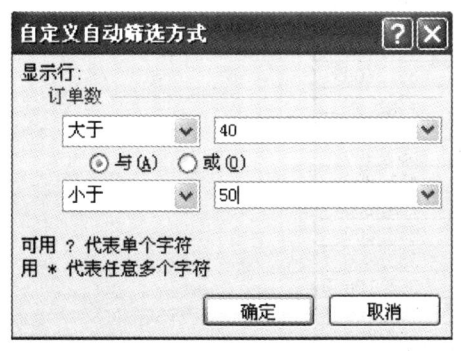

图 2-29　自定义自动筛选方式

	A	B	C	D	E	F	G
1		2019年华夏公司销售人员销售情况统计表					
2		月份	销售人员	地区	订单数	销售额	
6		1月	张晨	西南	47	391,600	
8		2月	陈明	华北	44	558,400	
9		2月	孙海涛	华北	46	350,400	
12		2月	张晨	西南	45	258,000	
15		3月	孙海涛	华北	44	532,100	
21		4月	孙海涛	华北	44	480,100	
33		6月	孙海涛	华北	43	141,100	
39		7月	孙海涛	华北	42	228,400	
41		7月	王磊	西南	43	277,000	
49		8月	赵小亮	西南	44	331,400	
56		9月	赵小亮	西南	49	128,200	
58		10月	陈明	华北	42	319,300	
61		10月	王磊	西南	42	277,900	
67		11月	刘力	华北	42	532,000	
73		12月	孙海涛	华北	47	562,000	
75		12月	周志远	华北	42	201,983	
79							

图 2-30　筛选结果

> **操作注意事项**
>
> 为了获得最佳的筛选效果,不要在同一列中使用混合的存储格式(如文本和数字或数字和日期),因为每一列只有一种类型的筛选命令可用。如果使用了混合的存储格式,则显示的命令将是出现次数最多的存储格式所对应的筛选命令。

提示

按条件筛选时,程序会根据数据类型的不同而显示不同的筛选选项。字符型数据为"文本筛选",数值型数据为"数字筛选"。

(二)高级筛选

在实际应用中,经常要设置更为复杂的筛选条件。如果要对一个字段设置多个筛选条件,甚至更复杂的筛选条件,可以使用 Excel 提供的高级筛选功能。在设置高级筛选前,必须先按预期的筛选条件设置好条件区域。筛选条件区域也是一个单元格区域,是由表头和数据区组成的。表头字段名称为筛选项目,数据区则是按要求设置逻辑关系的多重筛选条件。

【案例 2-12】 对 2019 年华夏公司销售人员各月销售情况进行筛选,如图 2-21 所示,只显示订单数大于 50,且地区为"华北"的销售情况。

【操作步骤】

(1) 在 H4:I5 单元格区域中设置条件区域,如图 2-31 所示。

(2) 选择统计表任一有数据的单元格,单击"数据"选项卡下"排序和筛选"组中的"高级"按钮,在弹出的对话框的列表区域中选择"$B$2:$F$78"和条件区域中选择"$H$4:$I$5",如图 2-32 所示。

	B	C	D	E	F	G	H	I
1	**2019年华夏公司销售人员销售情况统计表**							
2	月份	销售人员	地区	订单数	销售额			
3	1月	陈明	华北	58	283,800			
4	1月	刘力	华北	35	507,200		地区	订单数
5	1月	王磊	西南	25	107,600		华北	>50
6	1月	张晨	西南	47	391,600			
7	1月	赵小亮	西南	39	226,700			
8	2月	陈明	华北	44	558,400			
9	2月	孙海涛	华北	46	350,400			
10	2月	刘力	华北	74	411,800			
11	2月	王磊	西南	29	154,200			
12	2月	张晨	西南	45	258,000			
13	2月	赵小亮	西南	52	233,800			
14	3月	陈明	华北	30	353,100			
15	3月	孙海涛	华北	44	532,100			
16	3月	刘力	华北	57	258,400			
17	3月	王磊	西南	13	286,000			
18	3月	张晨	西南	14	162,200			
19	3月	赵小亮	西南	36	134,300			
20	4月	陈明	华北	54	595,500			

图 2-31 设置筛选条件区域

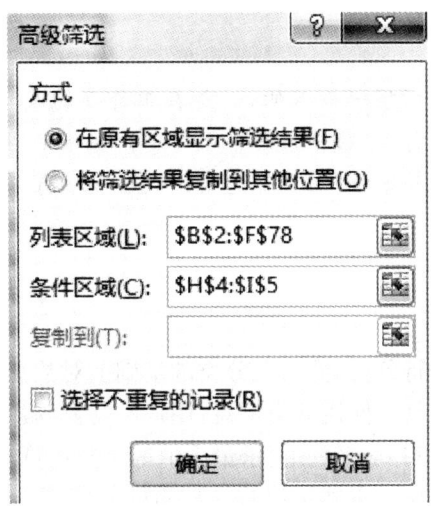

图 2-32　高级筛选条件区域

（3）单击"确定"按钮，将显示筛选结果，如图 2-33 所示。

	月份	销售人员	地区	订单数	销售额
	\multicolumn{5}{c}{2019年华夏公司销售人员销售情况统计表}				
3	1月	陈明	华北	58	283,800
10	2月	刘力	华北	74	411,800
16	3月	刘力	华北	57	258,400
20	4月	陈明	华北	54	595,500
22	4月	刘力	华北	79	555,500
26	5月	陈明	华北	63	328,600
34	6月	刘力	华北	51	389,600
38	7月	陈明	华北	55	343,600
40	7月	刘力	华北	69	300,300
44	8月	陈明	华北	62	329,200
52	9月	孙海涛	华北	53	542,800
53	9月	刘力	华北	63	318,600
59	10月	孙海涛	华北	67	251,700
66	11月	孙海涛	华北	59	105,400
72	12月	陈明	华北	52	275,000
74	12月	刘力	华北	64	180,200

图 2-33　筛选结果

操作注意事项

1. 如果选中"将筛选结果复制到其他位置"这个单选按钮，则筛选结果将显示在其他的区域，与原数据清单共同存放在同一个工作表上，同时需要在"复制到"文本框中输入指定的区域，由于无法确定"复制到"区域所占的大小，只需输入"复制到"区域左上角的单元格地址即可，该区域中不能有重要的数据，否则筛选的结果将覆盖已有的数据，而且无法用撤销功能来还原被覆盖的数据。

2. 若勾选"选择不重复的记录"选项，则筛选结果不包括重复的记录，因此可通过此选项删除数据表中重复的记录。通过高级筛选删除重复记录时可不设置"条件区域"。

提 示

高级筛选条件不是在对话框中输入的,而是在工作表的某个区域设置的。高级筛选条件区域通常要包括两行或三行,在第一行的单元格中输入指定字段名称,在第二行或第三行的单元格中输入对应字段的筛选条件,且筛选条件放在同一行不同列表示"与"的关系,不同行同一列表示"或"的关系。

三、数据的分类汇总

分类汇总是指对数据进行分类,然后在分类的基础上对数据进行汇总,它是对数据进行分析和统计时非常有用的工具。使用分类汇总,用户不需要创建公式,系统将自动创建公式对数据中的某一字段进行求和、求平均值、求最大值等函数运算,计算分类汇总值,而且将计算结果分级显示出来。这种显示方式可以将一些暂时不需要的细节数据隐藏起来,便于快速查看各类数据的汇总和标题。

【案例2-13】 对2019年华夏公司销售人员各月销售情况(如图2-21所示),根据销售人员进行分类汇总,统计出每位销售人员全年的销售额的总和。

【操作步骤】

(1) 选择"销售人员"字段下的任一单元格,单击"数据"选项卡下"排序和筛选"组中的"升序"或"降序"按钮,将显示排序结果,如图2-34所示。

(2) 单击"数据"选项卡下"分级显示"组中的"分类汇总"按钮,在弹出的"分类汇总"对话框中选择分类字段为"销售人员",汇总方式为"求和",选定汇总项为"销售额",如图2-35所示。

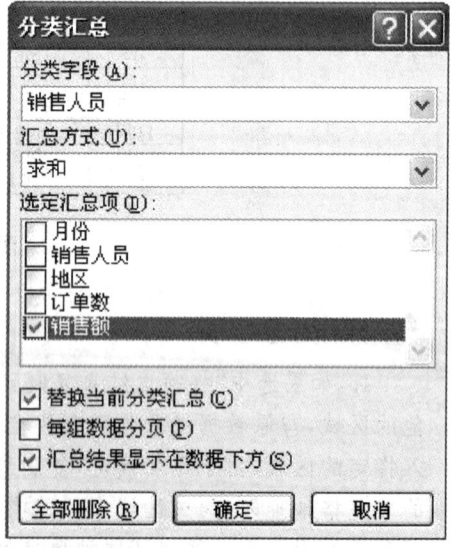

图2-34 按销售人员排序结果　　　　图2-35 分类汇总对话框

(3) 单击"确定"按钮,将显示分类汇总的结果,如图2-36所示。

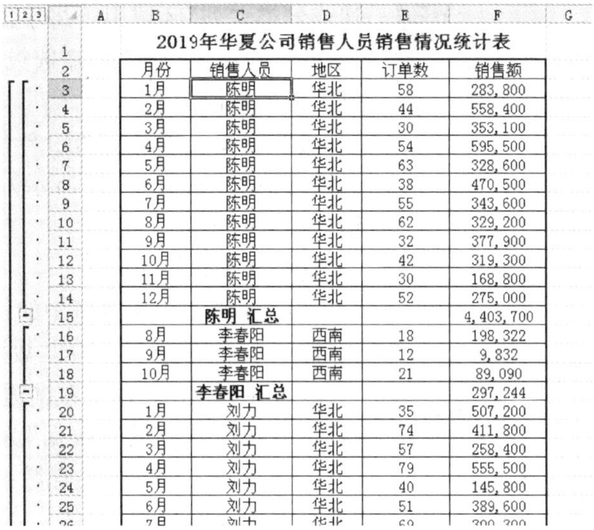

2019年华夏公司销售人员销售情况统计表

月份	销售人员	地区	订单数	销售额
1月	陈明	华北	58	283,800
2月	陈明	华北	44	558,400
3月	陈明	华北	30	353,100
4月	陈明	华北	54	595,500
5月	陈明	华北	63	328,600
6月	陈明	华北	38	470,500
7月	陈明	华北	55	343,600
8月	陈明	华北	62	329,200
9月	陈明	华北	32	377,900
10月	陈明	华北	42	319,300
11月	陈明	华北	30	168,800
12月	陈明	华北	52	275,000
	陈明 汇总			4,403,700
8月	李春阳	西南	18	198,322
9月	李春阳	西南	12	9,832
10月	李春阳	西南	21	89,090
	李春阳 汇总			297,244
1月	刘力	华北	35	507,200
2月	刘力	华北	74	411,800
3月	刘力	华北	57	258,400
4月	刘力	华北	79	555,500
5月	刘力	华北	40	145,800
6月	刘力	华北	51	389,600

图 2-36　分类汇总结果

操作注意事项

1. 在分类汇总之前，必须先进行排序(将需分类的项目集中排列)，然后再进行分类汇总。分类字段和排序的关键字段应一致。

2. “选定汇总项”默认为最后一项，若不是对最后一项进行汇总，须取消；汇总项至少为一项，也可为多项。

3. 默认情况下，汇总结果显示在数据下方，若将“汇总结果显示在数据下方”选项取消，汇总结果将显示在数据上方。

提示

1. 分类汇总并不会影响原数据清单中的数据。

2. 如果要取消分类汇总的显示结果，可以先选择分类汇总数据中的任意一个单元格，然后单击“数据”选项卡上“分级显示”组中的“分类汇总”按钮，在弹出的“分类汇总”对话框中，单击“全部删除”按钮，即可恢复原有表格数据。

3. 可以通过多次执行分类汇总的方式对超过一个的分类字段进行分类汇总。操作方法为：按要求对多个字段进行排序；再按排序的优先级依次执行分类汇总(优先级高的先分类汇总)，但除第一次分类汇总外其余要取消“替换当前分类汇总”选项。

四、数据透视表

数据透视表是用于快速汇总大量数据的交互式表格，用户可以转换行或列以查看对源数据的不同汇总，也可以通过显示不同的页来筛选数据，还可以显示所关心区域的明细数据。数据透视表是通过对源数据表的行、列进行重新排列，使得数据表达的信息更加清楚、明了。

数据透视表由筛选器、行、列和值 4 个区域组成。“筛选器”区域用于基于报表筛选中的选定项来筛选整个报表；“行”区域用于将字段显示为报表侧面的行，并按字段进行排序、筛

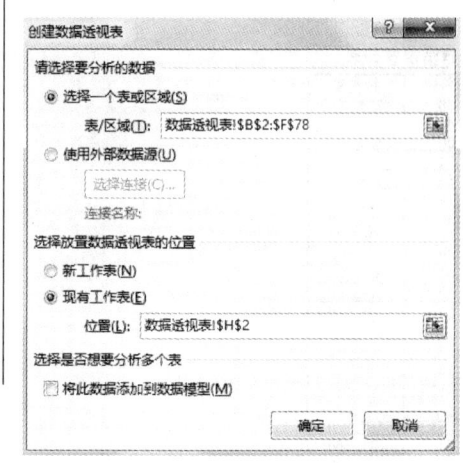

图 2-37　创建数据透视表

选或分类;“列”区域用于将字段显示为报表顶部的列,并按字段进行排序、筛选或分类;“值”区域用于显示汇总数值数据。

【案例 2-14】 对 2019 年华夏公司销售人员各月销售情况(如图 2-21 所示),根据月份和地区的销售额进行统计。

【操作步骤】

(1) 选择工作表区域中的任意单元格,单击“插入”选项卡下“表格”组中的“数据透视表”按钮。

(2) 在弹出的“创建数据透视表”对话框中设置默认“请选择要分析的数据”为“数据透视表! $B$2:$F$78”,“选择放置数据透视表的位置”为“现有工作表”,单击“位置”文本框,点击工作表中一个开始的位置,如图 2-37 所示。

(3) 单击“确定”按钮,结果如图 2-38 所示。

月份	销售人员	地区	订单数	销售额
1月	陈明	华北	58	283,800
1月	刘力	华北	35	507,200
1月	王磊	西南	25	107,600
1月	张晨	西南	47	391,600
1月	赵小亮	西南	39	226,700
2月	陈明	华北	44	558,400
2月	孙海涛	华北	46	350,400
2月	刘力	华北	74	411,800
2月	王磊	西南	29	154,200
2月	张晨	西南	45	258,000
2月	赵小亮	西南	52	233,800
3月	陈明	华北	30	353,100
3月	孙海涛	华北	44	532,100
3月	刘力	华北	57	258,400
3月	王磊	西南	13	286,000
3月	张晨	西南	14	162,200
3月	赵小亮	西南	36	134,300
4月	陈明	华北	54	595,500
4月	孙海涛	华北	44	480,100

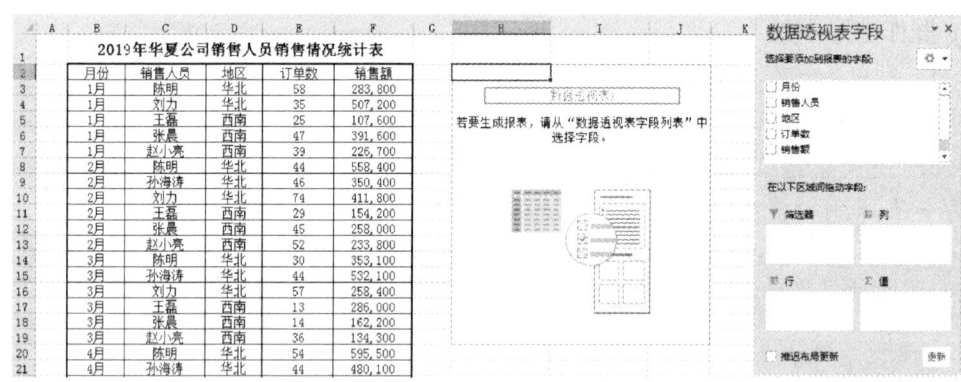

图 2-38　设置数据透视表字段列表

(4) 按要求对“数据透视表字段列表”进行设置。将字段“月份”拖到“行”区域内,将字段“地区”拖到“列”区域内,将字段“销售额”拖到“值”区域内,如图 2-39 所示。

月份	销售人员	地区	订单数	销售额
1月	陈明	华北	58	283,800
1月	刘力	华北	35	507,200
1月	王磊	西南	25	107,600
1月	张晨	西南	47	391,600
1月	赵小亮	西南	39	226,700
2月	陈明	华北	44	558,400
2月	孙海涛	华北	46	350,400
2月	刘力	华北	74	411,800
2月	王磊	西南	29	154,200
2月	张晨	西南	45	258,000
2月	赵小亮	西南	52	233,800
3月	陈明	华北	30	353,100
3月	孙海涛	华北	44	532,100
3月	刘力	华北	57	258,400
3月	王磊	西南	13	286,000
3月	张晨	西南	14	162,200
3月	赵小亮	西南	36	134,300
4月	陈明	华北	54	595,500
4月	孙海涛	华北	44	480,100

求和项:销售额	列标签		
行标签	华北	西南	总计
10月	962100	762690	1724790
11月	1004522	794300	1798822
12月	1219183	812800	2031983
1月	791000	725900	1516900
2月	1320600	646000	1966600
3月	1143600	582500	1726100
4月	1631100	683000	2314100
5月	1069900	578200	1648100
6月	1001200	1102300	2103500
7月	872300	884000	1756300
8月	1082100	1234422	2316522
9月	1239300	607732	1847032
总计	13336905	9413844	22750749

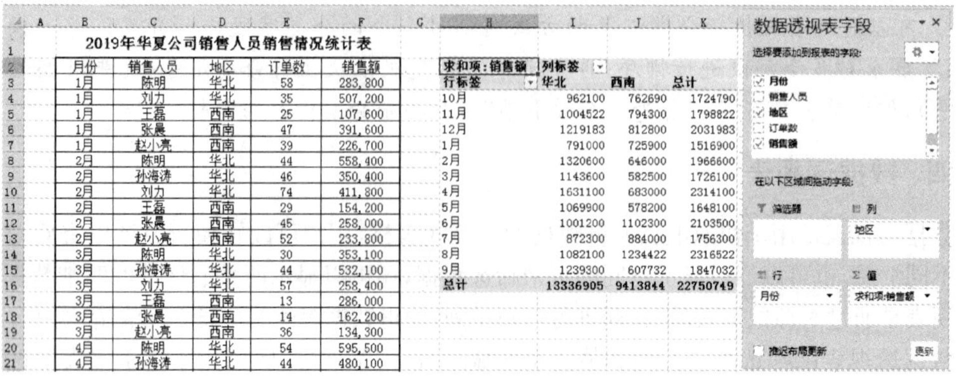

图 2-39　数据透视表

操作注意事项

　　由于数据透视表是通过字段名称进行透视的,所以在建立数据透视表选定范围时,列名称所在行须为所选范围的第一行,且不能包括空白列(因为无列名称,字段名无效,但可以包括空白行)。

提　示

　　1. 在完成重组的数据透视表中,有些字段的右侧还提供了相应的选择按钮,可进行字段设置、筛选、移动等的设置,也可通过单击鼠标右键来进行字段设置。

　　2. 数据透视表的 4 个区域可以放置一个字段,也可以放置多个字段。当要删除字段时,可以将字段拖回数据透视表字段列表,也可以直接在数据透视表字段列表中将相应的复选框取消。

第四节　图　　表

　　在实际工作中,用户经常需要用更直观、形象的图形定性地分析数据之间的各种相关性及发展趋势,这时就需要将表格表示数据的方式转换为图表的表示方式。Excel2013 具有完整的图表功能,它不仅可以生成诸如条形图、折线图、饼图等标准图表,还可以生成较为复杂的三维立体图表。对各种财务数据进行图表处理,可以更直观地进行财务分析,找出工作表格不容易发现的问题,使得会计和财务工作更为有效。

一、图表类型

　　Excel 提供了多种标准图表类型,如柱形图、折线图、饼图、条形图、面积图、XY(散点图)、股价图、曲面图、圆环图、气泡图和雷达图,每种图表类型又都有几种不同的子类型。用户在创建图表时,可以根据需要选择一种恰当的图表类型,既能够反映数据间的关系,又能够使图表更为美观。各种图表类型在表现数据时的特点如下。

　　1. 柱形图

　　柱形图是 Excel 默认的图表类型,用长条显示数据点的值。在柱形图中,一般把分类项在横轴上标出,把数据的大小在竖轴上标出,这样可以强调数据随横轴的变化。柱形图包括簇状柱形图、堆积柱形图和三维柱形图等子类型。

　　2. 折线图

　　折线图是将同一系列的数据在图中表示成点并用直线连接起来,适用于显示某段时间内的数据变化及变化的趋势。在折线图中,类别数据沿水平轴均匀分布,所有值数据沿垂直轴均匀分布。折线图包括堆积折线图、带数据标记的折线图和三维折线图等子类型。

　　3. 饼图

　　饼图是把一个圆面划分为若干个扇形面,每个扇面代表一项数据值。饼图只适用于单个数据系列间各数据的比较,显示数据系列中每一项占该系列数值总和的比例关系。饼图包括三维饼图、复合饼图和分离型饼图等子类型。

4. 条形图

条形图类似于柱形图,主要强调各个数据项之间的差别情况。一般把分类项在竖轴上标出,把数据的大小在横轴上标出,能突出数值的比较。条形图包括簇状条形图、堆积条形图和三维条形图等子类型。

5. 面积图

面积图是将每一系列数据用直线段连接起来,并将每条线以下的区域用不同的颜色填充。面积图强调幅度随时间的变化,通过显示所绘数据的总和,说明部分和整体的关系。面积图主要包括面积图、堆积面积图和百分比堆积面积图等子类型。

6. XY(散点图)

XY(散点图)用于比较几个数据系列中的数值,或者将两组数值显示为 XY 坐标系中的一个系列。散点图通常用于显示和比较数值。XY(散点图)包括带平滑线的散点图、带直线的散点图和仅带数据标记的散点图等子类型。

7. 股价图

股价图通常用来描绘股票价格走势,也可以用于处理其他数据,例如,显示每天或每年温度的波动情况。必须按正确的顺序组织数据后才能创建股价图。股价图包括盘高—盘低—收盘图,开盘—盘高—盘低—收盘图等子类型。

8. 曲面图

曲面图在寻找两组数据之间的最佳组合时很有用。曲面图中的颜色和图案用来指示在同一取值范围内的区域。当类别和数据系列都是数值时,可以使用曲面图。曲面图包括二维曲面图和三维曲面图等子类型。

9. 圆环图

圆环图与饼图类似,也用来显示部分与整体的关系,但圆环图可以含有多个数据系列,它的每一环节代表一个数据系列。圆环图包括闭合式圆环图和分享式圆环图两种。

10. 气泡图

气泡图是一种特殊类型的XY(散点图)。气泡的大小可以表示数据组中数据的值。气泡越大,数据值就越大。在组织数据时,将 X 值旋转在一行或一列中,然后在相邻行或列中输入相关的 Y 值和气泡的大小。气泡图包括二维气泡图和三维气泡图两种。

11. 雷达图

雷达图用于显示独立数据系列之间以及某个特定系列与其他系列整体的关系。每个分类都拥有自己的数值坐标轴,这些坐标轴由中心向四周辐射出多条数值坐标轴,并由折线将同一系列中的值连接起来。雷达图包括带数据标记的雷达图和填充雷达图等子类型。

二、图表的创建

Excel 可以创建两种数据图表:一种是嵌入式图表,即图表作为源数据的对象插入到源数据所在的工作表中,用于源数据的补充;另一种是工作表图表,即在 Excel 工作簿中为数据图表另建一个独立的工作表。

将原始数据表创建好之后,就可以根据数据特点创建需要的图表。

【**案例2-15**】 对 2019 年华夏公司销售人员各月销售情况按月汇总后,如图 2-40 所示,创建月份和订单销售额的关系图。

2019年华夏公司销售情况统计表	
月份	销售额
1月	1,516,900
2月	1,966,600
3月	1,726,100
4月	2,314,100
5月	1,648,100
6月	2,103,500
7月	1,756,300
8月	2,316,522
9月	1,847,032
10月	1,724,790
11月	1,798,822
12月	2,031,983

图 2-40　各月销售情况汇总表

【操作步骤】

（1）选择要创建图表的表格数据，单击"插入"选项卡，在"图表"组中单击"柱形图"按钮，然后在弹出的下拉菜单中选择"簇状柱形图"选项，即可在工作表中创建出相关的统计图表，如图 2-41 所示。

（2）修改图表标题为"2019年华夏公司各月销售情况图"，如图 2-42 所示。

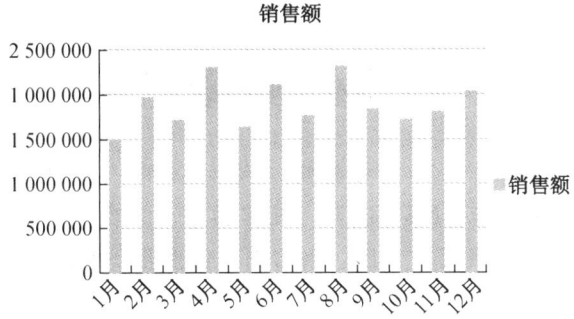

图 2-41　各月销售情况柱形图（原图）

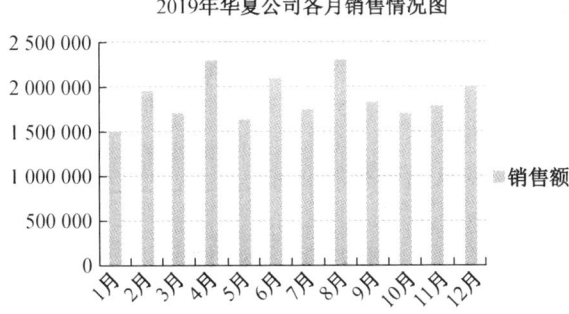

图 2-42　各月销售情况柱形图（修改后）

💡 **提示**

1. 用户在分析图表数据时,可以随时根据需要添加或删除图表中的数据系列。具体方法为:首先选择图表,然后单击"图表工具"|"设计"选项卡,在"数据"组中单击"选择数据"按钮,在打开的"选择数据源"对话框中即可添加数据系列或删除不需要的数据系列。

2. 插入图表后,在功能区中会自动增加"设计""布局"及"格式"三个针对图表进行操作的选项卡。

3. 如果对已创建的图表类型不满意,还可以更改图表类型。方法为:首先选择图表,在"图表工具"|"设计"选项卡中单击"类型"组中的"更改图表类型"按钮,然后在打开的"更改图表类型"对话框中选择一个新的图表类型,并在右侧的窗格选择合适的图表样式即可。

4. 对于数值轴中的数值刻度,用户可以根据自己的实际需要进行调整。设置方法为:首先选择数值坐标轴,单击"图表工具"|"布局"选项卡,在"当前所选内容"组中单击"设置所选内容格式"按钮,然后在打开的"设置坐标轴格式"对话框中设置合适的坐标轴刻度即可。

本 章 小 结

本章主要学习了:Excel公式中的运算符、单元格的引用、数组公式的基本概念及其应用,函数的语法、类型、基本函数的概念及其具体应用,数据的排序与筛选、分类汇总,以及数据透视表的基本概念及其具体应用,还有关于图表的类型及应用。

本章重要概念

公式 运算符 混合引用 相对引用 绝对引用 数组 函数 SUM函数 AVERAGE函数 MAX函数 MIN函数 简单排序 复杂排序 自动筛选 高级筛选 数据透视表 柱形图 折线图 饼图 条形图 面积图 XY(散点图) 股价图 曲面图 圆环图 气泡图 雷达图

思 考 与 练 习

1. 使用高级筛选时,为什么要先设置条件区域?
2. 使用分类汇总命令时,为什么要先按分类字段进行排序?
3. 公式和函数有何区别与联系?
4. 举例说明应用数据透视表的好处?

推荐阅读资料

[1] 李云龙. Excel可以这样用——数据处理、计算与分析[M]. 北京:清华大学出版社,2013.
[2] Excel Home. Excel2013函数与公式应用大全[M]. 北京:北京大学出版社,2016.

第三章 Excel 在会计核算中的应用

内容简介

本章主要讲解了会计凭证、会计账簿、会计报表的作用、类型;使用记录单建立和处理会计科目表;建立自动显示凭证编号、自动显示科目名称等多项功能的会计凭证表模板并在会计凭证表中输入经济业务;使用数据透视表建立科目汇总表并对其进行更新;设置总分类账格式并完成总分类账中期初余额、本期发生额及期末余额的填列;设置资产负债表的格式并完成资产负债表中期初数、期末数的编制;设置利润表的格式并完成利润表中本月数、本年累计数的编制。本章重点为建立会计凭证表模板;建立科目汇总表并对其进行更新;总分类账中期初余额、本期发生额及期末余额的填列;资产负债表中期末数的编制;利润表中本月数的编制。本章难点为建立会计凭证表模板,总分类账中本期发生额的填列。

学习目的和要求

通过本章学习,学生应掌握使用记录单建立和处理会计科目表;建立自动显示凭证编号、自动显示科目名称等多项功能的会计凭证表模板并在会计凭证表中输入经济业务;使用数据透视表建立科目汇总表并对其进行更新;设置总分类账格式并完成总分类账中期初余额、本期发生额及期末余额的填列;设置资产负债表的格式并完成资产负债表中期初数、期末数的编制;设置利润表的格式并完成利润表中本月数、本年累计数的编制。了解会计凭证、会计账簿、会计报表的作用、类型。

引例　Excel 会计核算的优势

　　财务会计必须对企业的交易和事项进行会计处理,以便最终为会计信息使用者提供财务报告。会计处理包括许多具体的会计程序,并依次完成一系列的基本步骤。在财务会计中,将这些依次继起、周而复始、以记录为主的会计处理步骤称为会计循环。

　　传统的手工记账会计循环一般包括以下几个过程:根据原始凭证填制记账凭证;登记账簿,包括日记账、明细分类账和总分类账;编制结账前试算表;月末按要求编制调整分录并予以过账;编制结账分录并登记入账,结清损益类账户和利润账户;根据全部账户数据资料编制结账后试算表;编制会计报表。

　　在手工核算方式下对数据进行分类整理是通过将记账凭证的内容按会计科目转抄到日记账、明细分类账以及总分类账的形式来实现的。同一数据的多次转抄不仅浪费时间、精力和财物(存储纸张等),而且容易产生错误。为了减少这类错误的产生,手工核算方式中需增加一些核对工作,如编制试算平衡表、进行明细账和总账的核对等。

　　Excel是目前市场上最强大的电子表格制作软件,使用Excel创建会计凭证表,生成科目汇总表和总分类账,编制会计报表,进而制作出一套比较完整的会计核算系统,将会计工作中最为核心部分以Excel表格的形式制作出来,对简化会计工作、深入了解会计流程有很大的帮助。

第一节　会计核算概述

一、会计凭证概述

(一) 会计凭证的作用

　　会计凭证是记录经济业务、明确经济责任和据以登记账簿的书面证明。填制和审核会计凭证表,是整个会计核算工作的起点和基础,也是会计对经济业务进行监督的重要环节。

　　会计凭证的作用主要表现为以下几方面:

　　(1) 填制和取得会计凭证,可以及时正确地反映各项经济业务的完成情况,能够提供原始资料、传导经济信息,为登记账簿提供依据。

　　(2) 审核会计凭证,可以更有力地发挥会计的监督作用,使会计记录合理、合法。

　　(3) 填制和审核会计凭证,可以加强经济管理中人员的责任感。

(二) 会计凭证的类型

　　会计凭证按其填制程序和用途的不同,可以分为原始凭证和记账凭证。

　　(1) 原始凭证是在经济业务发生时取得或填制,载明经济业务具体内容和完成情况的书面证明。它是进行会计核算中的原始资料和主要依据。

　　(2) 记账凭证是根据原始凭证进行归类、整理编制的会计分录凭证,是登记账簿的直接依据。从原始凭证到记账凭证是经济信息转换成会计信息的过程,是会计初始确认阶段。

二、会计账簿概述

(一) 会计账簿的作用

　　会计账簿是指以会计凭证为依据,在具有专门格式的账页中全面、连续、系统、综合地记录经济业务的簿籍。

会计账簿在会计核算中具有十分重要的意义,主要表现在以下几个方面:

(1) 可以为经济管理提供连续、全面、系统的会计信息。

(2) 便于企业单位考核成本、费用和利润计划的完成情况。

(3) 可以保护财产物资的完整性。

(4) 可以为会计检查、会计分析提供资料。

(5) 可以为编制会计报表提供资料。

(二) 会计账簿的类型

会计账簿按照在经济管理中的用途划分,可以分为日记账、分类账和备查账。

(1) 日记账是按照经济业务发生的时间先后顺序,逐日逐笔登记经济业务的账簿。按其记录内容的不同可分为普通日记账和特种日记账两种。

(2) 分类账是区别不同账户登记经济业务的账簿。按照提供指标的详细程度不同,可分为总分类账和明细分类账两种。

(3) 备查账是对某些在日记账和分类账中不能记录登记或记录登记不全的经济业务进行补充登记的账簿。企业根据自身的情况,可以选择设置或不设置此账簿。

三、会计报表概述

(一) 会计报表的作用

会计报表是指综合反映企业经营成果、财务状况以及现金流量信息的书面文件,它是会计核算的最终结果,也是会计核算工作的总结。

会计报表向投资者、债权人、政府及其他机构等会计报表的信息使用者提供有用的经济决策信息。编制会计报表的作用体现在以下几个方面:

(1) 会计报表提供的经济信息是企业加强和改善经营管理的重要依据。

(2) 会计报表提供的经济信息是国家经济管理部门进行宏观调控和管理的依据。

(3) 会计报表提供的经济信息是投资者和债权人决策的依据。

(二) 会计报表的分类

可以按照不同的标准将会计报表进行分类。常见的分类如下:

(1) 按照反映内容的不同,会计报表可以分为动态会计报表和静态会计报表。动态会计报表是反映一定时期内资金耗费和资金收回的报表,如利润表。静态会计报表是综合反映一定时点资产、负债和所有者权益的会计报表,如资产负债表。

(2) 按照编制时间不同,会计报表可以分为月报、季报、半年报和年报。

(3) 按照编制单位的不同,会计报表可以分为单位会计报表和汇总会计报表。

第二节 | 会 计 科 目 表

在利用 Excel 进行会计账务处理时,首先要建立会计科目表。建立会计科目表时,需要在 Excel 工作表中输入数据。数据的输入方法有两种:一种方法是直接在单元格中输入数据;另一种方法是使用"记录单"输入数据。由于记录单的方式便于新建、删除和查找会计科目,因此将采用记录单方式建立会计科目表。

一、建立会计科目表

(一) 设置记录单

在 Excel2013 功能区的各项选项卡中,并没有"记录单"这个命令,因此,在 Excel2013 中必须以自定义方式将数据列表命令取出后,才可以执行该命令。具体操作步骤如下:

(1) 打开一个工作簿,单击"快速访问工具栏"右边的下拉按钮,选择"其他命令",如图 3-1 所示。

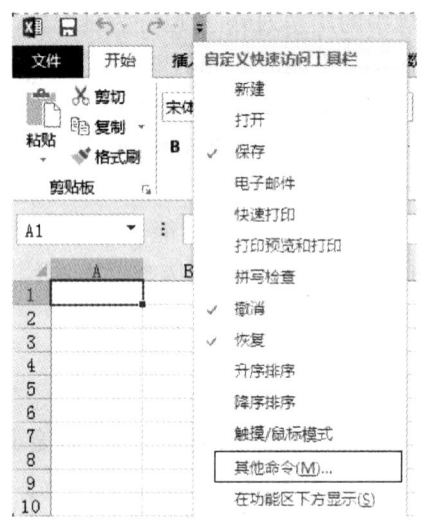

图 3-1   自定义快速访问工具栏

(2) 在弹开的对话框中,选择"快速访问工具栏"|"不在功能区中的命令"|"记录单"命令,单击"添加"按钮,如图 3-2 所示。

图 3-2   添加"记录单"命令

(3) 单击"确定"按钮,"记录单"命令添加到 Excel2013 的"快速访问工具栏"中,如图 3-3 所示。

图 3-3   "快速访问工具栏"中的"记录单"命令

操作注意事项

打开 Excel 选项"快速访问工具栏"对话框时,默认的命令是"常用命令",要选择"不在功能区中的命令"或"所有命令"才有"记录单"命令。

提示

1. 调出"记录单"命令也可以采用以下路径:点击"文件"|"选项"|"快速访问工具栏"命令。

2. 命令列表中命令的排列顺序为:先英文后中文,英文或中文的排列顺序按字母升序排列。

3. 可以采用快捷方式 Alt+D+O 调出记录单(注意:须按两次)。

(二) 创建会计科目表

【案例 3-1】 使用记录单建立华夏公司会计科目表。

【操作步骤】

(1) 将上述新建的工作簿重命名为"3 章 会计核算.xlsx"。

(2) 打开"3 章 会计核算.xlsx"工作簿,双击"sheet 1"工作表标签,将其重命名为"会计科目表"。

(3) 选择 A1 和 B1 单元格,单击"开始"|"合并后居中",输入"华夏公司会计科目表",然后单击"加粗"命令;选择 A2 单元格,输入"科目编号",选择 B2 单元格,输入"科目名称",如图 3-4 所示。

(4) 选择 A2 和 B2 单元格,单击快速访问工具栏中的"记录单" 命令,在弹出的对话框中单击"否",打开"记录单"对话框,如图 3-5 所示。

图 3-4　设计会计科目表

图 3-5　"记录单"对话框

(5) 在"科目编号"文本框中输入"1001",在"科目名称"文本框中输入"库存现金",如图 3-6 所示。完成输入后,按 Enter 键继续添加记录。

(6) 完成所有记录的添加后,单击"关闭"按钮,关闭"记录单"对话框,完成会计科目表的建立,如图 3-7 所示。

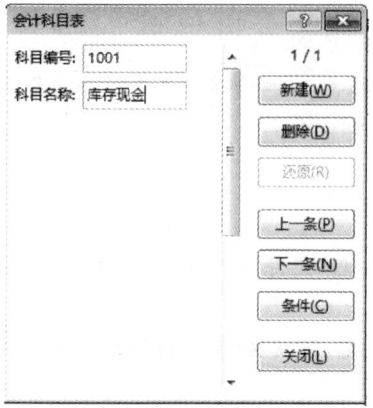

	A	B	C
1	华夏公司会计科目表		
2	科目编号	科目名称	
3	1001	库存现金	
4	1002	银行存款	
5	1012	其他货币资金	
6	1101	交易性金融资产	
7	1121	应收票据	
8	1122	应收账款	
9	1123	预付账款	
10	1131	应收股利	
11	1132	应收利息	
12	1221	其他应收款	
13	1231	坏账准备	

图3-6 "记录单"新建记录　　　　　　图3-7 会计科目表

操作注意事项

1. "记录单"对话框中,从上一字段移到下一字段,可按Tab键;移到上一字段,可按Shift+Tab快捷键。

2. 使用"记录单"新建记录时,从上一字段移到下一字段,可用鼠标或按Tab键,而不是按Enter键。若按Enter键未录完的记录将显示到工作表中,此时可通过"上一条"按钮将其再显示在"记录单"对话框内。

提示

1. "记录单"用于数据表比较庞大,记录条数较多时,可免除在单元格上下左右移动,且可减少输入错误。

2. "记录单"可用于新建记录、删除记录、查找记录、修改或还原记录。

二、处理会计科目表

企业会计科目的设置应保持相对稳定,但是并非一成不变,必须根据社会经济环境变化和本单位业务发展的需要,进行相应的修改、补充或删除。可以采用"记录单"快速查找某个会计科目,找到后进行修改或删除。

【案例3-2】 利用"记录单"查找华夏公司会计科目表中科目编号为"1402"的记录。

【操作步骤】

(1) 打开"会计科目表"工作表。

(2) 选择A2:B77单元格,单击"记录单"▤命令,打开"记录单"对话框。

(3) 单击"条件"按钮,在"科目编号"文本框中输入"1402",如图3-8所示。

(4) 单击"上一条"(或"下一条")按钮进行查找,可以按顺序找到满足查找条件的记录。

(5) 若要修改,在记录单中直接修改信息,按Enter键即可。

(6) 若要进行删除,单击"删除"按钮,系统将弹出警告对话框,单击"确定"按钮,即可删除记录,如图3-9所示。

图 3-8　在记录单输入查找条件　　　　图 3-9　删除提示对话框

第三节 | 会计凭证表

一、设计会计凭证表模板

(一) 设置表头及格式

【案例 3-3】 设计华夏公司会计凭证表表头及格式。

【操作步骤】

(1) 打开"3 章 会计核算. xlsx"工作簿,双击"sheet2"工作表标签,将其重命名为"会计凭证表"。

(2) 选择 A1 和 K1 单元格,单击"开始"|"合并后居中",输入"华夏公司会计凭证表",然后单击"加粗"命令;在 A2～K2 单元格,依次输入"年、月、日、序号、凭证编号、摘要、科目编号、科目名称、明细科目、借方金额、贷方金额",选择第 2 行,单击 ≡ 按钮执行"居中"命令,如图 3-10 所示。

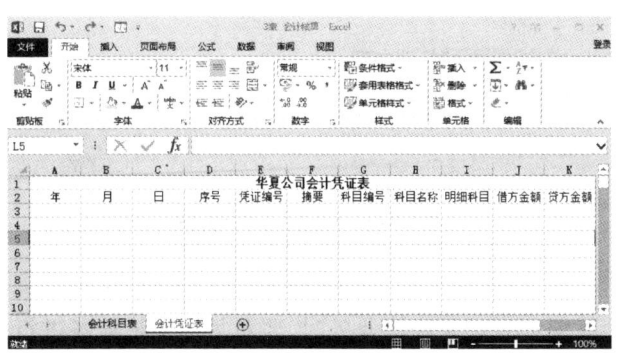

图 3-10　表头设置

（3）选择 A:D 列，单击鼠标右键，在弹出的快捷菜单中选择"设置单元格格式"命令，打开"设置单元格格式"对话框，选择"数字"选项卡中的"文本"选项，如图 3-11 所示。

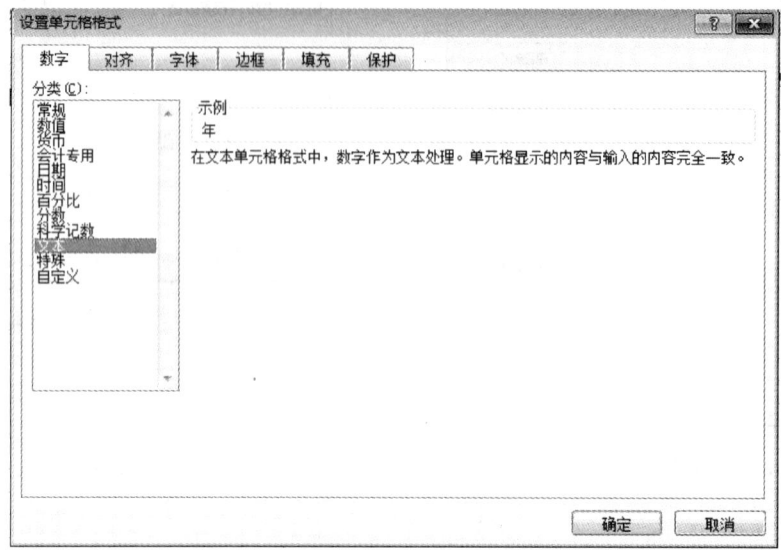

图 3-11　"文本"选项

（4）选择 J:K 列，单击鼠标右键，在弹出的快捷菜单中选择"设置单元格格式"命令，打开"设置单元格格式"对话框，选择"数字"选项卡中的"会计专用"选项，在"小数位数"文本框中输入 2，在"货币符号"下拉按钮中选择无，如图 3-12 所示。

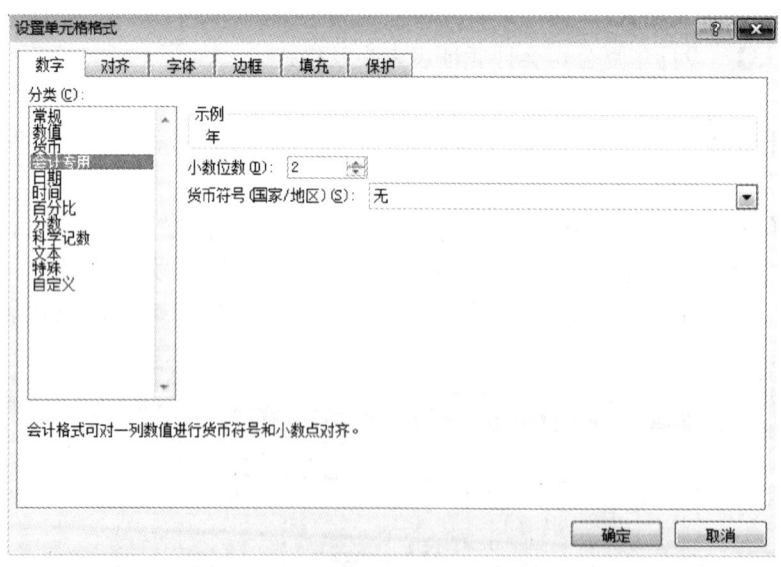

图 3-12　"会计专用"选项

（二）设置公式

会计人员在用会计凭证表记录经济业务时，要对每笔经济业务进行编号，以便查找和日后的核对。用 Excel 进行会计凭证编制时,可将"年、月、日、序号"合并生成凭证编号。

【案例 3-4】 设置华夏公司会计凭证表中凭证编号的公式。

【操作步骤】

(1) 选择 E3 单元格,输入公式"＝A3＆B3＆C3＆D3"。

(2) 采用自动填充的方式设置本列的其他单元格公式。

 操作注意事项

1. 使用 ＆ 运算符设置公式后,单元格的"数字"格式即为文本。若公式设置错误须重新设置公式时,则需将单元格的"数字"格式设置为"常规",再重新输入公式,否则将显示公式表达式,而非结果。

2. 可采用输入英文状态下的单引号(')将单元格格式设置为文本。

延伸阅读3-1

CONCATENATE 函数

可以采用 CONCATENATE 函数将"年、月、日、序号"合并生成凭证编号。即 E3 单元格的公式也可以设置为"＝CONCATENATE(A3,B3,C3,D3)"。

【类型】 文本函数

【功能】 返回将给出的几个字符串合并的一个字符串。

【语法】 CONCATENATE(text 1, text 2, …)

text1, text2,…为 1～255 个将要合并成单个字符串的文本,可以是字符串、数字或单个单元格引用。

【举例】 在某个单元格中输入公式"＝CONCATENATE("CLASS","ROOM")",返回值为"CLASSROOM"。

由于已经建立会计科目表,所以在输入经济业务时,为了节约时间,可以利用 IF 函数和 VLOOKUP 函数,根据科目编号自动显示科目名称。

 Excel 函数链接 3-1

IF 函数

【类型】 逻辑函数

【功能】 判断是否满足某个条件,如果满足返回一个值,如果不满足则返回另一个值。

【语法】 IF(logical_test, value_if_true, value_if_false)

logical_test:计算结果可能为 TRUE 或 FALSE 的任意值或表达式;

value_if_true:计算结果为 TRUE 时所要返回的值;

value_if_false:计算结果为 FALSE 时所要返回的值。

【提示】

最多可以使用 64 个 IF 函数作为 value_if_true 和 value_if_false 参数进行嵌套,以构造更详尽的测试。

【举例】 在 A1 单元格中输入 65,B1 单元格中设置公式"＝IF(A1≥60,"A","B")",则 B1 单元格的返回值为"A"。

Excel 函数链接 3-2

VLOOKUP 函数

【类型】查找与引用函数

【功能】在表格或数值数组的首列查找指定的数值,并由此返回表格或数组当前行中指定列处的数值。

【语法】VLOOKUP(lookup_value, table_array, col_index_num, range_lookup)

lookup_value:为需要在数组第一列中查找的数值。lookup_value 可以为数值、引用或文本字符串;

table_array:为需要在其中查找数据的数据表。可以使用对区域或区域名称的引用,例如数据库或列表;

col_index_num:为 table_array 中待返回的匹配值的列序号。col_index_num 为 1,返回 table_array 第 1 列中的数值;col_index_num 为 2,返回 table_array 第 2 列中的数值,以此类推。

range_lookup:为一逻辑值,指明 VLOOKUP 函数返回时是精确匹配还是近似匹配。range_lookup 为 True 或 1(或省略);返回近似匹配值;range_lookup 为 False 或 0;返回精确匹配值。

【提示】

① 如果 VLOOKUP 函数找不到 lookup_value,且 range_lookup 为 TRUE,则使用小于等于 lookup_value 的最大值。

② 如果 lookup_value 小于 table_array 第一列中的最小数值,VLOOKUP 函数返回错误值#N/A。

③ 如果 VLOOKUP 函数找不到 lookup_value 且 range_lookup 为 FALSE,VLOOKUP 函数返回错误值#N/A。

④ 如果 range_lookup 为 TRUE,则 table_array 的第一列中的数值必须按升序排列,否则,VLOOKUP 函数不能返回正确的数值。如果 range_lookup 为 FALSE,table_array 不必进行排序。

【举例】在 A1:A3 单元格中分别输入 1,2,3;B1:B3 单元格中分别输入 10,20,30;C1:C3 单元格中分别输入 100,200,300,则:

示例	公式	结果	说明
1	= VLOOKUP(2,A1:C3,2,FALSE)	20	使用精确匹配在 A 列中查找 2,找到后返回同一行中第 2 列的值。
2	= VLOOKUP(2.5,A1:C3,3,TRUE)	200	使用近似匹配搜索 A 列中的 2.5,在 A 列中找到小于 2.5 的最大值 2,返回同一行中第 3 列的值。
3	= VLOOKUP(0.5,A1:C3,3,TRUE)	#N/A	使用近似匹配搜索 A 列中的 0.5,因为 0.5 小于 A 列中的最小值 1,所以返回错误值。
4	= VLOOKUP(2.5,A1:C3,3,FALSE)	#N/A	使用精确匹配搜索 A 列中的 2.5,因为 A 列中没有精确匹配的值,所以返回错误值。

 延伸阅读 3-2

HLOOKUP 函数

HLOOKUP 函数与 VLOOKUP 函数都是查找与引用函数,这两个函数的用法非常类似,VLOOKUP 函数中的"V"代表列,而 HLOOKUP 函数中的"H"代表行。

【功能】在表格或数值数组的首行查找指定的数值,并由此返回表格或数组当前列中指定行处的数值。

【语法】HLOOKUP(lookup_value, table_array, row_index_num, range_lookup)

lookup_value:为需要在数组第一行中查找的数值。

row_index_num:为 table_array 中待返回的匹配值的行序号。row_index_num 为 1,返回 table_array 第

1 行中的数值；row_index_num 为 2,返回 table_array 第 2 行中的数值,以此类推。

【举例】延用上例的数据,则

示例	公式	结果	说明
1	= HLOOKUP(10, A1: C3, 2, TRUE)	20	使用近似匹配在首行中的查找 10,找到后返回同一列中第 2 行的值。
2	= HLOOKUP(10, A1: C3, 3, FALSE)	200	使用精确匹配在首行中的查找 10,找到后返回同一列中第 3 行的值。

【案例 3-6】 设置华夏公司会计凭证表中自动显示科目名称的公式。

【操作步骤】

(1) 打开"3 章 会计核算.xlsx"工作簿,单击"会计凭证表"工作表标签。激活"会计凭证表"工作表,选择 H3 单元格,单击"公式"|"函数库"|"逻辑"命令,选择 IF 函数,如图 3-13 所示。

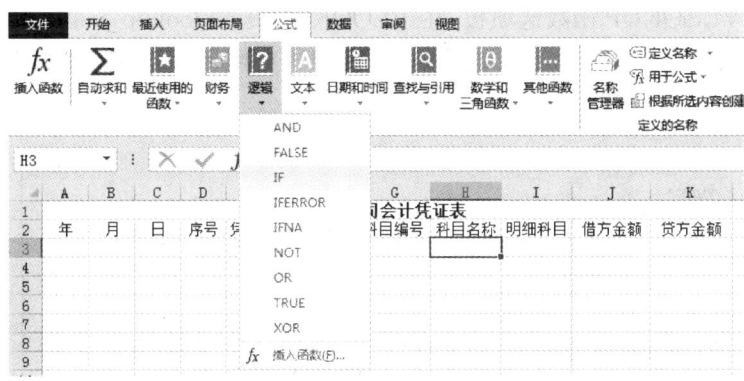

图 3-13 输入 IF( )函数

(4) 打开 IF 函数选项板,在 IF 函数 logical_test 自变量位置输入"G3=""",在 value_if_true 自变量位置输入""",如图 3-14 所示。

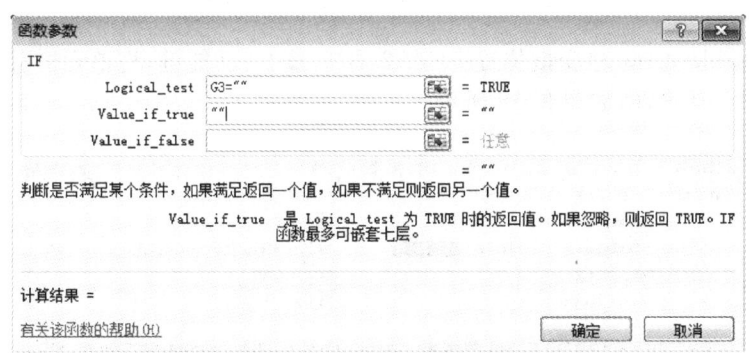

图 3-14 IF 函数选项板

(5) 将光标移至 IF 函数 value_if_false 自变量位置,单击名称框下拉按钮,选择其他函数,如图 3-15 所示。

(6) 打开"插入函数"选项板,选择"查找与引用"类别,选择 VLOOKUP 函数,如图 3-16 所示。

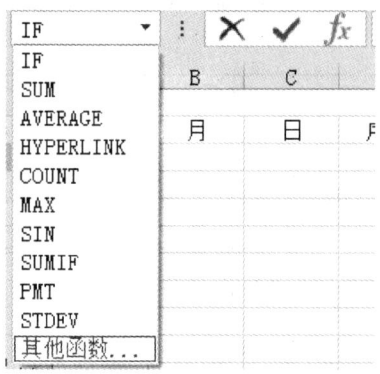
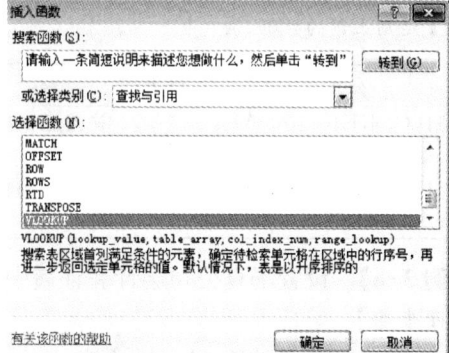

图 3-15　嵌套函数　　　　　　　　图 3-16　VLOOKUP 函数

（7）打开 VLOOKUP 函数选项板，在 VLOOKUP 函数 lookup_value 自变量位置单击 G3 单元格，将光标移至 table_array 自变量位置，单击"会计科目表"工作表标签，选择 A2：B76 单元格，如图 3-17 所示。

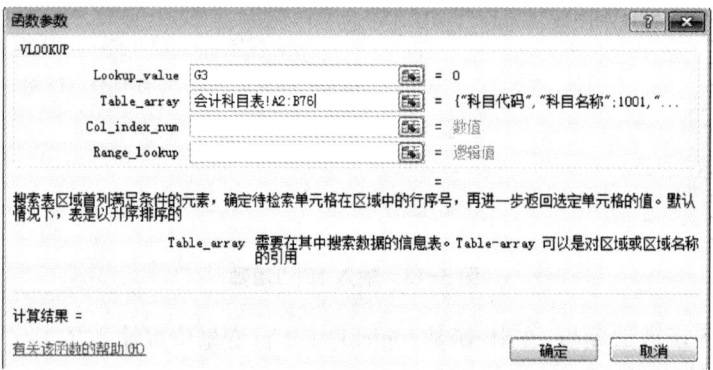

图 3-17　VLOOKUP 函数选项板 1

（8）选中 table_array 自变量位置中的 A2：B76，按 F4 功能键，将单元格引用类型改为绝对引用＄A＄2：＄B＄76，如图 3-18 所示。

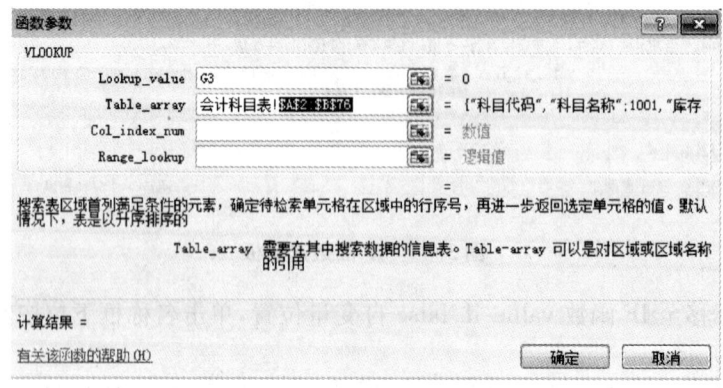

图 3-18　VLOOKUP 函数选项板 2

（9）在 VLOOKUP 函数 col_index_num 自变量位置输入 2，在 range_lookup 自变量位置输入 1，如图 3-19 所示。

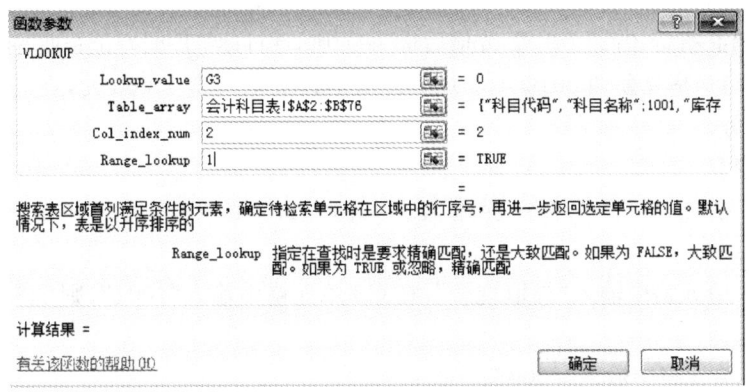

图 3-19　VLOOKUP 函数选项板 3

（10）单击"确定"，完成函数的设置。

（11）采用自动填充的方式设置本列的其他单元格公式。

✅ 操作注意事项

1. 函数选项板中的双引号须在英文状态下输入。

2. 插入 VLOOKUP 函数时，须先将光标移至 value_if_false 自变量位置，再单击名称框下拉按钮，嵌套函数。

3. 将 table_array 自变量位置中的 A2:B76 的引用类型改为绝对引用时，须先选中 A2:B76 整个范围，再按 F4 功能键。将引用范围改为绝对引用的目的是为了确保公式自动填充时的正确性。

4. range_lookup 自变量位置可以为 1 或 TRUE 或省略，也可以为 0 或 FALSE。

💡 提示

H3 单元格的公式为"＝IF(G3＝"","",VLOOKUP(G3,会计科目表！＄A＄2：＄B＄76,2,0))"。

该公式表示：当 G3 中没有输入科目编号时，即 G3 是空白时，不必返回科目名称，H3 也为空白；当 G3 中输入科目编号时，使用 VLOOKUP 函数从会计科目表 A2:B76 单元格区域的 A 列中查找与 G3 单元格中内容相同的单元格，然后返回对应 B 列中的内容到 H3 单元格中。

❓ 相关思考3-1

若记不住科目编号？

设置根据科目编号自动显示科目名称的公式，前提是能够记住每个科目名称对应的科目编号。若不能记住科目编号，该公式也就失去作用。在这种情况下，可设置通过科目名称自动显示科目编号的公式。

请问：如何设置通过科目名称自动显示科目编号的公式？

二、输入会计凭证

会计凭证表模板设计完成后,就可以根据企业的经济业务输入会计凭证。在输入会计凭证时,须遵守"有借必有贷、借贷必相等、先借后贷"的原则,逐日逐笔序时登记企业的经济业务。

【案例3-7】 华夏公司2016年1月1日从银行提取现金1 000元,在会计凭证表中输入该笔经济业务。

【操作步骤】

(1) 在 A3:D3 单元格中分别输入"2019,01,01,01",则 E3 单元格自动显示"2016010101"。

(2) 在 F3 单元格中输入"提取现金",在 G3 单元格中输入"1001",则 H3 单元格自动显示"库存现金"。

(3) 在 J3 单元格中输入"1000"。

(4) 采用同样的方式在第4行中输入贷方内容,如图3-20所示。

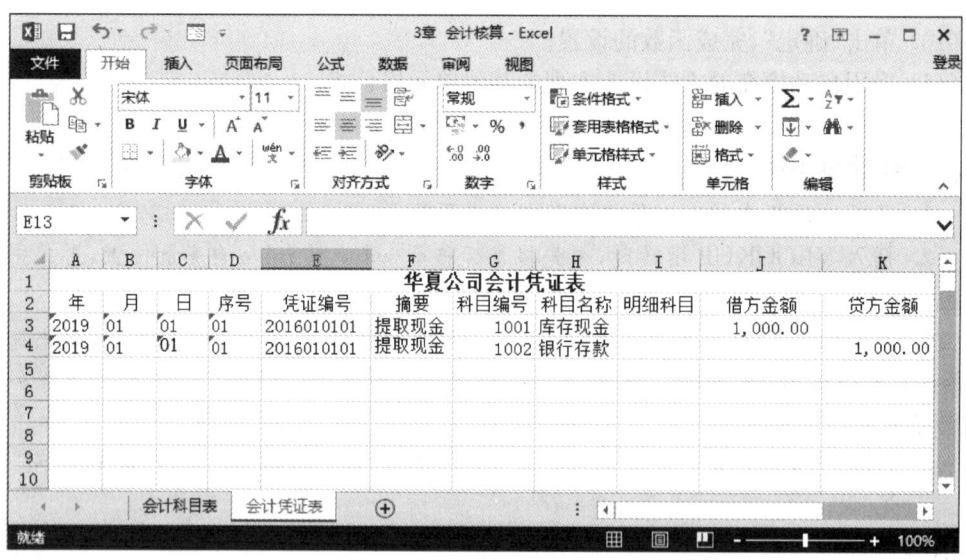

图3-20 输入经济业务的会计凭证表

 操作注意事项

1. 为了确保自动生成的凭证编号长度一致,年、月、日、序号的长度也应一致,所以月、日均应输入两位数的。

2. 序号的编号方式可以按天编号,也可以按月编号。

延伸阅读3-3

设置借贷不平衡自动提示

在会计凭证中输入经济业务时,必须确保"有借必有贷、借贷必相等",为了保证借贷方金额相等,可以设置公式进行检验。

检验借方金额合计数与贷方金额合计数是否相等的公式为"＝IF(sum(I:I)＝sum(J:J),"","借贷不平衡")"。同样的，每一笔经济业务也可设置公式进行检验，对单笔业务进行检验时，只要将公式中 IF 函数的检验条件更换为该笔业务借方金额及贷方金额的具体单元格即可。

三、会计凭证的筛选

上述建立的会计凭证表，按照业务发生的先后顺序，登记了企业全部经济业务的情况。因此，当需要了解某一类经济业务发生情况时，可以采用数据筛选的方法，将符合条件的数据显示在工作表中，将不符合条件的数据隐藏起来，从而更加明确反映某一特定项目的详细情况。

【案例 3-8】 从华夏公司 2019 年 1 月份的会计凭证表中筛选出涉及"银行存款"的所有记录。

【操作步骤】

（1）单击"会计凭证表"工作表中的任意一个有数据的单元格，选择"数据"|"排序与筛选"|"筛选"命令。则"会计凭证表"工作表中每一个字段名称右侧都增加一个"筛选"按钮。

（2）单击"科目名称"的"筛选"按钮，选择"银行存款"选项。工作表仅显示"银行存款"的业务，如图 3-21 所示。

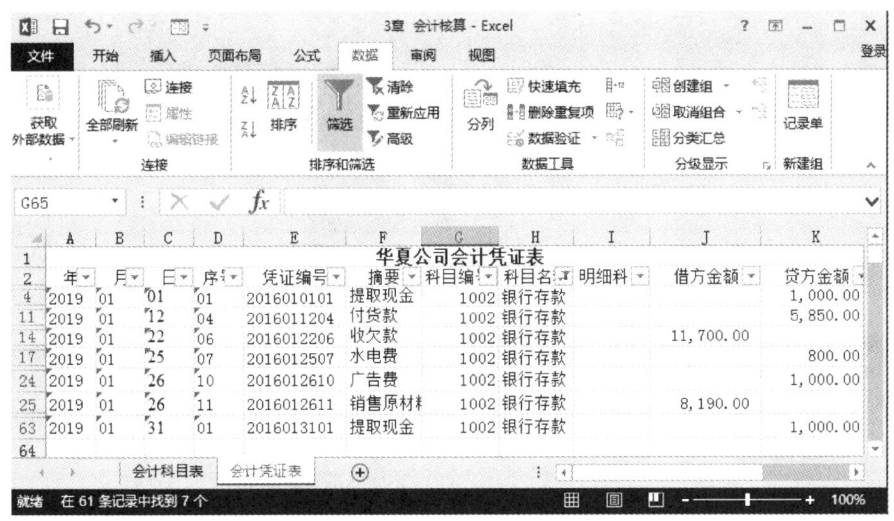

图 3-21 显示自动筛选的结果

第四节 科目汇总表

一、科目汇总表的作用

科目汇总表又称为记账凭证汇总表，是根据一定期间内的所有经济业务，将相同的会计科目进行归类，定期汇总出每一个会计科目借方发生额合计数和贷方发生额合计数的一种表格。

科目汇总表在会计账务核算过程中起着重要的作用。一方面,它将一定期间发生的经济业务分门别类进行汇总;另一方面,它可以为编制总分类账提供数据,也可以为编制会计报表提供数据。

二、建立科目汇总表

科目汇总表是根据会计凭证汇总编制的,在利用 Excel 进行账务处理时,可以使用 Excel 中的数据透视表功能,以已形成的会计凭证表为数据源建立科目汇总表。

【案例 3-10】 根据华夏公司 2019 年 1 月份的会计凭证表,建立华夏公司 2019 年 1 月份的科目汇总表。

【操作步骤】

(1) 打开"会计凭证表"工作表,选择"插入"|"数据透视表"命令。在"创建数据透视表"对话框中选中"选择一个表或区域"和"新工作表"单选按钮,如图 3-22 所示。单击"确定"按钮。

(2) 在"数据透视表字段"对话框中,将"年""月"拖动到"筛选器"区域,将"科目编号""科目名称"拖动到"行"区域,将"借方金额""贷方金额"拖动到"值"区域,如图 3-23 所示。

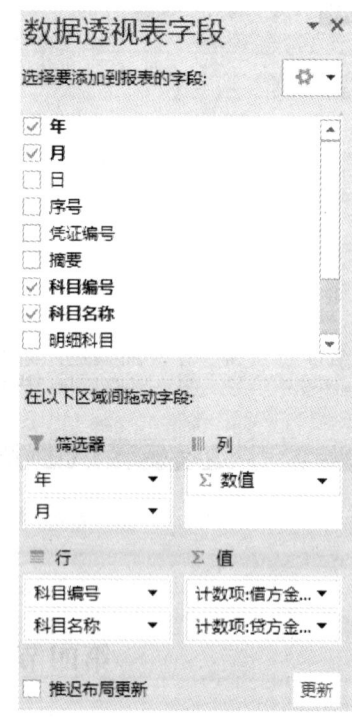

图 3-22　创建数据透视表　　　　图 3-23　设置"数据透视表字段"版式

(3) 将鼠标移至"计数项:借方金额"位置,并单击"计数项:借方金额"下拉按钮,选择"值字段设置"命令,如图 3-24 所示。

（4）在"值字段设置"对话框的"计算类型"列表框中选择"求和"选项，如图 3-25 所示。

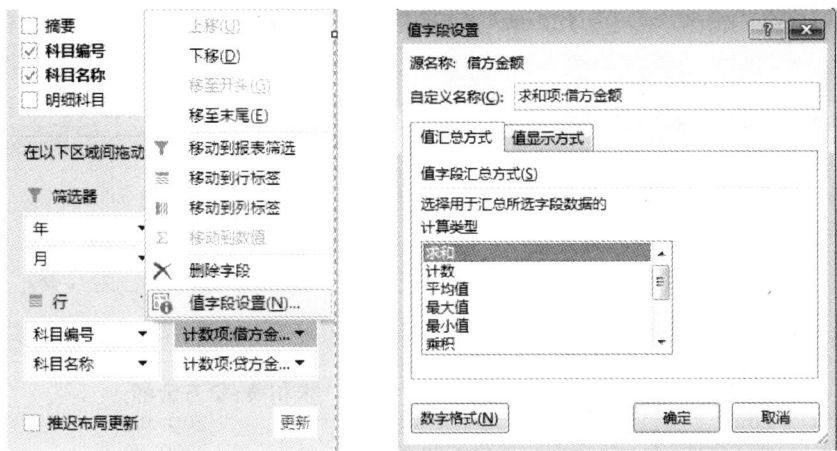

图 3-24　选择"值字段设置"命令　　　　图 3-25　"求和项:借方金额"的设置

（5）单击"数字格式"按钮，打开"设置单元格格式"对话框，在"分类"列表框中选择"会计专用"选项，将"小数位数"设置为 2，"货币符号"选项设置为"无"，如图 3-26 所示。

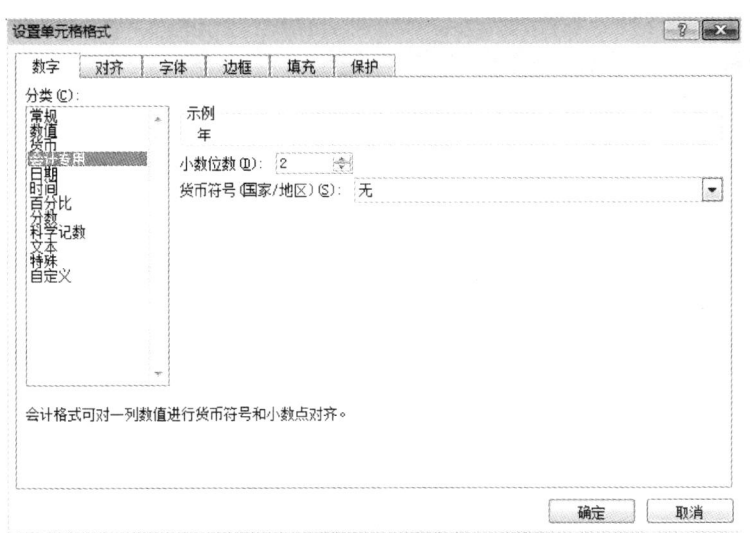

图 3-26　"设置单元格格式"对话框

（6）采用上述步骤 3、4、5，设置"计数项:贷方金额"。

（7）选择"数据透视表工具"|"设计"|"布局"|"报表布局"命令，单击"报表布局"下拉按钮，在弹出的下拉列表中选择"以表格形式显示"命令，如图 3-27 所示。

（8）选择"数据透视表工具"|"设计"|"布局"|"分类汇总"命令，单击"分类汇总"下拉按钮，在弹出的下拉列表中选择"不显示分类汇总"命令，如图 3-28 所示。

（9）选择第 1 行并单击鼠标右键，在弹出的快捷菜单中选择"插入"命令。选择 A1:D1 单元格，单击"合并及居中"命令。选择 A1 单元格，输入"华夏公司科目汇总表"，并单击"加粗"按钮。

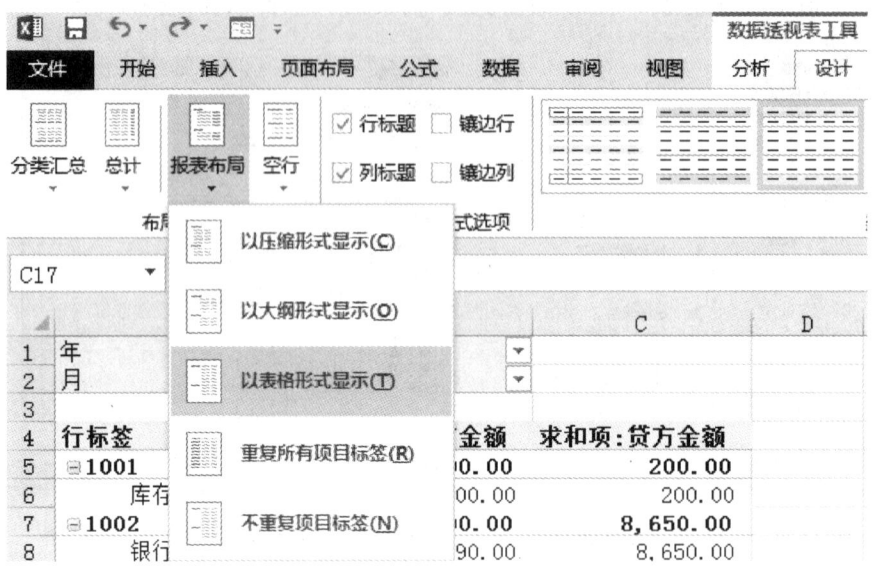

图 3-27　选择"以表格形式显示"命令

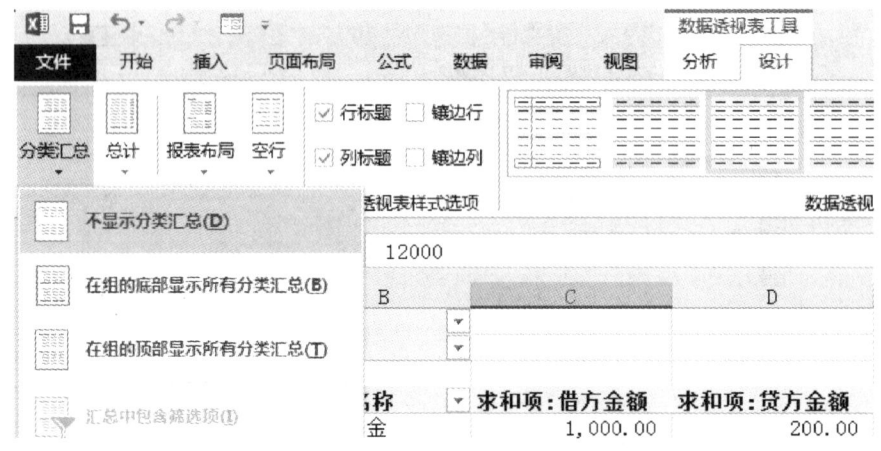

图 3-28　选择"不显示分类汇总"命令

（10）将工作表重命名为"科目汇总表"，完成科目汇总表的创建，如图 3-29 所示。

操作注意事项

1. 创建数据透视表时，在"选择一个表或区域"文本框中选择范围时，所选范围的第一行必须是会计凭证表中列名称所在行，才能使列名称出现在"数据透视表字段"列表文本框中。另外选择范围时可以多选几个空白行，但不能选择空白列，否则会提示"字段名无效"。

2. 在"数据透视表字段"对话框中，四个区域中存放的字段名称位置及顺序不能改变。

图 3-29 生成科目汇总表

💡 **提示**

建立科目汇总表时,数据透视表的四个区域存放的字段名称为:

"筛选器"区域:年,月;"行"区域:科目编号,科目名称;"值"区域:借方金额,贷方金额。

三、更新科目汇总表

在 Excel 中,确保根据会计凭证表建立的科目汇总表数据正确的方法有两种:

一是选择"数据透视表工具"|"分析"|"数据"|"刷新"命令,使科目汇总表中的数据能够随着会计凭证表数据的更新而更新。这种方法适用于会计凭证表中原数据发生变动或在原范围的中间插入新的经济业务的情况。

另一种是在选择建立科目汇总表的数据源区域时,尽可能将数据来源范围扩大(若科目汇总表已建立,可通过"数据透视表工具"|"分析"|"数据"|"更改数据源"的方式扩大数据源范围)。这种方法适用于在会计凭证表的最后添加新业务的情况。

【案例 3-11】 在华夏公司会计凭证表最后添加如下一笔经济业务:2019 年 1 月 30 日从银行提取备用金 1 000 元,并更新已建立的科目汇总表。

【操作步骤】

(1) 打开"会计凭证表"工作表,在最后添加该笔业务,如图 3-30 所示。

	年	月	日	序号	凭证编号	摘要	科目编号	科目名称	明细科目	借方金额	贷方金额
57	2019	01	31	22	2019013122	结转本年利润	4104	利润分配	未分配利润		2,596.50
58	2019	01	31	23	2019013123	提取法定盈余	4104	利润分配	提取法定盈余	259.65	
59	2019	01	31	23	2019013123	提取法定盈余	4101	盈余公积	法定盈余公积		259.65
60	2019	01	31	24	2019013124	结转利润分配	4104	利润分配	未分配利润	259.65	
61	2019	01	31	24	2019013124	结转利润分配	4104	利润分配	提取法定盈余公积		259.65
62	2019	01	31	25	2019013125	提取现金	1001	库存现金		1,000.00	
63	2019	01	31	25	2019013125	提取现金	1002	银行存款			1,000.00
64											

华夏公司会计凭证表

图 3-30 新增业务的会计凭证表

(2) 切换至"科目汇总表"工作表,选择"数据透视表工具"|"分析"|"数据"|"更改数据源"命令,如图3-31所示。在弹出的"更改数据透视表数据源"对话框中选取数据源区域,如图3-32所示,单击"确定"按键,则科目汇总表的数据即可更新。

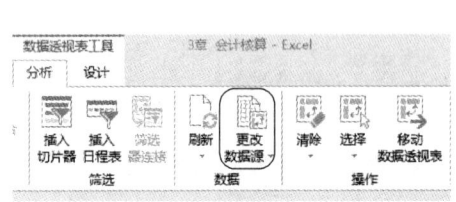

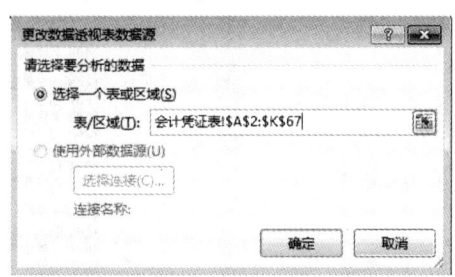

图 3-31　选择"更新数据源"命令　　　　图 3-32　"更改数据透视表数据源"对话框

 提示

1. 当会计凭证表中原业务的金额发生改变,不能直接在数据透视表值区域中直接更改,应选择"数据透视表工具"|"分析"|"刷新"命令,使科目汇总表的数据进行更新。

2. 若在会计凭证表的中间添加新的业务,则选择"数据透视表工具"|"分析"|"数据"|"刷新"命令,科目汇总表的数据就会更新。且科目汇总表的数据源范围会自动扩大,使其包括所有的经济业务。

第五节　总 分 类 账

一、设计总分类账

总分类账简称总账,是根据总分类科目(一级科目)开设账户,用来登记全部经济业务,进行总分类核算,提供总括核算资料的账簿。总分类账所提供的核算资料是编制会计报表的主要依据,任何单位都必须设置总分类账。在 Excel 中设计总分类账的项目包括科目编号、科目名称、期初借贷余额、本期借贷发生额和期末借贷余额。

【案例 3-12】　设计华夏公司总分类账。

【操作步骤】

(1) 在"3 章 会计核算.xlsx"工作簿中插入一张新的工作表,并重命名为"总分类账"。

(2) 选中 A1:H1 单元格,单击"合并后居中"按钮,在 A1 单元格中输入"华夏公司总分类账";选择 A2:A3 单元格,单击"合并后居中"按钮,在 A2 单元格中输入"科目编号";选择 B2:B3 单元格,单击"合并后居中"按钮,在 B2 单元格中输入"科目名称"。

(3) 选择 C2:D2 单元格,单击"合并后居中"按钮,在 C2 单元格中输入"期初余额",选择 C3:D3 单元格,单击"居中"按钮,在 C3 单元格中输入"借方",在 D3 单元格中输入"贷方"。本期借贷发生额和期末借贷余额也采用同样的方式进行操作。选择 A1:H3 单元格,单击"加粗"按钮。如图 3-33 所示。

图 3-33　设置总分类账的项目

（4）选中"会计科目表"工作表的"A3:B76"单元格，单击鼠标右键，在弹出的快捷菜单中选择"复制"命令；选中"总分类账"工作表的 A4 单元格，单击鼠标右键，在弹出的快捷菜单中选择"粘贴"按钮，复制粘贴科目编号和科目名称，如图 3-34 所示。

图 3-34　粘贴科目编号和科目名称

（5）选中 C:H 列，单击鼠标右键，在弹出的快捷菜单中选择"设置单元格格式"命令。在"设置单元格格式"对话框的"分类"列表框中选择"会计专用"选项，将"小数位数"设置为 2，将"货币符号"选项设置为"无"，单击确定。

（6）选中 A78:B78 单元格，单击"合并后居中"按钮，在 A78 单元格中输入"合计"。选中 C78 单元格，选择"公式"|"自动求和"命令，插入求和函数，选择 C4:C77 单元格，单元格中显示公式"＝SUM(C4:C77)"，如图 3-35 所示。按 Enter 键确认输入，并将公式填充至 D78:H78 单元格。

图 3-35　设置合计公式

提示

1. 由于科目编号与科目名称；期初余额与本期发生额、期末余额格式相同，所以可以设置一个后，使用"格式刷"设置其他项目。

2. 本例中，设置完C3：D3单元格后，可将其复制、粘贴至E3：H3单元格。也可采用在多个单元格中输入相同数据的方式（Ctrl＋Enter）。

二、编制总分类账

编制总分类账是指对总分类账中的期初余额、本期发生额以及期末余额的填列，这个过程实质上是工作表之间数据链接调用的过程。

1. 总分类账期初余额的填列

总分类账的期初余额是从上一期总分类账的期末余额链接过来的。由于总分类账的会计科目一般是固定的，这样期初余额可以直接调用上一期总分类账的期末余额。

【案例3-13】 根据华夏公司2018年12月总分类账的期末余额，完成华夏公司2019年1月总分类账期初余额的填列。

【操作步骤】

(1) 选择"2018年12月总分类账"工作表的G4：H78单元格，单击鼠标右键，在弹出的快捷菜单中选择"复制"命令。

(2) 选择"总分类账"工作表的C4单元格，单击鼠标右键，在弹出的快捷菜单中选择"选择选项"|"值"命令，完成总分类账期初余额的填列，如图3-36所示。

	A	B	C	D	E	F	G	H
1			华夏公司总分类账					
2	科目编号	科目名称	期初余额		本期发生额		期末余额	
3			借方	贷方	借方	贷方	借方	贷方
4	1001	库存现金	500.00					
5	1002	银行存款	20,000.00					
6	1012	其他货币资金	2,000.00					
7	1101	交易性金融资产	1,000.00					
8	1121	应收票据	—					
9	1122	应收账款	40,000.00					
10	1123	预付账款	—					
11	1131	应收股利	—					
12	1132	应收利息	—					
13	1221	其他应收款	—					
14	1231	坏账准备		800.00				

图3-36 总分类账期初余额填列结果

2. 总分类账本期发生额的填列

总分类账的本期发生额是从本期科目汇总表中链接过来的。由于每个会计期间发生的经济业务不完全相同，因此根据记录经济业务的会计凭证表生成的科目汇总表的会计科目并不固定。在从本期科目汇总表中调用数据时，不能直接调用，需要借助于 IF、VLOOKUP、ISNA 函数进行间接调用。

 Excel 函数链接3-3

ISNA 函数

【类别】信息函数

【功能】检测一个值是否为♯N/A,返回 TRUE 或 FALSE。

【语法】ISNA(value)

Value:检测值。检测值可以是一个数值、公式或单元格的名称。

【提示】

只有参数设置为♯N/A 或运行结果为♯N/A 的表达式(常与 VLOOKUP 函数结合),才返回 TRUE,其他情况(包括空格和其他错误值)均返回 FALSE。

【举例】在 A1 单元格中输入公式"=ISNA(5)",则 A1 单元格的返回值为"FALSE"。

在 B1 单元格中输入公式"=ISNA(♯N/A)",则 B1 单元格的返回值为"TRUE"。

【案例 3-14】 根据华夏公司 2019 年 1 月科目汇总表,完成华夏公司 2019 年 1 月总分类账本期发生额的填列。

【操作步骤】

(1) 选择"总分类账"工作表的 E4 单元格,单击"公式"|"函数库"|"逻辑"命令,选择 IF 函数,打开 IF 函数选项板,将鼠标移至 logical_test 自变量位置,单击名称框下拉按钮,选择 ISNA 函数,如图 3-37 所示。

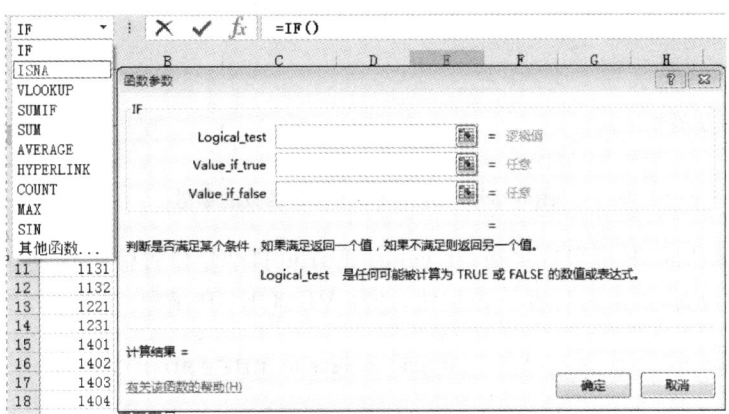

图 3-37 选择 ISNA 函数

(2) 打开 ISNA 函数选项板,将鼠标移至 ISNA 函数的 value 自变量位置,单击名称框下拉按钮,选择 VLOOKUP 函数,如图 3-38 所示。

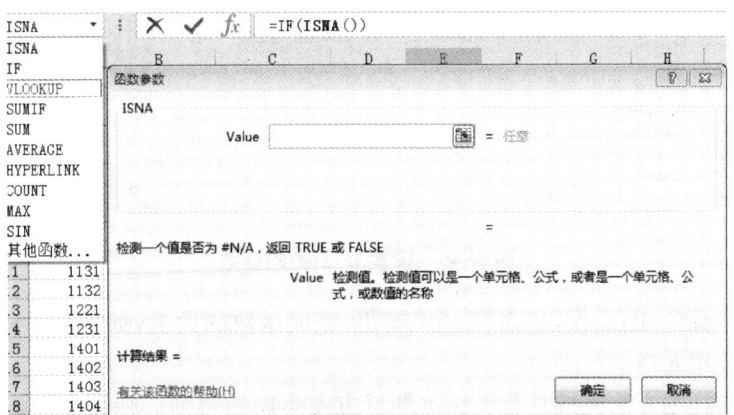

图 3-38 选择 VLOOKUP 函数

（3）打开 VLOOKUP 函数选项板，在 VLOOKUP 函数 lookup_value 自变量位置单击 B4 单元格，将光标移至 table_array 自变量位置，单击"科目汇总表"工作表标签，选择 B5：D31 单元格，选中 table_array 自变量位置中的 B5：D31，按 F4 功能键，将单元格引用类型改为绝对引用 ＄B＄5：＄D＄31，在 VLOOKUP 函数 col_index_num 自变量位置输入 2，在 range_lookup 自变量位置输入 0，如图 3-39 所示。

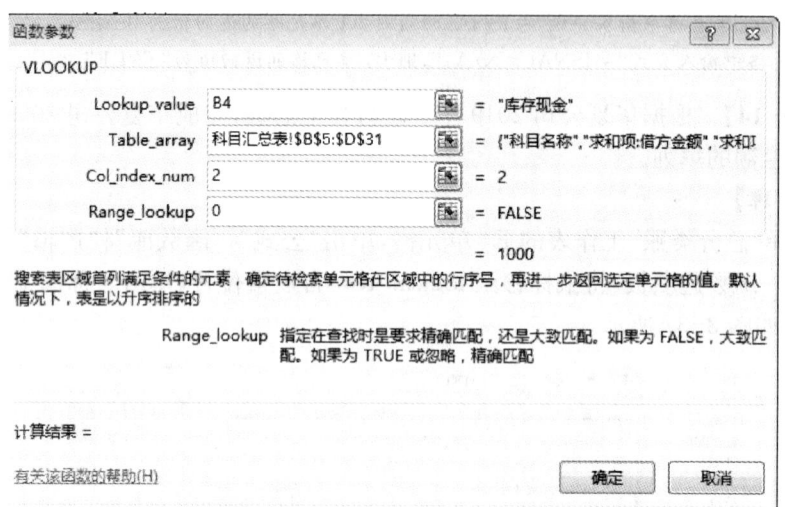

图 3-39　设置 VLOOKUP 函数的参数

（4）将鼠标移回 IF 函数选项板，在 value_if_true 自变量位置输入 0，将鼠标移至 value_if_false 自变量位置，单击名称框下拉按钮，选择 VLOOKUP 函数，如图 3-40 所示。

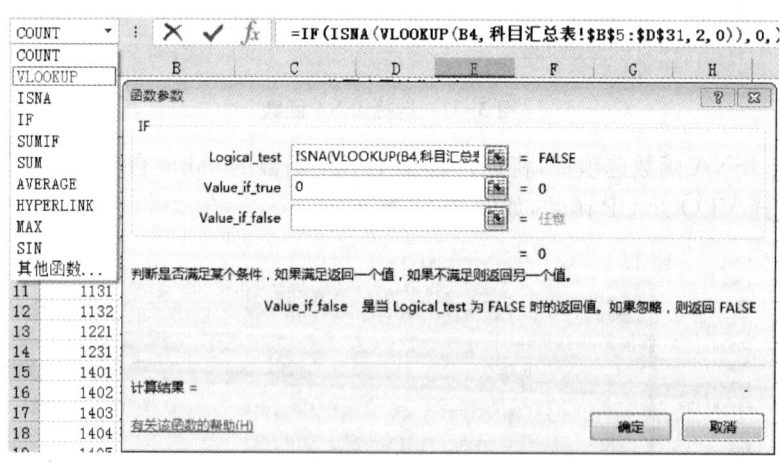

图 3-40　设置 IF 函数的参数

（5）重复步骤（3）的操作，单击"确定"按钮，完成函数的设置，如图 3-41 所示。将公式填充至 E5：E77 单元格。

（6）采用同样的方法完成总分类账本期贷方发生额的填列。则总分类账中本期发生额的公式如下：

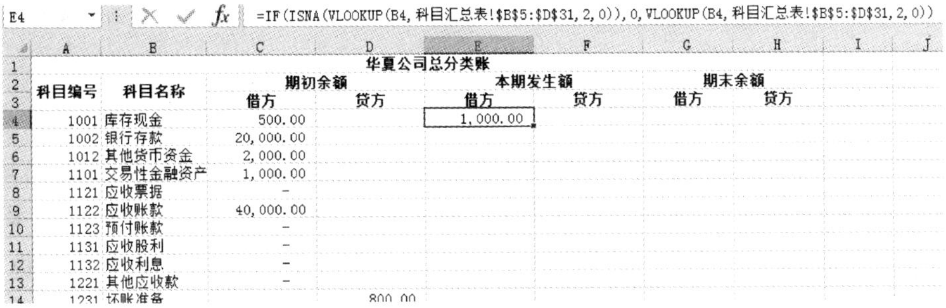

图 3-41　显示函数的计算结果

本期借方发生额：

=IF(ISNA(VLOOKUP(查找会计科目单元格的名称,科目汇总表! $B$5:$D$31,2,0)),0,VLOOKUP(查找会计科目单元格的名称,科目汇总表! $B$5:$D$31,2,0))

本期贷方发生额：

=IF(ISNA(VLOOKUP(查找会计科目单元格的名称,科目汇总表! $B$5:$D$31,3,0)),0,VLOOKUP(查找会计科目单元格的名称,科目汇总表! $B$5:$D$31,3,0))

✔ 操作注意事项

1. VLOOKUP 函数中 lookup_value 使用要查找科目名称的单元格引用,range_lookup 自变量位置必须为 0 或 False。

2. 设置完第一个 VLOOKUP 函数时,不能按"确定"键(IF 函数未设置完),须将鼠标移回 IF 函数的函数选项板。

3. 将鼠标移回 IF 函数选项板的方法是:将鼠标移至编辑栏公式的最后一个括号处,再将鼠标移至 IF 函数选项板 value_if_true 的位置输入 0。

4. 设置本期贷方发生额时,VLOOKUP 函数的 col_index_num 自变量应设置为 3。

💡 提示

1. 设置本期借方发生额公式中前后两个 VLOOKUP 函数的设置完全相同。

2. VLOOKUP 函数中参数 lookup_value 也可以使用要查找科目编号的单元格引用,相应的 table_array 自变量选择时应从"科目汇总表"工作表的科目编号列开始选择。

3. 贷方发生额的公式可以采用与借方发生额相同的方式操作,也可复制借方发生额的公式后修改复制后的公式(修改查找的单元格引用及返回的列序号)。

❓ 相关思考3-2

本期发生额能否直接使用 VLOOKUP 函数填列?

以上本期借方发生额(或本期贷方发生额)的公式运行结果有两种:0 或 VLOOKUP 函数的运行结果。

请问:本期发生额能否直接使用 VLOOKUP 函数填列?若直接使用 VLOOKUP 函数填列,会出现什么错误值?

3. 总分类账期末余额的填列

总分类账的期末余额是利用公式"期末余额=期初余额+/-本期发生额"进行填列的。根据会计核算的规则,资产/成本类账户期末余额=期初余额+本期借方发生额-本期贷方发生额,资产类备抵账户/负债/所有者权益类账户期末余额=期初余额+本期贷方发生额-本期借方发生额,损益类账户无余额。

【案例 3-15】 根据上述已完成的华夏公司总分类账,完成总分类账期末余额的填列。

【操作步骤】

(1) 选择"总分类账"工作表的 G4 单元格,输入公式"=IF(C4="","",C4+E4-F4)",如图 3-42 所示,按 Enter 键确认输入。将公式填充至 G5:G77 单元格。

	A	B	C	D	E	F	G	H
1				华夏公司总分类账				
2	科目编号	科目名称	期初余额		本期发生额		期末余额	
3			借方	贷方	借方	贷方	借方	贷方
4	1001	库存现金	500.00		2,000.00	200.00	=IF(C4="","",C4+E4-F4)	
5	1002	银行存款	20,000.00		19,890.00	9,650.00		
6	1012	其他货币资金	2,000.00					
7	1101	交易性金融资产	1,000.00		-	-		
8	1121	应收票据	-		-	-		
9	1122	应收账款	40,000.00		11,700.00	11,700.00		
10	1123	预付账款	-		-	-		
11	1131	应收股利	-		-	-		
12	1132	应收利息	-		-	-		
13	1221	其他应收款	-		-	-		
14	1231	坏账准备		800.00	-	234.00		

图 3-42 输入期末借方余额公式

(2) 选择 H4 单元格,输入公式"=IF(D4="","",D4+F4-E4)",如图 3-43 所示,按 Enter 键确认输入。将公式填充至 H5:H77 单元格。

	A	B	C	D	E	F	G	H
1				华夏公司总分类账				
2	科目编号	科目名称	期初余额		本期发生额		期末余额	
3			借方	贷方	借方	贷方	借方	贷方
4	1001	库存现金	500.00		1,000.00	200.00	1,300.00	=IF(D4="","",D4+F4-E4)
5	1002	银行存款	20,000.00		19,890.00	8,650.00	31,240.00	
6	1012	其他货币资金	2,000.00		-	-	2,000.00	IF(logical_test, [val
7	1101	交易性金融资产	1,000.00		-	-	1,000.00	
8	1121	应收票据	-		-	-		
9	1122	应收账款	40,000.00		11,700.00	11,700.00	40,000.00	
10	1123	预付账款	-		-	-		
11	1131	应收股利	-		-	-		
12	1132	应收利息	-		-	-		
13	1221	其他应收款	-		-	-		
14	1231	坏账准备		800.00	-	234.00		

图 3-43 输入期末贷方余额公式

第六节 | 资 产 负 债 表

一、设置资产负债表的格式

资产负债表是反映企业某一特定日期财务状况的会计报表,它是根据资产、负债及所有者权益三者之间的平衡关系,把日常经营活动的信息按照一定的分类标准和一定的顺序加工而成的。它表明企业某一特定日期所拥有或控制的经济资源,所承担的现有义务和所有者对净资产的要求权。

国际上流行的资产负债表的格式通常有账户式和报告式两种。

账户式的资产负债表是根据"资产＝负债＋所有者权益"将表分成左右两方,左方反映资产,右方反映负债和所有者权益,按其构成项目依据流动性(变现能力由强到弱)分类,并使左右双方总额相等。

报告式的资产负债表是按照资产、负债和所有者权益顺序自上而下排列的报表格式。

在我国的会计实务中多采用账户式资产负债表,因此现按账户式的格式设置资产负债表的格式。

【**案例 3-16**】 设置华夏公司资产负债表的格式。

【**操作步骤**】

(1) 在"3 章 会计核算.xlsx"工作簿中插入一张新的工作表,并重命名为"资产负债表"。

(2) 选中 A1:H1 单元格,单击"合并后居中"按钮,在 A1 单元格中输入"资产负债表",并单击"加粗"按钮。

(3) 使用相同的方法,并参照资产负债表的基本格式,在每个单元格中输入指定的项目。

(4) 选中 C:D 列和 G:H 列,单击鼠标右键,在弹出的快捷菜单中选择"设置单元格格式"命令。在"设置单元格格式"对话框的"分类"列表框中选择"会计专用"选项,将"小数位数"设置为 2,将"货币符号"选项设置为"无",单击确定。

(5) 选中 A3:H40 单元格并单击鼠标右键,在弹出的快捷菜单中选择"设置单元格格式"命令。将打开的对话框切换到"边框"选项卡,选择"所有框线",单击确定。完成资产负债表格式的设置。如图 3-44 所示。

二、资产负债表的编制

在建立好的总分类账的基础上,可以很容易编制出资产负债表。资产负债表的编制是根据各账户的余额加或减之后填列的。

本期资产负债表的期初数即为上期资产负债表的期末数,可以直接从上期资产负债表中获得,获得方式可参照总分类账期初余额,在此不再赘述。

本期资产负债表的期末数可以采用数据链接直接引用总分类账等工作表的相关数据进行编制。

	A	B	C	D	E	F	G	H
1	资产负债表							
2	编制单位：		年	月	日			单位：元
3	资产	行次	期初数	期末数	负债及所有者权益	行次	期初数	期末数
4	流动资产				流动负债			
5	货币资金				短期借款			
6	以公允价值计量且其变动计入当期损益的金融资产				以公允价值计量且其变动计入当期损益的金融负债			
7	衍生金融资产				衍生金融资产			
8	应收票据及应收账款				应付票据及应付账款			
9	预付款项				预收款项			
10	其他应收款				应付职工薪酬			
11	存货				应交税费			
12	持有待售资产				其他应付款			
13	一年内到期的非流动资产				持有待售负债			
14	其他流动资产				一年到期的非流动负债			
15	流动资产合计				其他流动负债			
16	非流动资产				流动负债合计			
17	可供出售金融资产				非流动负债			
18	持有至到期投资				长期借款			
19	长期应收款				应付债券			
20	长期股权投资				其中：优先股			
21	投资性房地产				永续债			
22	固定资产				长期应付款			
23	在建工程				预计负债			
24	生产性生物资产				递延收益			
25	油气资产				递延所得税负债			
26	无形资产				其他非流动负债			
27	开发支出				非流动负债合计			
28	商誉				负债合计			
29	长期待摊费用				所有者权益（或股东权益）			
30	递延所得税资产				实收资本（或股本）			
31	其他非流动资产				其他权益工具			
32	非流动资产合计				其中：优先股			
33					永续债			
34					资本公积			
35					减：库存股			
36					其他综合收益			
37					盈余公积			
38					未分配利润			
39					所有者权益（或股东权益）合计			
40	资产总计				负债和所有者权益（或股东权益）总计			

图 3-44　设置完成资产负债表格式

【案例 3-17】 根据前面建立的总分类账等工作表，完成华夏公司资产负债表期末数的编制。

【操作步骤】

(1) 打开"3 章 会计核算. xlsx"工作簿中"资产负债表"工作表。

(2) 选中 D15 单元格，选择"公式"|"自动求和"命令，选择 D5:D14 单元格，如图 3-45 所示，然后按 Enter 键。采用同样的方式编制其余的合计数项目。

	A	B	C	D	E	F	G	H
1	资产负债表							
2	编制单位：		年	月	日			单位：元
3	资产	行次	期初数	期末数	负债及所有者权益	行次	期初数	期末数
4	流动资产				流动负债			
5	货币资金				短期借款			
6	以公允价值计量且其变动计入当期损益的金融资产				以公允价值计量且其变动计入当期损益的金融负债			
7	衍生金融资产				衍生金融资产			
8	应收票据及应收账款				应付票据及应付账款			
9	预付款项				预收款项			
10	其他应收款				应付职工薪酬			
11	存货				应交税费			
12	持有待售资产				其他应付款			
13	一年内到期的非流动资产				持有待售负债			
14	其他流动资产				一年到期的非流动负债			
15	流动资产合计			=SUM(D5:D14)				
16	非流动资产			SUM(number1, [number2], ...)				

图 3-45　设置 SUM 函数的参数

(3) 选中 D36 单元格，输入公式“=D15+D32”，然后按 Enter 键。采用同样的方式编制其余的总计项目。

(4) 选中 D5 单元格，输入“=”，单击“总分类账”工作表标签，切换至“总分类账”工作表，选中 G4 单元格，输入“+”，单击 G5 单元格，输入“+”，单击 G6 单元格，然后按 Enter 键，界面自动切换到“资产负债表”工作表中，并在 D5 单元格中显示计算结果，如图 3-46 所示。

D5 =总分类账!G4+总分类账!G5+总分类账!G6

	A	B	C	D	E	F	G	H
1				资产负债表				
2	编制单位：		年	月	日			单位：元
3	资产	行次	期初数	期末数	负债及所有者权益	行次	期初数	期末数
4	流动资产				流动负债			
5	货币资金			34,540.00	短期借款			
6	以公允价值计量且其变动计入当期损益的金融资产				以公允价值计量且其变动计入当期损益的金融负债			
7	衍生金融资产				衍生金融资产			
8	应收票据及应收账款				应付票据及应付账款			
9	预付款项				预收款项			
10	其他应收款				应付职工薪酬			
11	存货				应交税费			
12	持有待售资产				其他应付款			
13	一年内到期的非流动资产				持有待售负债			
14	其他流动资产				一年到期的非流动负债			
15	流动资产合计			34,540.00	其他流动负债			

图 3-46 编制货币资金项目的期末数

(5) 采用同样的方式编制其余项目的期末数。编制完的资产负债表如图 3-47 所示。

	A	B	C	D	E	F	G	H
3	资产	行次	期初数	期末数	负债及所有者权益	行次	期初数	期末数
4	流动资产				流动负债			
5	货币资金			34,540.00	短期借款			4,000.00
6	以公允价值计量且其变动计入当期损益的金融资产			1,000.00	以公允价值计量且其变动计入当期损益的金融负债			
7	衍生金融资产				衍生金融资产			
8	应收票据及应收账款			38,966.00	应付票据及应付账款			30,000.00
9	预付款项				预收款项			
10	其他应收款				应付职工薪酬			
11	存货			53,900.00	应交税费			3,609.50
12	持有待售资产				其他应付款			1,200.00
13	一年内到期的非流动资产				持有待售负债			
14	其他流动资产				一年到期的非流动负债			
15	流动资产合计			128,406.00	其他流动负债			
16	非流动资产				流动负债合计			38,809.50
17	可供出售金融资产				非流动负债			
18	持有至到期投资			600.00	长期借款			70,000.00
19	长期应收款				应付债券			
20	长期股权投资			7,000.00	其中：优先股			
21	投资性房地产				永续债			
22	固定资产			89,400.00	长期应付款			
23	在建工程				预计负债			
24	生产性生物资产				递延收益			
25	油气资产				递延所得税负债			
26	无形资产			7,500.00	其他非流动负债			
27	开发支出				非流动负债合计			70,000.00
28	商誉				负债合计			108,809.50
29	长期待摊费用				所有者权益（或股东权益）			
30	递延所得税资产				实收资本（或股本）			112,000.00
31	其他非流动资产				其他权益工具			
32	非流动资产合计			104,500.00	其中：优先股			
33					永续债			
34					资本公积			4,000.00
35					减：库存股			
36					其他综合收益			
37					盈余公积			4,759.65
38					未分配利润			3,336.85
39					所有者权益（或股东权益）合计			124,096.50
40	资产总计			232,906.00	负债和所有者权益（或股东权益）总计			232,906.00

图 3-47 编制完成的资产负债表

操作注意事项

1. 每个项目链接完成后,直接按 Enter 键,界面自动切换到"资产负债表"工作表中,并返回结果。选中单元格后不能再切换回"资产负债表"工作表,否则引用单元格将可能出错。

2. 单元格相加与 SUM 函数的作用相同,不要重复使用。

提示

1. 在该例中,以下项目需要根据余额加或减之后填列,其余项目直接根据对应科目余额填列即可:

货币资金:=总分类账!G4+总分类账!G5+总分类账!G6

应收票据及应收账款:=总分类账!G8+总分类账!G9-总分类账!H14

存货:=总分类账!G15+总分类账!G16+总分类账!G17+总分类账!G18+总分类账!G19+总分类账!G58-总分类账!H20

长期股权投资:=总分类账!G24-总分类账!H25

固定资产:=总分类账!G26-总分类账!H27-总分类账!H28+总分类账!G31

无形资产:=总分类账!G32-总分类账!H33-总分类账!H34

其他应付款:=总分类账!H44+总分类账!H45+总分类账!H46

未分配利润:=总分类账!H56+总分类账!H57

2. 在编制本期资产负债表(月报)时,若没有给出上一期资产负债表,只给出本期总分类账,则本期资产负债表中的期初数可以根据本期总分类账的期初余额进行填制,填制方式与期末数相同。

第七节 利 润 表

一、设置利润表的格式

利润表是反映企业一定期间生产经营成果的会计报表,利润表把一定时期内的营业收入与其同一会计期间相关的营业费用进行配比,以计算出企业一定时期的净利润。通过利润表能够反映企业生产经营的收入情况及费用耗费情况,表明企业一定时期内的生产经营成果。利润是企业经营业绩的综合体现,也是进行利润分配的主要依据。

目前,使用较普遍的利润表格式有多步式和单步式两种。

多步式利润表是经过计算营业利润、利润总额等多个步骤,最后计算净利润而编制的利润表。

单步式利润表是通过将所有收入扣除所有费用后一次计算净利润而编制的利润表。

在我国的会计实务中,一般采用多步式利润表,因此现按多步式的格式设置利润表的格式。

【案例 3-18】 设置华夏公司利润表的格式。

【操作步骤】

（1）在"3 章 会计核算.xlsx"工作簿中插入一张新的工作表,并重命名为"利润表"。

（2）选中 A1:D1 单元格,单击"合并后居中"按钮,在 A1 单元格中输入"利润表",并单击"加粗"按钮。

（3）使用相同的方法,并参照利润表的基本格式,在每个单元格中输入指定的项目。

（4）选中 C:D 列,单击鼠标右键,在弹出的快捷菜单中选择"设置单元格格式"命令。在"设置单元格格式"对话框的"分类"列表框中选择"会计专用"选项,将"小数位数"设置为 2,将"货币符号"选项设置为"无",单击确定。

（5）选中 A3:D29 单元格并单击鼠标右键,在弹出的快捷菜单中选择"设置单元格格式"命令。将打开的对话框切换到"边框"选项卡,选择"所有框线",单击确定。完成利润表格式的设置。如图 3-48 所示。

	A	B	C	D
1	利润表			
2	编制单位:	年	月	单位:元
3	项　　目	行次	本期金额	上期金额
4	一、营业收入			
5	减:营业成本			
6	税金及附加			
7	销售费用			
8	管理费用			
9	研发费用			
10	财务费用			
11	其中:利息费用			
12	利息收入			
13	资产减值损失			
14	加:其他收益			
15	投资收益（损失以"-"表示）			
16	其中:对联营企业和合营企业的投资收益			
17	公允价值变动收益（损失以"-"表示）			
18	资产处置收益（损失以"-"表示）			
19	二、营业利润（亏损以"-"表示）			
20	加:营业外收入			
21	减:营业外支出			
22	三、利润总额（净亏损以"-"表示）			
23	减:所得税费用			
24	四、净利润			
25	（一）持续经营净利润（净亏损以"-"表示）			
26	（二）终止经营净利润（净亏损以"-"表示）			
27	五、其他综合收益的税后净利润			
28	六、综合收益总额			
29	七、每股收益			

图 3-48　设置完成利润表格式

二、利润表的编制

1. 本期金额的编制

在编制利润表本期金额时,同样要建立利润表与总分类账的链接。但由于利润表是反映企业一定期间生产经营成果的会计报表,利润表中收入、费用是损益类账户,因此需要根据总分类账中有关会计科目的本期发生额进行编制。

【案例 3-19】 根据前面建立的总分类账等工作表,完成华夏公司利润表本期金额的编制。

【操作步骤】

(1) 打开"3章 会计核算.xlsx"工作簿中"利润表"工作表。

(2) 选中 C19 单元格,输入公式"=C4－C5－C6－C7－C8－C9－C10－C13＋C14＋C15＋C17＋C18",然后按 Enter 键。

(3) 选中 C22 单元格,输入公式"=C19＋C20－C21",然后按 Enter 键。

(4) 选中 C24 单元格,输入公式"=C22－C23",然后按 Enter 键。

(5) 选中 C4 单元格,输入"=",单击"总分类账"工作表标签,切换至"总分类账"工作表,选中 F61 单元格,输入"＋",选择 F62 单元格,然后按 Enter 键,界面自动切换到"利润表"工作表中,并在 C4 单元格中显示计算结果,在编辑栏中显示公式"=总分类账! F61＋总分类账! F62"。

(6) 采用同样的方式编制其余项目的本月数。编制完的利润表如图 3-49 所示。

	A	B	C	D
1	利润表			
2	编制单位:华夏公司	2019年	01月	单位:元
3	项　　　目	行次	本期金额	上期金额
4	一、营业收入		17,000.00	
5	减:营业成本		10,000.00	
6	税金及附加		204.00	
7	销售费用		1,000.00	
8	管理费用		1,600.00	
9	研发费用			
10	财务费用		500.00	
11	其中:利息费用			
12	利息收入			
13	资产减值损失		234.00	
14	加:其他收益			
15	投资收益(损失以"-"表示)			
16	其中:对联营企业和合营企业的投资收益			
17	公允价值变动收益(损失以"-"表示)			
18	资产处置收益(损失以"-"表示)			
19	二、营业利润(亏损以"-"表示)		3,462.00	
20	加:营业外收入			
21	减:营业外支出			
22	三、利润总额(净亏损以"-"表示)		3,462.00	
23	减:所得税费用		865.50	
24	四、净利润		2,596.50	
25	(一)持续经营净利润(净亏损以"-"表示)			
26	(二)终止经营净利润(净亏损以"-"表示)			
27	五、其他综合收益的税后净利润			
28	六、综合收益总额			
29	七、每股收益			

图 3-49　编制完成的利润表

 提示

1. 由于总分类账中的本期发生额数据是链接本期科目汇总表的,因此,编制利润表本期金额时,也可以链接本期科目汇总表。

2. 编制利润表本期金额时,也可以使用 VLOOKUP 函数间接调用总分类账或科目汇总表中的相关数据进行编制。

2. 上期金额的编制

本期利润表中的上期金额即为上期利润表中的本期金额,可以直接从上期利润表中

获得。

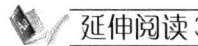延伸阅读3-4

Excel 记账会计循环流程与手工记账会计循环流程的比较

财务会计必须对企业的交易和事项进行会计处理,以便最终为会计信息使用者提供财务报告。会计处理包括许多具体的会计程序,并要依次完成一系列的基本步骤。在财务会计中,这些周而复始、以记录为主的会计处理步骤称为会计循环。

如图 3-50 所示为最常见的手工记账的会计循环流程图。

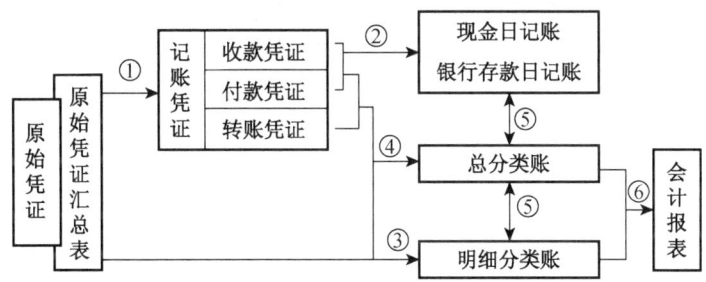

图 3-50　手工记账的会计循环流程图

从手工记账的会计循环流程图中可见,手工记账存在多次转抄,不但浪费时间、精力、财物,而且还容易造成错误;为了确保数据正确,需要增加一些核对工作,如编制试算平衡表、进行明细账和总账的核对等。

Excel 记账可以有效避免以上这些缺陷,Excel 记账的会计循环流程图如图 3-51 所示。

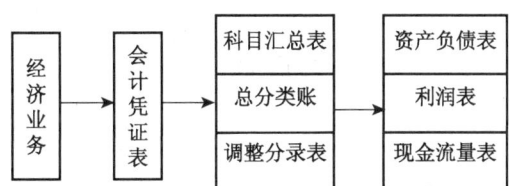

图 3-51　Excel 记账的会计循环流程图

可以看出,Excel 记账相对于手工记账有如下优势:

(1) 登账的环节完全可以取消,即平时不记现金日记账、银行存款日记账、明细分类账及总账,只将经济业务以会计分录的形式保存在会计凭证表中,在需要时对会计凭证表按会计科目、日期等条件进行检索、编辑和直接输出日记账、明细账、总账甚至会计报表,而且速度非常快,能够快速得到各种账簿和报表。

(2) 由于计算机不会发生遗漏、重复及计算错误,因此,某些手工方式下的核对环节不需要,从而节约大量人力和时间,提高会计人员的工作效率。

(3) 编制会计报表所需的信息均可从会计凭证表和调整分录表中直接或间接获得。

(4) 使用表格化“会计凭证表”能更直观地反映出经济业务的具体内容。

(5) 即使需要查询科目明细内容、现金日记账和银行日记账,通过 Excel 的数据库功能也能很容易实现。

本 章 小 结

本章主要学习了:会计凭证、会计账簿、会计报表的作用、类型;使用记录单建立和处理会计科目表;建立自动显示凭证编号、自动显示科目名称等多项功能的会计凭证表模板并在会计凭证表中输入经济业务;使用数据透视表建立科目汇总表并对其进行更新;设置总分类账格式并完成总分类账中期初余额、本期发生额及期末余额的填列;设置资产负债表的格式并完成资产负债表中期初数、期末数的编制;设置利润表的格式并完成利润表中本月数、本年累计数的编制。

本章重要概念

记录单　相对引用　绝对引用　CONCATENATE 函数　IF 函数　VLOOKUP 函数　ISNA 函数　数据透视表　会计科目表　会计凭证表　科目汇总表　总分类账　资产负债表　利润表

思考与练习

1. 举例说明 VLOOKUP 函数的实例应用。

2. 设置会计凭证表时,应设置哪些字段名称? 为什么?

3. 会计凭证表发生变动时,如何确保已建立的科目汇总表中数据的正确?

4. 在 Excel 会计核算中,总分类账中的期初余额、本期发生额及期末余额是如何填列的?

5. 简述 Excel 会计核算的流程? Excel 会计核算与手工会计核算相比,有什么优势?

推荐阅读资料

[1] 崔杰,姬昂,崔婕. Excel 在会计和财务中的应用[M]. 5 版. 北京:清华大学出版社,2015.

[2] 黄新荣. Excel 在会计和财务管理中的应用[M]. 2 版. 北京:人民邮电出版社,2015.

[3] Excel Home. Excel2013 高效办公——会计实务[M]. 北京:人民邮电出版社,2016.

[4] 丁昌萍,韩丹,宁方旭. Excel2010 财务应用教程[M]. 北京:人民邮电出版社,2015.

[5] http://www.excelhome.net/.

第四章 Excel 在工资
管理中的应用

内容简介

本章主要讲解了员工工资表的制作过程；利用 Excel 的 IF 等函数设置工资项目；并用 VLOOKUP 函数、数据透视功能等进行工资数据的查询与汇总分析。本章重点及难点是利用 Excel 函数设置工资项目。

学习目的和要求

通过本章学习，学生应掌握使用 Excel 进行员工工资表的制作。会用函数设置工资项目公式；在工资表中输入项目数据并能用数据透视功能进行工资数据查询和汇总分析以便进行后续的费用归集和分配。

引例　Excel 工资管理的优势

工资是指单位在一定时间内支付给本单位职工的劳动报酬,是各单位进行各项费用计算的基础。工资核算是企业管理的重要组成部分,它与每位职工的利益直接相关,也是企业成本核算的重要内容。工资管理的内容包括应发工资的计算、扣款项的计算、实发工资的计算和工资的发放等。另外企业可能还会根据经营管理的需要对工资数据进行查询与汇总分析。

采用人工计算方式,需要占用大量的时间和精力,浪费人力资源,且数据的准确性不高;通用财务软件昂贵,且功能不一定适用于所有企业;Excel 作为 Office 的应用程序组件,操作简便,功能强大,采用 Excel 进行工资管理不但可以节约资源和提高效率,还可以在保证数据正确性的同时,实现图、文、表三者完美结合。

第一节　制作员工工资表

一、工资管理概述

工资是指各单位在一定时间内支付给本单位职工的劳动报酬,是各单位进行各项费用计算的基础。工资管理是企业管理的重要组成部分,它与每位职工的利益直接相关,也是企业成本核算的重要内容。工资管理的内容包括应发工资的计算、扣款项的计算、实发工资的计算、工资的发放和汇总分析。

Excel 是专业的报表处理软件,具备强大的数据处理功能,工资管理是一项数据量较大的工作,用 Excel 进行工资管理不但可以节约资源和提高效率,还可以保证数据的正确性,且便于对工资数据进行分类汇总,以进行后续的费用归集和分配。下面以具体案例,介绍使用 Excel 进行工资管理的办法及流程。

二、Excel 工资管理一般要求

(一)制作员工工资表

用 Excel 做工资数据处理首先要制作好员工基本情况表,对人员基本信息进行记录。企业每月用 Excel 建立好工资表后,在下一个月,表中的人员信息、基本工资等数据都不会发生较大变化,除非是人员调整或工资调整。因此上月工资表中数据可以直接作为下月工资表的原始数据使用。

(二)工资项目的设置

建立好含有基本信息的员工工资表后,下一步就需要根据法规及企业内部人事相关规定,利用 Excel 数据处理功能准确设置好工资项目计算公式,如应发工资,事假扣款,个人所得税扣款,实发工资等项目都需要进行公式设置。而且这些计算公式一经设置好,也可以保存为模板,下个月企业只需要修改一下变动的数据即可。

(三)工资数据的查询与汇总分析

工资表中数据处理好后,企业出于管理的需要,一般要对工资数据进行查询与汇总分析。财务核算上,更是要求对工资数据进行分类汇总,以便进行工资费用的归集和分配,完成后续的账务处理。

三、制作员工工资表

【案例 4-1】　华夏公司主要包括管理部、生产部和销售部 3 个部门。另外,公司主要有公司管理、生产管理、生产工人、销售管理和销售人员 5 种职务类别。每个员工的工资项目有基本工资、岗位工资、奖金、事假扣款、病假扣款、养老保险扣款、医疗保险扣款、失业保险扣款等。除基本工资因人而异外,其他的工资项目将根据员工职务类别和部门决定,而且随时间的变化而变化。

各项目说明如下:

(1) 其中岗位工资根据员工类别不同进行发放,管理人员为 800 元,生产工人为 500 元,销售人员为 600 元。

(2) 奖金根据部门效益决定,本月管理部门奖金为 400 元,生产部门奖金为 500 元,销售部奖金与个人销售额相关,完成基本销售额 10 万元的奖金为 500 元,超额完成的按照超出金额的 2％提成,未完成基本销售额的没有奖金。

(3) 公司事假扣款规定:如果事假少于 10 天,将应发工资平均到每天(每月按 22 天计算),按天扣钱;如果事假大于等于 10 天,扣除应发工资的 30％。

(4) 公司病假扣款规定:如果病假多于 10 天,扣除应发工资的 30％;如果病假大于 3 天不多于 10 天,生产工人扣款 300 元,非生产工人扣款 500 元;如果病假小于等于三天,不扣款。

(5) 个人承担养老保险按定额缴费基数的 8％扣除,个人承担医疗保险按定额缴费基数的 2％扣除,个人承担失业保险按定额缴费基数的 0.2％扣除。

(6) 个人所得税依据个人所得税税率表计算扣除。

2019 年 1 月华夏公司员工基本工资情况与出勤情况如表 4-1 所示。

表 4-1　　　　　　　　　　　华夏公司员工基本工资与出勤情况表

员工编号	姓名	身份证号	部门	性别	员工类别	基本工资	事假天数	病假天数
1001	张跃	110128197702063222	管理部	男	公司管理	6 300		
1002	孙瑶	110103197801122174	管理部	女	公司管理	5 700		8
1003	刘海	110125198001231124	管理部	男	公司管理	5 100		
1004	曾加	110108197311188976	生产部	男	生产管理	5 700	15	
1005	王志	110128197301163174	生产部	男	生产工人	4 800		
1006	陆梅	110128197901023521	生产部	女	生产工人	4 300		2
1007	王平	110118198309163175	生产部	男	生产工人	4 500		
1008	孙朋	110128198501163132	销售部	女	销售管理	5 000	1	
1009	王薇	110105197305223621	销售部	女	销售人员	4 500		
1010	郭力	110128198004062233	销售部	男	销售人员	4 500		

要求:完成工资表基本信息部分的制作。

【操作步骤】

(1) 新建工作簿,并将工作表 sheet1 重命名为"1月份工资"。

（2）在第一行建立如下工资项目：员工编号、姓名、身份证号、部门、性别、员工类别、基本工资、岗位工资、奖金、应发合计、事假天数、事假扣款、病假天数、病假扣款、其他扣款、扣款合计、应发工资、社保定额缴费基数、养老保险、医疗保险、失业保险、应扣社保合计、实发合计、代扣税以及实发工资，如图4-1、图4-2和图4-3所示。

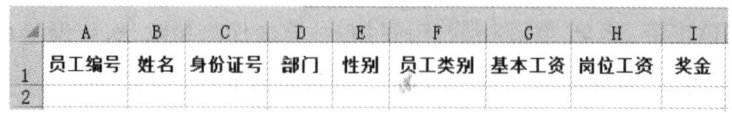

	A	B	C	D	E	F	G	H	I
1	员工编号	姓名	身份证号	部门	性别	员工类别	基本工资	岗位工资	奖金
2									

图4-1　工资表基础信息设置1

	J	K	L	M	N	O	P	Q	R
1	应发合计	事假天数	事假扣款	病假天数	病假扣款	其他扣款	扣款合计	应发工资	社保定额缴费基数
2									

图4-2　工资表基础信息设置2

	S	T	U	V	W	X	Y
1	养老保险	医疗保险	失业保险	应扣社保合计	实发合计	代扣税	实发工资
2							

图4-3　工资表基础信息设置3

（3）选中C列，右击鼠标，选择"设置单元格格式"|"数字"命令，在"分类"文本框中选择"文本"选项，因为Excel的限制，输入位数较多的数值时，Excel会按照其系统的设置进行处理，身份证号不能正常显示。

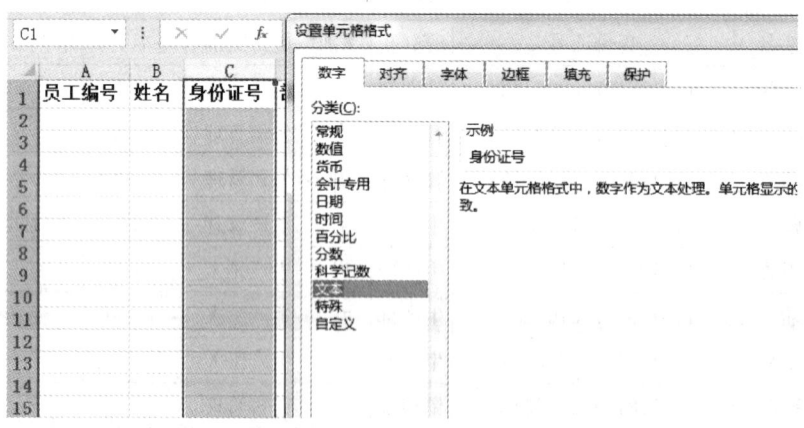

图4-4　身份证号单元格格式设置

（4）进行数据有效性验证。为了方便输入并防止出错，可对身份证号、部门、性别和员工类别列进行数据验证。以对"身份证号"进行位数验证为例，选中C列单元格，选择"数据"|"数据验证"，出现下列对话框，如图4-5所示，在"验证条件"中选中允许"文本长度"选项，选中数据"等于"，长度"18"，如图4-6所示。

图 4-5 数据验证设置 1

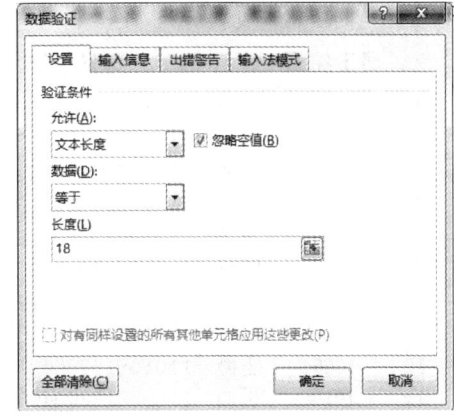

图 4-6 数据验证设置 2

再如用类似的方法可以对"部门"等序列进行数据验证。选中 D 列单元格,选择"数据"|"数据验证",出现下列对话框在"验证条件"中选中允许"序列"选项,数据自动显示"介于",来源输入"管理部,生产部,销售部",如图 4-7 所示。

（5）输入员工编号。首先在 A2 单元格输入第一个员工编号 1001,然后将鼠标放到单元格右下角出现黑色十字形填充柄时,按住"Ctrl"键(此时黑色十字形填充柄右上方会出现小十字),同时向下拖动鼠标,系统将自动产生其他员工编号,图 4-8 所示。

图 4-7 数据验证设置 3

	A	B	C	D	E	F	G	H
1	员工编号	姓名	身份证号	部门	性别	员工类别	基本工资	岗位工资
2	1001							
3	1002							
4	1003							
5	1004							
6	1005							
7	1006							
8	1007							
9	1008							
10	1009							
11	1010							
12								
13								

图 4-8 输入员工编号

（6）依次输入"姓名""身份证号""部门""性别""员工类别""基本工资""岗位工资""事假天数""病假天数"各项信息。对于设置了数据验证的列也可以进行选择输入,其他项目的信息不必输入。结果如图 4-9 所示。

	A	B	C	D	E	F	G
1	员工编号	姓名	身份证号	部门	性别	员工类别	基本工资
2	1001	张跃	110128197702063222	管理部	男	公司管理	6300
3	1002	孙瑶	110103197801122174	管理部	女	公司管理	5700
4	1003	刘海	110125198001231124	管理部	男	公司管理	5100
5	1004	曾加	110108197311188976	生产部	男	生产管理	5700
6	1005	王志	110128197301163174	生产部	男	生产工人	4800
7	1006	陆梅	110128197901023521	生产部	女	生产工人	4300
8	1007	王平	110118198309163175	生产部	男	生产工人	4500
9	1008	孙朋	110128198501163132	销售部	女	销售管理	5000
10	1009	王薇	110105197305223621	销售部	女	销售人员	4500
11	1010	郭力	110128198004062233	销售部	男	销售人员	4500

图4-9　输入员工基本信息

操作注意事项

1. "数据验证"命令,在Excel的一些版本中也叫"数据有效性控制"命令,可以根据数据自身的特征灵活进行设置。如本例中的数据"文本长度"验证及数据"序列"验证。

2. 在进行序列验证时,序列数值之间的逗号必须是英文输入法下的,例如,"部门"项目序列验证时,数据来源"管理部,生产部,销售部"。

提示

1. 输入大量员工基本信息时,也可以采取"记录单"命令,会提高输入准确性。

2. 输入员工编号时,在输入第一个员工编号"1001"后,鼠标放到单元格右下角出现黑色十字形填充柄时,必须同时按住"Ctrl"键并向下拖动鼠标,系统才会自动产生其他员工编号,否则所有员工编号皆显示为"1001"。或者输入前两个员工编号"1001"和"1002",选中此两个单元格再向下拖动,也可以实现编号顺序递增。

3. 工资基本项目在实务中可能会因为不同企业管理需求不同,所设置的表格也不尽相同。

第二节 | 工资项目的设置

建立好基础信息表后,下面要进行工资项目的设置,对需填充的其他单元格进行公式设计,这也是用Excel进行工资管理最核心的工作。现以[案例4-2]为例,介绍常见的工资项目设置方法。

【案例4-2】 资料同[案例4-1]。

要求:完成工资项目的设置。

【操作步骤】

1. "岗位工资"项目的设置

根据华夏公司的规定,"岗位工资"根据"员工类别"不同进行发放,管理人员为 800 元,生产工人为 500 元,销售人员为 600 元;管理人员包括"公司管理""生产管理"和"销售管理"。

此项目设置具体操作步骤如下:

(1) 将光标移到 H2 单元格,输入嵌套的 IF 函数,如图 4-10 所示,函数的解释为:如果 F2 单元格的值为"生产工人",IF( )函数的值为 500 元;如果为"销售人员",IF( )函数的值为 600 元;否则,即如果为"公司管理""生产管理""销售管理",IF( )函数的值为 800。

H2			× √ f_x	=IF(F2="生产工人",500,IF(F2="销售人员",600,800))				
	A	B	C	D	E	F	G	H
1	员工编号	姓名	身份证号	部门	性别	员工类别	基本工资	岗位工资
2	1001	张跃	110128197702063222	管理部	男	公司管理	6300	800
3	1002	孙瑶	110103197801122174	管理部	女	公司管理	5700	
4	1003	刘海	110125198001231124	管理部	男	公司管理	5100	
5	1004	曾加	110108197311188976	生产部	男	生产管理	5700	
6	1005	王志	110128197301163174	生产部	男	生产工人	4800	
7	1006	陆梅	110128197901023521	生产部	女	生产工人	4300	
8	1007	王平	110118198309163175	生产部	男	生产工人	4500	
9	1008	孙朋	110128198501163132	销售部	女	销售管理	5000	
10	1009	王薇	110105197305223621	销售部	女	销售人员	4500	
11	1010	郭力	110128198004062233	销售部	男	销售人员	4500	

图 4-10 设置岗位工资

(2) 设置完毕后,向下拖动鼠标,将 H2 单元格的公式复制到 H 列其他单元格。

2. "奖金"项目的设置

华夏公司奖金根据部门效益决定,本月管理部门奖金为 400 元,生产部门奖金为 500 元,销售部奖金与个人销售额相关,完成基本销售额 10 万元的奖金为 500 元,超额完成的按照超出金额的 2%提成,未完成基本销售额的没有奖金。

假设本月销售部业绩完成情况如表 4-2 所示。

表 4-2　　　　　　　　　　　1 月份销售部业绩完成情况

姓名	1 月销售额(万元)
孙朋	15
王薇	8
郭力	11

此项目具体操作步骤如下:

(1) 在工资表"奖金"列前插入两列,列标题分别为"销售额"及"销售额提成",并将给定的销售完成情况填到销售额列相应的单元格中。除销售部外的其他部门没有销售额,销售额一律填"0"。如图 4-11 所示。

	B	C	D	E	F	G	H	I
1	姓名	身份证号	部门	性别	员工类别	基本工资	岗位工资	销售额
2	张跃	110128197702063222	管理部	男	公司管理	6300	800	0
3	孙瑶	110103197801122174	管理部	女	公司管理	5700	800	0
4	刘海	110125198001231124	管理部	男	公司管理	5100	800	0
5	曾加	110108197311188976	生产部	男	生产管理	5700	800	0
6	王志	110128197301163174	生产部	男	生产工人	4800	500	0
7	陆梅	110128197901023521	生产部	女	生产工人	4300	500	0
8	王平	110118198309163175	生产部	男	生产工人	4500	500	0
9	孙朋	110128198501163132	销售部	女	销售管理	5000	800	15
10	王薇	110105197305223621	销售部	女	销售人员	4500	600	8
11	郭力	110128198004062233	销售部	男	销售人员	4500	600	11

图 4-11　添加"销售额"及"销售额提成"列

（2）将光标移到 J2 单元格,输入嵌套的 IF 函数,如图 4-12 所示,函数的解释为:如果 I2 单元格的值大于或等于 10,IF（）函数的值为 500 元基本奖金加超出金额的 2%,因销售额单位为万元,故提成奖金要乘以 10 000;否则如果 I2 单元格的值小于 10,销售额提成为 0。

| J2 | | f_x | =IF(I2>=10, (I2-10)*0.02*10000+500, 0) |

	C	D	E	F	G	H	I	J
1	身份证号	部门	性别	员工类别	基本工资	岗位工资	销售额	销售额提成
2	110128197702063222	管理部	男	公司管理	6300	800	0	0
3	110103197801122174	管理部	女	公司管理	5700	800	0	
4	110125198001231124	管理部	男	公司管理	5100	800	0	
5	110108197311188976	生产部	男	生产管理	5700	800	0	
6	110128197301163174	生产部	男	生产工人	4800	500	0	
7	110128197901023521	生产部	女	生产工人	4300	500	0	
8	110118198309163175	生产部	男	生产工人	4500	500	0	
9	110128198501163132	销售部	女	销售管理	5000	800	15	
10	110105197305223621	销售部	女	销售人员	4500	600	8	
11	110128198004062233	销售部	男	销售人员	4500	600	11	

图 4-12　销售额提成的函数设置

（3）设置完毕后,向下拖动鼠标,将 J2 单元格的公式复制到 J 列其他单元格。

（4）将 K2 单元格公式设置为"=IF（D2="管理部",400,IF（D2="生产部",500, J2））",如图 4-13 所示,函数的解释为:如果 D2 单元格的值为"管理部",IF（）函数的值为 400 元;如果为"生产部",IF（）函数的值为 500 元;否则,即如果为"销售部",IF（）函数的值为销售额提成,即为 J2 单元格的数值。

（5）设置完毕后,向下拖动鼠标,将 K2 单元格的公式复制到 K 列其他单元格。

	C	D	E	F	G	H	I	J	K
K2			fx	=IF(D2="管理部",400,IF(D2="生产部",500,J2))					

	身份证号	部门	性别	员工类别	基本工资	岗位工资	销售额	销售额提成	奖金
2	110128197702063222	管理部	男	公司管理	6300	800	0	0	400
3	110103197801122174	管理部	女	公司管理	5700	800	0	0	
4	110125198001231124	管理部	男	公司管理	5100	800	0	0	
5	110108197311188976	生产部	男	生产管理	5700	800	0	0	
6	110128197301163174	生产部	男	生产工人	4800	500	0	0	
7	110128197901023521	生产部	女	生产工人	4300	500	0	0	
8	110118198309163175	生产部	男	生产工人	4500	500	0	0	
9	110128198501163132	销售部	女	销售管理	5000	800	15	1500	
10	110105197305223621	销售部	女	销售人员	4500	600	8	0	
11	110128198004062233	销售部	男	销售人员	4500	600	11	700	

图 4-13　奖金的函数设置

3. "应发合计"项目的设置

该项目为"基本工资"、"岗位工资"和"奖金"的合计数,具体操作如下:

(1) 选中 L2 单元格,在 L2 单元格进行公式设置"＝G2＋H2＋K2",如图 4-14 所示。

	D	E	F	G	H	I	J	K	L
L2			fx	=G2+H2+K2					

	部门	性别	员工类别	基本工资	岗位工资	销售额	销售额提成	奖金	应发合计
2	管理部	男	公司管理	6300	800	0	0	400	7500
3	管理部	女	公司管理	5700	800	0	0	400	
4	管理部	男	公司管理	5100	800	0	0	400	
5	生产部	男	生产管理	5700	800	0	0	500	
6	生产部	男	生产工人	4800	500	0	0	500	
7	生产部	女	生产工人	4300	500	0	0	500	
8	生产部	男	生产工人	4500	500	0	0	500	
9	销售部	女	销售管理	5000	800	15	1500	1500	
10	销售部	女	销售人员	4500	600	8	0	0	
11	销售部	男	销售人员	4500	600	11	700	700	

图 4-14　应发合计的公式设置

(2) 将 L2 单元格的公式复制到 L 列的其他单元格。

4. "事假扣款"项目的设置

公司事假扣款规定:如果事假少于 10 天,将应发工资平均到每天(每月按 22 天计算),按天扣钱;如果事假大于等于 10 天,扣除应发工资的 30%。

此项目具体操作步骤如下:

(1) 将 N2 单元格的公式设置为"＝IF(M2<10, L2/22 * M2, L2 * 0.3)",如图 4-15 所示。

图4-15　事假扣款的函数设置

（2）将N2单元格的公式复制到N列的其他单元格。

5. "病假扣款"项目的设置

公司病假扣款规定：如果病假多于10天，扣除应发工资的30%；如果病假大于3天不多于10天，生产工人扣款300元，非生产工人扣款500元；如果病假小于等于三天，不扣款。

分析：病假扣款由"病假天数"和"员工类别"两个因素决定，具体如表4-3所示。

表4-3　　　　　　　　　　　　　　　病假扣款规定分析表

病假天数	员工类别	病假扣款
>10天	所有员工	扣除应发工资30%
<=3天	所有员工	0
>3天且<=10天	生产工人	300
>3天且<=10天	非生产工人	500

此项目具体操作步骤如下：

（1）将P2单元格的公式设置为"=IF(O2>10,L2*0.3,IF(O2<=3,0,IF(F2="生产工人",300,500)))"，如图4-16所示。

图4-16　病假扣款的函数设置

（2）将 P2 单元格的公式复制到 P 列的其他单元格。

6. "扣款合计"项目的设置

扣款合计为"事假扣款""病假扣款"和"其他扣款"的合计。假设本月没有发生其他扣款，具体操作步骤如下：

（1）将 R2 单元格公式设置为"＝N2＋P2＋Q2"，如图 4-17 所示。

	I	J	K	L	M	N	O	P	Q	R
R2 ▼ ：✕ ✓ f_x				=N2+P2+Q2						
1	销售额	销售额提成	奖金	应发合计	事假天数	事假扣款	病假天数	病假扣款	其他扣款	扣款合计
2	0	0	400	7500		0		0		0
3	0	0	400	6900		0	8	500		
4	0	0	400	6300		0		0		
5	0	0	500	7000	15	2100		0		
6	0	0	500	5800		0		0		
7	0	0	500	5300		0	2	0		
8	0	0	500	5500		0		0		
9	15	1500	1500	7300	1	331.82		0		
10	8	0	0	5100		0		0		
11	11	700	700	5800		0		0		

图 4-17 扣款合计公式设置

（2）将 R2 单元格的公式复制到 R 列其他单元格。

7. "应发工资"项目的设置

（1）将 S2 单元格公式设置为"＝L2－R2"，如图 4-18 所示。

（2）将 S2 单元格的公式复制到 S 列的其他单元格。

	J	K	L	M	N	O	P	Q	R	S
S2 ▼ ：✕ ✓ f_x				=L2-R2						
1	销售额提成	奖金	应发合计	事假天数	事假扣款	病假天数	病假扣款	其他扣款	扣款合计	应发工资
2	0	400	7500		0		0		0	7500
3	0	400	6900		0	8	500		500	
4	0	400	6300		0		0		0	
5	0	500	7000	15	2100		0		2100	
6	0	500	5800		0		0		0	
7	0	500	5300		0	2	0		0	
8	0	500	5500		0		0		0	
9	1500	1500	7300	1	331.82		0		331.82	
10	0	0	5100		0		0		0	
11	700	700	5800		0		0		0	

图 4-18 应发工资的公式设置

8. 社保相关项目的设置,包括"养老保险""医疗保险""失业保险"及"应扣社保合计"

按有关规定,华夏公司员工本年的社保缴费基数为上年月平均工资,员工上年月平均工资如表4-4所示。

表4-4 华夏公司员工2018年月平均工资

员工编号	姓名	部门	性别	员工类别	上年月平均工资
1001	张跃	管理部	男	公司管理	7 000
1002	孙瑶	管理部	女	公司管理	6 500
1003	刘海	管理部	男	公司管理	6 100
1004	曾加	生产部	男	生产管理	6 400
1005	王志	生产部	男	生产工人	5 000
1006	陆梅	生产部	女	生产工人	4 800
1007	王平	生产部	男	生产工人	4 300
1008	孙朋	销售部	女	销售管理	7 000
1009	王薇	销售部	女	销售人员	4 000
1010	郭力	销售部	男	销售人员	6 800

2019年1月工资表社保相关项目设置如下:

(1) 将员工"社保定额缴费基数"信息输入T列相应单元格内,按规定,个人负担的养老保险按定额缴费基数的8%扣除,在U2单元格设置公式为"＝T2＊8%",如图4-19所示。将U2单元格的公式复制到U列的其他单元格。

	L	M	N	O	P	Q	R	S	T	U
1	应发合计	事假天数	事假扣款	病假天数	病假扣款	其他扣款	扣款合计	应发工资	社保定额缴费基数	养老保险
2	7500	0		0		0		7500	7000	560
3	6900	0	8	500		500		6400	6500	
4	6300	0		0		0		6300	6100	
5	7000	15	2100	0		2100		4900	6400	
6	5800		0		0			5800	5000	
7	5300	0	2	0		0		5300	4800	
8	5500	0		0		0		5500	4300	
9	7300	1	331.82	0		331.82		6968.18	7000	
10	5100	0		0		0		5100	4000	
11	5800	0		0		0		5800	6800	

图4-19 养老保险的公式设置

(2) 医疗保险按定额缴费基数的2%扣除,按照相似的办法设置"医疗保险"项目。设置完成效果如图4-20所示。

(3) 失业保险按定额缴费基数的0.2%扣除,按照相似的办法设置"失业保险"项目。设置完成效果如图4-21所示。

	M	N	O	P	Q	R	S	T	U	V
	事假天数	事假扣款	病假天数	病假扣款	其他扣款	扣款合计	应发工资	社保定额缴费基数	养老保险	医疗保险
2		0		0		0	7500	7000	560	140
3		0	8	500		500	6400	6500	520	
4		0		0		0	6300	6100	488	
5	15	2100		0		2100	4900	6400	512	
6		0		0		0	5800	5000	400	
7		0	2			0	5300	4800	384	
8		0		0		0	5500	4300	344	
9	1	331.82		0		331.82	6968.18	7000	560	
10		0		0		0	5100	4000	320	
11		0		0		0	5800	6800	544	

V2 = T2*2%

图 4-20 医疗保险的公式设置

	N	O	P	Q	R	S	T	U	V	W
	事假扣款	病假天数	病假扣款	其他扣款	扣款合计	应发工资	社保定额缴费基数	养老保险	医疗保险	失业保险
2	0		0		0	7500	7000	560	140	14
3	0	8	500		500	6400	6500	520	130	
4	0		0		0	6300	6100	488	122	
5	2100		0		2100	4900	6400	512	128	
6	0		0		0	5800	5000	400	100	
7	0	2			0	5300	4800	384	96	
8	0		0		0	5500	4300	344	86	
9	331.82		0		331.82	6968.18	7000	560	140	
10	0		0		0	5100	4000	320	80	
11	0		0		0	5800	6800	544	136	

W2 = T2*0.2%

图 4-21 失业保险的公式设置

（4）应扣社保合计是"养老保险""医疗保险""失业保险"的合计。在 X2 单元格设置公式为"＝U2＋V2＋W2"，如图 4-22 所示。将 X2 单元格的公式复制到 X 列的其他单元格。

9."实发合计"项目的设置

实发合计是"应发工资"和"应扣社保合计"的差额，具体操作步骤如下：

（1）将 Y2 单元格公式设置为"＝S2－X2"，如图 4-23 所示。

（2）将 Y2 单元格的公式复制到 Y 列的其他单元格。

10."代扣税"项目的设置

代扣税即公司代扣的工资薪金个人所得税，根据应发工资的数额决定。

根据 2018 年 10 月 1 日起实施的个人所得税修正案，工资薪金个人所得税免征额为 5 000 元，税率表如表 4-5 所示。

图4-22 应扣社保合计的公式设置

图4-23 实发合计的公式设置

表4-5 个人所得税税率表

级数	全月应纳税所得额	税率	速算扣除数
1	不超过3 000元	3%	0
2	超过3 000元至12 000元的部分	10%	210
3	超过12 000元至25 000元的部分	20%	1 410
4	超过25 000元至35 000元的部分	25%	2 660
5	超过35 000元至55 000元的部分	30%	4 410
6	超过55 000元至80 000元的部分	35%	7 160
7	超过80 000元的部分	45%	15 160

"代扣税"项目具体设置步骤如下：

（1）将 Z2 单元格的公式设置为"＝ROUND（MAX（（W2－5 000）＊{0.03，0.1，0.2，0.25，0.3，0.35，0.45}－{0，210，1410，2660，4410，7160 15160}，0），2）"，如图 4-24 所示。

	Q	R	S	T	U	V	W	X	Y	Z
1	其他扣款	扣款合计	应发工资	社保定额缴费基数	养老保险	医疗保险	失业保险	应扣社保合计	实发合计	代扣税
2	0	7500	7000	560	140	14	714	6786	53.58
3	500	6400	6500	520	130	13	663	5737	
4	0	6300	6100	488	122	12.2	622.2	5677.8	
5	2100	4900	6400	512	128	12.8	652.8	4247.2	
6	0	5800	5000	400	100	10	510	5290	
7	0	5300	4800	384	96	9.6	489.6	4810.4	
8	0	5500	4300	344	86	8.6	438.6	5061.4	
9	331.82	6968.18	7000	560	140	14	714	6254.18	
10	0	5100	4000	320	80	8	408	4692	
11	0	5800	6800	544	136	13.6	693.6	5106.4	

公式栏：=ROUND(MAX((Y2-5000)*{0.03,0.1,0.2,0.25,0.3,0.35,0.45}-{0,210,1410,2660,4410,7160,15160},0),2)

图 4-24 代扣税项目的函数设置

（2）将 Z2 单元格的公式复制到 Z 列的其他单元格。

 Excel 函数链接 4-1 ....

ROUND 函数

【类型】数学与三角函数

【功能】返回某个数字按指定位数四舍五入取整后的数字。

【语法】ROUND（number，num_digits）

number：需要进行四舍五入的数字。

num_digits：指定的位数，按此位数进行四舍五入。

如果 num_digits 大于 0，则四舍五入到指定的小数位。

如果 num_digits 等于 0，则四舍五入到最接近的整数。

如果 num_digits 小于 0，则在小数点左侧进行四舍五入。

【举例】

表 4-6   ROUND 函数举例

A	B
公式	说明（结果）
＝ROUND（2.15，1）	将 2.15 四舍五入到一个小数位（2.2）
＝ROUND（2.149，1）	将 2.149 四舍五入到一个小数位（2.1）
＝ROUND（－1.475，2）	将－1.475 四舍五入到两小数位（－1.48）
＝ROUND（21.5，－1）	将 21.5 四舍五入到小数点左侧一位（20）

操作注意事项

1. 应该在名称框中选择嵌套 MAX 函数。

2. MAX 函数设置完毕还要回到 ROUND 函数将 num_digits 参数设置为"2"。

💡 **提示**

1. "ROUND"函数此处的作用在于,企业代缴的个人所得税最终是以个人为计税单位,会将每个人的个税进行四舍五入再进行合计后缴纳。如果不用"ROUND"函数,只通过单元格设置保留两位小数,这样只是形式上保留了两位小数,而并不改变数值本身,这样的合计数与实际的扣税金额往往可能会形成尾数差异,进而影响企业后续的账务处理。

2. 利用 MAX 函数设置个人所得税的含义:当 W2<5 000 时,"(W2−5 000) * {0.03, 0.1, 0.2, 0.25, 0.3, 0.35, 0.45}−{0, 210, 1410, 2660, 4410, 7160, 15160}"产生的五组数一定均为负值,与"0"比较,此时"代扣税"数值取大值,为"0"。

当 W2>5 000 时,无论应纳税额"W2−5 000"在哪一个区间,只能是其所属区间对应的税率及速算扣除数算出来的税额最大。这是因为个人所得税的一个基本税负原则是,应纳税所得额越多,税负越高,当用较小的税率及速算扣除数时,计算出的所得税必然偏低;当用较大的税率及速算扣除数时,尽管税率高了,在公式"个人所得税＝应纳税所得 * 适用税率－适用速算扣除数"下,题目中的应纳税所得"W2−5 000"小于较大税率适用的级距值,所用的速算扣除数又多扣除了(扣除了整段区间的),依然会造成计算出的所得税偏低。

3. 在计算个人所得税时,根据工资薪金个税税率表,七级累进税率可以通过嵌套 IF 函数,设置公式如下:"＝ROUND(IF(W2−5 000<=0, 0, IF(W2−5 000<=3 000, (W2−5 000) * 0.03, IF(W2−5 000<=12 000, (W2−5 000) * 0.1−210, IF(W2−5 000<=25 000, (W2−5 000) * 0.2−1 410, IF(W2−5 000<=35 000, (W2−5 000) * 0.25−2 660, IF(W2−5 000<=55 000, (W2−5 000) * 0.3−4 410, IF(W2−5 000<=80 000, (W2−5 000) * 0.35−7 160, (W2−5 000) * 0.45−15 160)))))))), 2)"。

❓ **相关思考4-1**

代扣税公式还有别的设置方法吗?

以上介绍了用 MAX 函数及 IF 函数计算代扣税,其根本区别在于公式逻辑的不同,但是都可以达到计算出个人所得税的目的。

请问:你还能想到别的设置方法吗?

11. "实发工资"项目的设置

(1) 将 AA2 单元格公式设置为"＝Y2−Z2",如图 4-25 所示。

	R	S	T	U	V	W	X	Y	Z	AA
	扣款合计	应发工资	社保定额缴费基数	养老保险	医疗保险	失业保险	应扣社保合计	实发合计	代扣税	实发工资
2	0	7500	7000	560	140	14	714	6786	53.58	6732.42
3	500	6400	6500	520	130	13	663	5737	22.11	
4	0	6300	6100	488	122	12.2	622.2	5677.8	20.33	
5	2100	4900	6400	512	128	12.8	652.8	4247.2	0	
6	0	5800	5000	400	100	10	510	5290	8.7	
7	0	5300	4800	384	96	9.6	489.6	4810.4	0	
8	0	5500	4300	344	86	8.6	438.6	5061.4	1.84	
9	331.82	6968.18	7000	560	140	14	714	6254.18	37.63	
10	0	5100	4000	320	80	8	408	4692	0	
11	0	5800	6800	544	136	13.6	693.6	5106.4	3.19	

图 4-25 实发工资项目的公式设置

(2) 将 AA2 单元格的公式复制到 AA 列的其他单元格。

第三节 | 工资数据的查询与汇总分析

一、工资数据的查询

企业因为管理的需要,经常需要查询某个部门或者员工的工资数据,员工较多时,利用 Excel 查询,既便捷又准确。下面就介绍一下常见的筛选查询,以及用 VLOOKUP 函数进行查询。

(一)利用筛选功能进行工资数据的查询

利用筛选功能,以"部门"为依据进行查询,如果需要查询"管理部"员工工资情况,具体操作步骤如下:

【案例 4-3】 承接[案例 4-1]及[案例 4-2],利用"筛选"命令查询华夏公司 2019 年 1 月份"管理部"员工工资数据。

【操作步骤】

1. 选择"数据"|"筛选"命令,进入筛选状态。如图 4-26 所示。

	A	B	C	D	E	F	G
1	员工编号	姓名	身份证号	部门	性别	员工类别	基本工资
2	1001	张跃	110128197702063222	管理部	男	公司管理	6300
3	1002	孙瑶	110103197801122174	管理部	女	公司管理	5700
4	1003	刘海	110125198001231124	管理部	男	公司管理	5100
5	1004	曾加	110108197311188976	生产部	男	生产管理	5700
6	1005	王志	110128197301163174	生产部	男	生产工人	4800
7	1006	陆梅	110128197901023521	生产部	女	生产工人	4300
8	1007	王平	110118198309163175	生产部	男	生产工人	4500
9	1008	孙朋	110128198501163132	销售部	女	销售管理	5000
10	1009	王薇	110105197305223621	销售部	女	销售人员	4500
11	1010	郭力	110128198004062233	销售部	男	销售人员	4500

图 4-26 进入筛选状态

2. 单击"部门"右侧的下拉按钮,在弹出的下拉列表中选择"管理部"选项,如图 4-27 所示,查询结果如图 4-28 所示。

💡 **提示**

1. "筛选"命令还可以通过文本筛选,灵活地实现对所需数据的查询。

2. 如要退出筛选状态,选择"数据"|"筛选"命令。

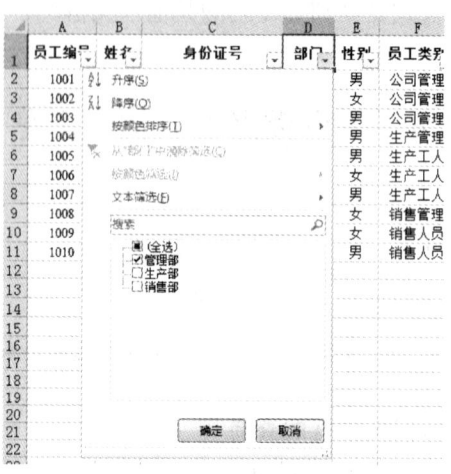

图 4-27　选择条件筛选

员工编号	姓名	身份证号	部门	性别	员工类别	基本工资
1001	张跃	110128197702063222	管理部	男	公司管理	6300
1002	孙瑶	110103197801122174	管理部	女	公司管理	5700
1003	刘海	110125198001231124	管理部	男	公司管理	5100

图 4-28　"管理部"工资查询结果

（二）利用 VLOOKUP 函数进行工资数据的查询

当工资表中有大量的员工数据时，若要直接查找某一个员工的工资信息，用筛选功能需要每次都要进行一下类似上述［案例 4-3］的操作，如果可以事先设定好公式，利用 VLOOKUP 函数依据员工的姓名或编号查询，就会简便得多。

【案例 4-4】　承接［案例 4-1］及［案例 4-2］，查询员工"曾加"2019 年 1 月份工资数据。

【操作步骤】

（1）插入一张工作表，可将其命名为"个人工资查询"，并在"个人工资查询"表中输入需要查询的各工资项目，结果如图 4-29 所示。

（2）为了方便函数的设置，将工资数据区"'1 月份工资'! B2：AA11"命名为"GZ"，选择"公式"|"名称管理器"选项，区域选择完毕，名称设置好，单击"确定"按钮，结果如图 4-30 所示。

（3）将光标移动到工资查询表的 B2 单元格，选择 VLOOKUP 函数，并输入函数的各个参数，其中"lookup_value"直接输入"＄A＄2"，绝对引用 A2 单元格中员工"姓名"，结果如图 4-31 所示。

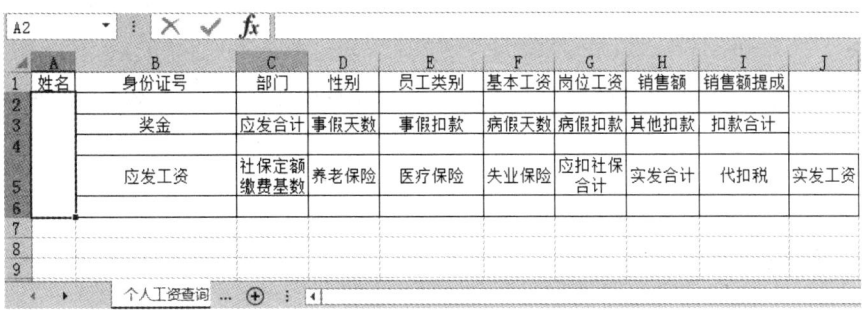

图 4-29　新增并设置员工个人工资查询表

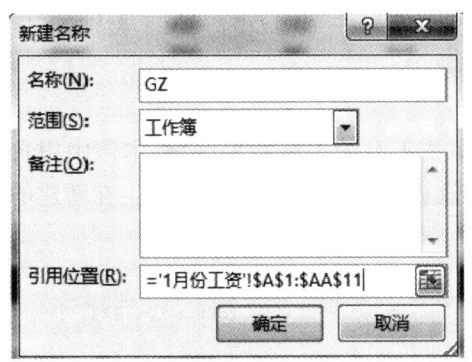

图 4-30　选定区域命名为"GZ"

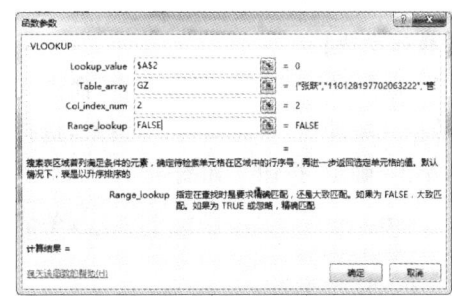

图 4-31　输入 VLOOKUP 函数参数

（4）将 B2 单元格的公式复制到其他单元格，并修改"col_index_num"参数，即按照此项在"GZ"中的位置进行对应的列数修改。

（5）在 A2 单元格中输入"曾加"，即可查询该员工的工资情况，查询结果如图 4-32 所示。

	A	B	C	D	E	F	G	H	I	J
1	姓名	身份证号	部门	性别	员工类别	基本工资	岗位工资	销售额	销售额提成	
2		110108197311188976	生产部	男	生产管理	5700	800	0	0	
3		奖金	应发合计	事假天数	事假扣款	病假天数	病假扣款	其他扣款	扣款合计	
4	曾加	500	7000	15		2100			2100	
5		应发工资	社保定额缴费基数	养老保险	医疗保险	失业保险	应扣社保合计	实发合计	代扣税	实发工资
6		4900	6400	512	128	12.8	652.8	4247.2	0	4247.2

图 4-32　员工"曾加"工资查询结果

操作注意事项

设置 VLOOKUP 函数的"lookup_value"参数时，要用绝对引用"A2"单元格，如果不用绝对引用，在复制公式时，其他单元格的"lookup_value"参数会因为相对引用不再是"A2"单元格，还需要逐一修改公式才能得到正确的数值。

💡 **提示**

1. 在公式设置时,要查找的值"lookup_value"应视需求而定,"姓名"不是唯一选择,也可以设置为"员工编号"等唯一身份识别信息。

2. 需要查询的工资项目也可以根据实务需要自由设置。

二、工资数据的汇总分析

财务人员在进行工资费用的分配时,受益部门不同,员工类别不同,工资费用的账务处理不同,所以企业往往需要根据部门及员工类别进行工资费用汇总,进而完成相应的账务处理。

【案例 4-5】 承接[案例 4-1]及[案例 4-2],计算每一部门及每一员工类别的"应发工资""应扣社保合计""代扣税"和"实发工资"汇总数。

【操作步骤】

(1)选择"插入"|"数据透视表"命令,选择需要汇总的工资数据区域(本例中用自动选定的数据区域即可,不需要自行选择),选择数据透视表产生的位置,选择产生在新建的工作表上,单击"确定"按钮。如图 4-33 所示。

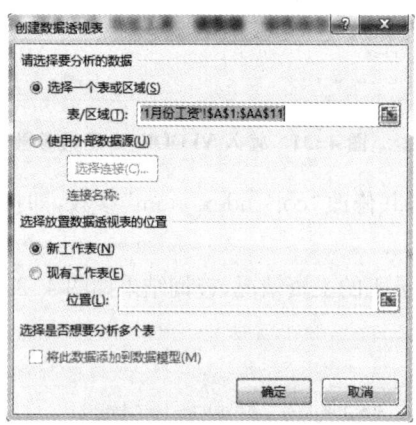

图 4-33　创建数据透视表

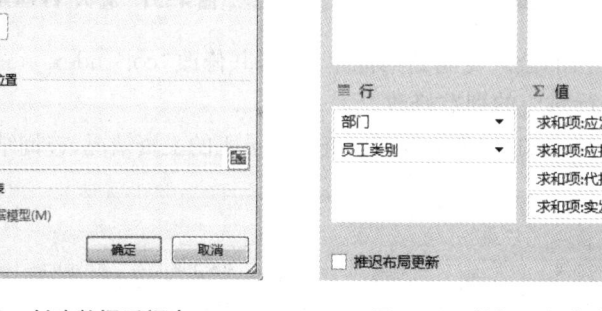

图 4-34　数据透视表字段设置

(2)选择需要添加到报表的字段,分别选择"部门"和"员工类别"拖到"行"区域;选择"应发工资""应扣社保合计""代扣税"和"实发工资"拖到"值"区域。字段设置及数据透视表如图 4-34、图 4-35 所示。

	部门	员工类别	求和项:应发工资	求和项:应扣社保合计	求和项:代扣税	求和项:实发工资
	管理部	公司管理	14180	1520	141.9	14038.1
	管理部 汇总		14180	1520	141.9	14038.1
	生产部	生产工人	10430	1170	0	10427
		生产管理	3350	500	0	3350
	生产部 汇总		13780	1670	3	13777
	销售部	销售管理	4986.36	550	44.59	4941.77
		销售人员	7130	770	11.4	7118.6
	销售部 汇总		12116.36	1320	55.99	12060.37
	总计		40076.36	4510	200.89	39875.47

图 4-35　数据透视表

 提示

1. 根据公司不同需求,可以将数据透视表做成更直观的数据透视图,Excel2013 版本有着更直观的界面和更多样化的选择。

2. 财务核算往往需要文中提到的"应发工资""应扣社保""代扣税"和"实发工资"四个项目的汇总数,实务中,企业应根据自身需要灵活设置。

本 章 小 结

本章主要学习了:使用 Excel 进行员工工资表的制作;设置数据验证以确保输入数据的有效性;利用 ROUND 函数,IF 函数,MAX 函数等设置工资项目公式;在工资表中输入项目数据并使用筛选命令,VLOOKUP 函数及数据透视功能进行工资数据查询和汇总分析。

本 章 重 要 概 念

数据验证　序列　代扣社保　代扣税　IF 函数　ROUND 函数　MAX 函数 VLOOKUP 函数　数据透视表

思 考 与 练 习

1. 设置工资表时,一般应设置哪些项目?
2. ROUND 函数的功能是什么?
3. 公式设置代扣税有几种方法?
4. 简述如何利用 Excel 进行工资汇总并进行后续财务核算?

推 荐 阅 读 资 料

[1] 崔杰,姬昂,崔婕. Excel 在会计和财务中的应用[M]. 5 版. 北京:清华大学出版社,2015.
[2] 神龙工作室. Excel 在会计与财务管理日常工作中的应用[M]. 北京:人民邮电出版社,2010.

第五章 Excel 在固定资产管理中的应用

内容简介

本章主要讲解了运用 Excel 建立固定资产管理记录表,计提固定资产折旧的函数以及固定资产数据的查询与汇总方法;本章重点为计提固定资产折旧的函数;难点为五种固定资产计提折旧函数参数的设置。

学习目的和要求

通过本章的学习,学生应掌握运用 Excel 计提固定资产折旧的函数以及固定资产数据的查询与汇总方法;明确固定资产的相关概念;了解固定资产管理记录表的内容。

固定资产由于其特殊性,在企业资产管理中,处于举足轻重的地位。一般而言,其重要性体现在以下几个方面:

(1) 固定资产是生产资料,是物质生产的基础。

(2) 固定资产单位价值高,所占资金比重大。与流动资产相比,固定资产的购置或取得,通常要花费较大的代价。在绝大多数企业中,固定资产所占的资金在其资金总额中占有较大的比重。

(3) 固定资产的折旧计提对成本费用的影响较大。固定资产在使用过程中,它们的价值应以折旧的形式逐渐转移到产品或服务成本中去。由于固定资产的价值较大,即使其折旧计提几乎贯穿整个使用期间,在某一会计期间计入产品或服务成本中的折旧额依然较大,所以固定资产的折旧计提方法是否相同,折旧额的计算是否正确,将在很大程度上影响当期的成本费用水平以及固定资产的净值。

(4) 固定资产管理工作的难度较大,问题较多。由于企业的固定资产种类多、数量大、使用分散并且使用期限较长,在使用和管理中容易发生损坏、遗失等情况,因此对各类固定资产的管理方法各不相同。

第一节 固定资产概述

一、固定资产的概念

固定资产是指企业拥有或控制的,使用期限超过 1 年的房屋、建筑物、机器、机械、运输工具以及其他生产、经营有关的设备、器具、工具等。不属于生产经营主要设备的物品,单位价值在 2 000 元以上,并且使用年限超过 2 年的,也应当作为固定资产。

二、固定资产的分类

企业固定资产的种类很多,根据不同的分类标准,可以分成不同的类别。企业应当选择适当的分类标准对固定资产进行分类,以满足经营管理的需要。固定资产可以按其经济用途、使用情况、产权归属、实物形态和使用期限进行分类核算。

1. 按经济用途分类

按经济用途不同,固定资产可以分为生产经营用固定资产和非生产经营用固定资产两类。

生产经营用固定资产是指直接服务于生产经营全过程的固定资产,如厂房、机器设备、仓库、销售场所、运输车辆等。非生产经营用固定资产是指不直接服务于生产经营,而是为了满足职工物质文化、生活福利需要的固定资产,如职工宿舍、食堂、托儿所、幼儿园、浴室、医务室、图书馆以及科研等其他方面使用的房屋、设备等固定资产。

固定资产按经济用途分类,可以归类反映企业生产经营用固定资产和非生产经营用固定资产之间的组成变化情况,借以考核和分析企业固定资产管理和利用情况,从而促进固定资产的合理配置,充分发挥其效用。

2. 按使用情况分类

按使用情况不同,固定资产可以分为使用中固定资产、未使用固定资产、不需用固定资产三类。

使用中固定资产是指企业正在使用的各种固定资产,包括由于季节性和大修理等原因暂时停用以及存放在使用部门以备替换使用的机器设备。未使用固定资产是指尚未投入使用的新增固定资产和经批准停止使用的固定资产。不需用固定资产是指企业不需用、准备处理的固定资产。

固定资产按使用情况进行分类,有利于企业掌握固定资产的使用情况,便于比较分析固定资产的利用效率,挖掘固定资产的使用潜力,促进固定资产的合理使用,同时也便于企业准确合理地计提固定资产折旧。

3. 按产权归属分类

按产权归属不同,固定资产可以分为自有固定资产和租入固定资产两类。

自有固定资产是指企业拥有的可供企业自由支配使用的固定资产;租入固定资产是指企业采用租赁方式从其他单位租入的固定资产。

4. 按实物形态不同,固定资产可以分为五大类

按实物形态不同固定资产可以分为房屋及建筑物、机器设备、电子设备、运输设备及其他设备五大类。

5. 按固定资产使用期限不同分类

按固定资产使用期限分为 3 年、4 年、5 年、10 年、20 年。

最短使用期为 3 年的如电子设备;最短使用期为 4 年的如火车、轮船以外的运输工具;最短使用期为 5 年的如与生产经营有关的器具、工具、家具等固定资产;最短使用期限为 10 年的如火车、轮船、机器、机械和其他生产设备;最短使用期为 20 年的如房屋、建筑物等固定资产。企业在对固定资产最短使用期限分类时,不能将不同使用年限的固定资产划为一类,以免影响固定资产折旧计提的正确性。

由于企业的经营性质不同,经营规模有大有小,对于固定资产的分类可以有不同的分类方法,企业可以根据自己的实际情况和经营管理、会计核算的需要进行分类。

第二节 固定资产数据管理

固定资产管理记录表由企业财会部门根据固定资产交接凭证的有关内容填制,需要详细填写该固定资产的名称、开始使用日期、原价、折旧等信息。通过 Excel 对固定资产取得的信息进行记录、查询、修改和删除,比纸质固定资产信息更加准确、快捷、方便,保管更加安全。

一、固定资产基本数据的输入

对固定资产进行独立的、详尽的记录,可以帮助企业加强对固定资产的管理。

【案例 5-1】 华夏公司针对固定资产分别登记以下相关信息:购置日期、资产类别、资产名称、增加方式、使用部门、数量、单价、金额合计、使用年限、预计净残值、累计折旧等。

【操作步骤】

(1) 打开一个空白工作簿,建立一个目前单位固定资产的资产类别、增加方式及使用部门的工作表,并将其重命名为"资产类别、增加方式和使用部门",如图 5-1 所示。

（2）在该工作表中选择 A2:A4 单元格区域，选择"公式"选项卡下的"定义名称"命令，打开"新建名称"对话框。在"名称"文本框中输入"资产类别"，如图 5-2 所示，单击"确定"，完成该区域名称的定义。用同样的方法，完成"增加方式"和"使用部门"的定义名称。

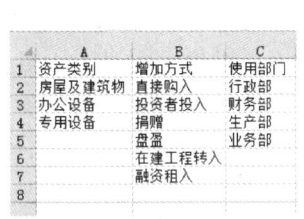

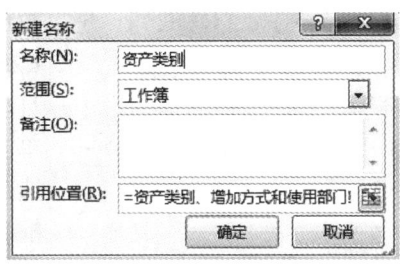

图 5-1 资产类别、增加方式和使用部门明细表　　**图 5-2 "资产类别"区域名称定义**

（3）在该工作簿中，将工作表 sheet 2 重命名为"固定资产管理记录表"，设置好相应的表头字段。

（4）选中当前工作表中的 B2:B20 单元格区域，选择"数据"选项卡，在其下的"数据工具"组中选择"数据验证"命令，即可打开"数据验证"对话框。在"设置"选项卡的"允许"下拉列表框中选择"序列"，在"来源"文本框中输入"＝资产类别"，如图 5-3 所示。单击"确定"，即可完成对 B2:B20 单元格区域的数据有效性设置。也可以先完成对 B2 单元格的数据有效性设置，B 列的其他单元格使用自动填充功能进行复制。用同样的方法，完成"增加方式"和"使用部门"的数据有效性设置。

图 5-3 "数据验证"设置

（5）输入完成固定资产管理记录表中的各相关记录。选择 I2:I20 单元格区域，在设置单元格格式对话框中，自定义设置数字格式，为预定使用年限加上单位"年"，如图 5-4 所示。

	购置日期	资产类别	资产名称	增加方式	使用部门	数量	单价	金额合计	使用年限	预计净残值	每期折旧金额	累计折旧	账面价值
1													
2	2017-2-17	房屋及建筑物	办公楼	在建工程转入	行政部	1	¥5,000,000.00	¥5,000,000.00	40年	¥50,000.00			
3	2017-3-25	办公设备	电脑	直接购入	行政部	5	¥6,000.00	¥30,000.00	5年	¥100.00			
4	2017-8-20	办公设备	打印机	直接购入	财务部	4	¥2,500.00	¥10,000.00	6年	¥100.00			
5	2019-1-2	办公设备	扫描仪	直接购入	财务部	2	¥1,500.00	¥3,000.00	5年	¥50.00			
6	2018-1-8	专用设备	A型车床	投资者投入	生产部	2	¥100,000.00	¥200,000.00	10年	¥1,000.00			
7	2018-3-12	专用设备	B型车床	投资者投入	生产部	3	¥150,000.00	¥450,000.00	10年	¥1,200.00			
8	2018-7-10	房屋及建筑物	车间	在建工程转入	生产部	1	¥500,000.00	¥500,000.00	30年	¥5,000.00			
9													
10													

图 5-4 固定资产管理记录表

图 5-5　筛选条件设置

二、数据的查询

当企业拥有的固定资产登记完毕后,由于固定资产数量众多,为了方便查找某一项固定资产,可以利用 Excel 提供的自动筛选命令,建立固定资产查询功能。自动筛选命令为用户提供了在具有大量记录的数据清单中快速查找符合某种条件记录的功能。使用自动筛选命令筛选记录时,字段名称将变成一个下拉列表的框名。

【例 5-2】　查询 2018 年至 2019 年最近两年购置的固定资产。

【操作步骤】

(1) 在"固定资产管理记录表"工作表内,单击 A1 栏,选择"数据"选项卡,在其下的"排序和筛选"组中选择"筛选"命令,单击 A1 栏右侧按钮，在"日期筛选"项目中取消"2014"和"空白",如图 5-5 所示。

(2) 设置完毕后,单击"确定",显示结果如图 5-6 所示。

	A	B	C	D	E	F	G	H	I	J	K	L
1	购置日期	资产类别	资产名称	增加方式	使用部门	数量	单价	金额合计	使用年限	预计净残值	累计折旧	账面价值
5	2019-1-2	办公设备	扫描仪	直接购入	财务部	2	¥1,500.00	¥3,000.00	5年	¥50.00		
6	2018-1-8	专用设备	A型车床	投资者投入	生产部	2	¥100,000.00	¥200,000.00	10年	¥1,000.00		
7	2018-3-12	专用设备	B型车床	投资者投入	生产部	3	¥150,000.00	¥450,000.00	10年	¥1,200.00		
8	2018-7-10	房屋及建筑物	车间	在建工程转入	生产部	1	¥500,000.00	¥500,000.00	30年	¥5,000.00		

图 5-6　"固定资产"数据查询结果

第三节　计提固定资产折旧

一、固定资产折旧概述

企业在用的固定资产(包括经营用固定资产、非经营用固定资产、租出固定资产)一般均应计提折旧,包括房屋和建筑物,在用的机器设备、仪器仪表、运输工具,季节性停用、大修理停用的设备,融资租入和以经营租赁方式租出的固定资产。

企业一般应按月提取折旧,当月增加的固定资产,当月不提折旧;当月减少的固定资产,当月照提折旧。

计提折旧的方法主要有平均年限法、工作量法、双倍余额递减法和年数总和法。

二、固定资产折旧函数

手工计算固定资产的折旧金额过程非常繁琐,但是,利用 Excel 中提供的函数可以自动生成固定资产折旧金额。具体处理折旧的函数有 7 个,每个折旧函数都有不同的使用方式,在此具体说明 5 个常用折旧函数。

 Excel 函数链接 5-1 ....

SLN 函数

【类型】财务函数

【功能】SLN 函数返回指定固定资产使用"直线折旧法"计算出的每期折旧金额。

【语法】SLN(cost，salvage，life)

cost：指固定资产的初始购置成本。

salvage：指固定资产的残值(预计残值)。

life：指固定资产的使用年限。

【提示】

(1) 以上各参数必须为正数。

(2) SLN()可对应年限平均法，也可对应工作量法。

(3) 在年限平均法中，life 单位可以为年、月。当为年时，表示计提年折旧额；为月时，表示计提月折旧额。在工作量法中，life 为总的工作量。

 Excel 函数链接 5-2 ....

SYD 函数

【类型】财务函数

【功能】SYD 函数返回指定固定资产在某段日期内按年数总和法计算出的每期折旧金额。

【语法】SYD(cost，salvage，life，per)

cost：指固定资产的初始购置成本。

salvage：指固定资产的残值(预计残值)。

life：指固定资产的使用年限。

per：指需要计算的某段日期，per 必须与 life 自变量采用相同的衡量单位。

【提示】

(1) 以上各参数必须为正数。

(2) life 必须大于或等于 period。

 Excel 函数链接 5-3 ....

DB 函数

【类型】财务函数

【功能】DB 函数返回利用固定余额递减法计算在一定日期内资产的折旧值。

【语法】DB(cost，salvage，life，period，month)

cost：指固定资产的初始购置成本。

salvage：指固定资产的残值(预计残值)。

life：指固定资产的使用年限。

period：指需要计算折旧的日期，使用时 period 必须与 life 使用相同的衡量单位。

month：指第一年的月份数，如果 month 自变量被省略，则假定其值为 12。

Excel 函数链接 5-4 ....

DDB 函数

【类型】财务函数

【功能】DDB 函数返回指定固定资产在指定日期内按加倍余额递减法或其他指定方法计算所得的折旧值。

【语法】DDB(cost, salvage, life, period, factor)

cost：指固定资产的初始购置成本。

salvage：指固定资产的残值(预计残值)。

life：指固定资产的使用年限。

period：指需要计算折旧的日期,使用时 period 必须与 life 使用相同的衡量单位。

factor：此参数用来指定余额递减的速率。如果该参数被省略,其假定值是 2(即采用双倍余额递减法)。

【提示】

(1) 以上各参数必须为正数。

(2) life 必须大于或等于 period。

(3) 该函数可以用于多倍余额递减法。

 Excel 函数链接 5-5 ....

VDB 函数

【类型】财务函数

【功能】VDB 函数返回指定固定资产在某一时段间的折旧数总额,折旧方式是使用倍率递减法计算的。

【语法】VDB(cost, salvage, life, start-period, end-period, factor, no-switch)

cost：指固定资产的初始购置成本。

salvage：指固定资产的残值(预计残值)。

life：指固定资产的使用年限。

start-period：此参数用来指定折旧数额的计算是从第几期开始,该参数必须与 life 自变量采用相同的衡量单位。

end-period：此参数用来指定折旧数额的计算是要算到第几期为止,该参数必须与 life 自变量采用相同的衡量单位。

factor：此参数用来指定余额递减的速率。如果该参数被省略,其假定值是 2(即采用双倍余额递减法)。

no-switch：此参数是个逻辑值参数,用于判断是否要在折旧数额大于递减余额法算出的数额时将折旧切换成直线法的折旧数额。如果 no-switch 为 TRUE,即使直线计算值大于余额递减计算值,Excel 也不转用直线折旧法。如果 no-switch 为 FALSE 或被忽略,则直线计算值大于余额递减计算值时,Excel 将转用直线折旧法。

【提示】

(1) start-period、end-period 与 period 单位必须一致。

(2) VDB 函数既可以计算年折旧额,也可以计算累计折旧额。当用 VDB 函数计算累计折旧额时,start-period 均设置为 0,而 end-period 设置为累计的期数。

延伸阅读 5-1 ....

DDB 函数与 VDB 函数的辨析

相同点:这两个函数均可用来计算指定日期内按加倍余额递减法计提的折旧额。

不同点:①VDB 函数既可以计算年折旧额,也可以计算累计折旧额;而 DDB 函数只能计算年折旧额。

②VDB 函数可指定当折旧值大于余额递减计算值时,是否转用直线折旧法;而 DDB 函数均采用指定的倍数递减。

三、折旧函数应用举例

【例 5-3】 以资产原值 100 万元,残值 5 万元,使用寿命 10 年为例,对 5 个折旧函数进行各方面的比较。

【操作步骤】

(1) 打开"固定资产管理"工作簿,将工作表 Sheet 3 重命名为"折旧方法比较表",设置工作表内容如图 5-7 所示。其中,单元格 E1 和单元格区域 A4:A14 自定义设置数字格式,为使用年限和折旧年数加上单位"年"。

	A	B	C	D	E	F	G	H	I	J	K
1	购买成本	¥1,000,000		使用年限	10 年		净残值		¥50,000		
2	折旧法	直线折旧法（SLN）		年数总和法（SYD）		固定余额递减法（DB）		双倍余额递减法（DDB）		变数余额递减法（VDB）	
3		折旧金额	剩余价值	折旧金额	剩余价值	折旧金额	剩余价值	折旧金额	剩余价值	折旧金额	剩余价值
4	0年										
5	1年										
6	2年										
7	3年										
8	4年										
9	5年										
10	6年										
11	7年										
12	8年										
13	9年										
14	10年										

图 5-7 固定资产"折旧方法比较表"

(2) 在 B4、D4、F4、H4、J4 单元格中均输入 0,因为在各种折旧算法中,年数为 0 时折旧金额均为 0。而计算折旧后的剩余价值=购买成本-累计折旧,故在单元格 C4 中输入公式"=$B$1-SUM($B$4:B4)",在单元格 E4 中输入公式"=$B$1-SUM($D$4:D4)",在单元格 G4 中输入公式"=$B$1-SUM($F$4:F4)",在单元格 I4 中输入公式"=$B$1-SUM($H$4:H4)",在单元格 K4 中输入公式"=$B$1-SUM($J$4:J4)",设置完毕后的结果如图 5-8 所示。

	A	B	C	D	E	F	G	H	I	J	K
1	购买成本	¥1,000,000		使用年限	10 年		净残值		¥50,000		
2	折旧法	直线折旧法（SLN）		年数总和法（SYD）		固定余额递减法（DB）		双倍余额递减法（DDB）		变数余额递减法（VDB）	
3		折旧金额	剩余价值	折旧金额	剩余价值	折旧金额	剩余价值	折旧金额	剩余价值	折旧金额	剩余价值
4	0年	¥0	¥1,000,000	¥0	¥1,000,000	¥0	¥1,000,000	¥0	¥1,000,000	¥0	¥1,000,000
5	1年										
6	2年										
7	3年										
8	4年										
9	5年										
10	6年										
11	7年										
12	8年										
13	9年										
14	10年										

图 5-8 固定资产"折旧方法比较表"——0 年

（3）在直线折旧法中输入函数与参数：选定单元格 B5，设置 SLN 函数的参数如图 5-9 所示。

（4）单击"确定"。利用自动填充功能，把单元格 B5 的公式复制到 B6：B14 单元格区域，把单元格 C4 的公式复制到 C5：C14 单元格区域，结果如图 5-10 所示。

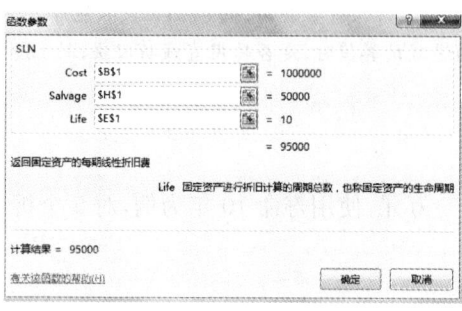

折旧法	直线折旧法（SLN）	
	折旧金额	剩余价值
0年	￥0	￥1,000,000
1年	￥95,000	￥905,000
2年	￥95,000	￥810,000
3年	￥95,000	￥715,000
4年	￥95,000	￥620,000
5年	￥95,000	￥525,000
6年	￥95,000	￥430,000
7年	￥95,000	￥335,000
8年	￥95,000	￥240,000
9年	￥95,000	￥145,000
10年	￥95,000	￥50,000

图 5-9　SLN 函数参数设置　　　　　图 5-10　SLN 函数折旧结果

（5）在年数总和法中输入函数与参数：选定单元格 D5，设置 SYD 函数的参数如图 5-11 所示。

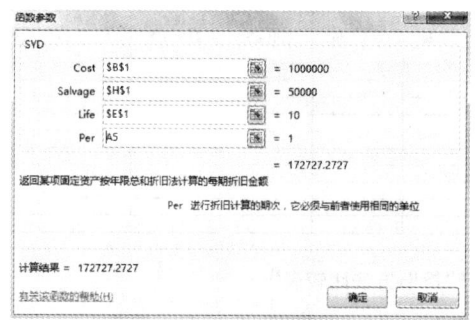

折旧法	年数总和法（SYD）	
	折旧金额	剩余价值
0年	￥0	￥1,000,000
1年	￥172,727	￥827,273
2年	￥155,455	￥671,818
3年	￥138,182	￥533,636
4年	￥120,909	￥412,727
5年	￥103,636	￥309,091
6年	￥86,364	￥222,727
7年	￥69,091	￥153,636
8年	￥51,818	￥101,818
9年	￥34,545	￥67,273
10年	￥17,273	￥50,000

图 5-11　SYD 函数参数设置　　　　　图 5-12　SYD 函数折旧结果

（6）单击"确定"。利用自动填充功能，把单元格 D5 的公式复制到 D6：D14 单元格区域，把单元格 E4 的公式复制到 E5：E14 单元格区域，结果如图 5-12 所示。

（7）在固定余额递减法中输入函数与参数：选定单元格 F5，设置 DB 函数的参数如图 5-13 所示。

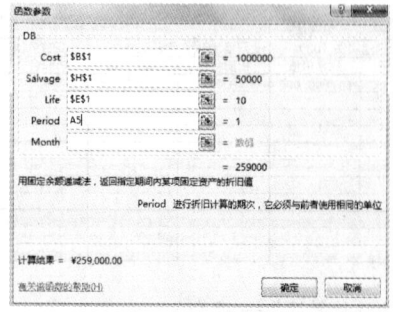

折旧法	固定余额递减法（DB）	
	折旧金额	剩余价值
0年	￥0	￥1,000,000
1年	￥259,000	￥741,000
2年	￥191,919	￥549,081
3年	￥142,212	￥406,869
4年	￥105,379	￥301,490
5年	￥78,086	￥223,404
6年	￥57,862	￥165,542
7年	￥42,875	￥122,667
8年	￥31,771	￥90,896
9年	￥23,542	￥67,354
10年	￥17,445	￥49,909

图 5-13　DB 函数参数设置　　　　　图 5-14　DB 函数折旧结果

（8）单击"确定"。利用自动填充功能，把单元格 F5 的公式复制到 F6：F14 单元格区域，把单元格 G4 的公式复制到 G5：G14 单元格区域，结果如图 5-14 所示。

（9）在双倍余额递减法中输入函数与参数：选定单元格 H5，设置 DDB 函数的参数如图 5-15 所示。

（10）单击"确定"。利用自动填充功能，把单元格 H5 的公式复制到 H6：H14 单元格区域，把单元格 I4 的公式复制到 I5：I14 单元格区域，结果如图 5-16 所示。

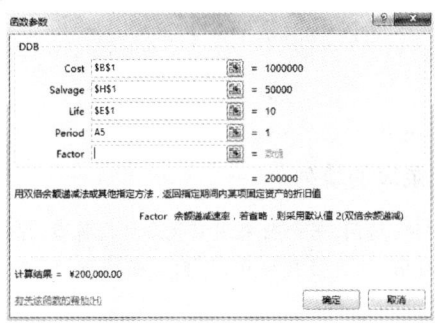

图 5-15 DDB 函数参数设置

图 5-16 DDB 函数折旧结果

（11）在变数余额递减法中输入函数与参数：选定单元格 J5，设置 VDB 函数的参数如图 5-17 所示。

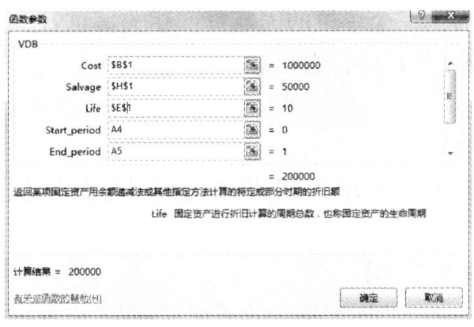

图 5-17 VDB 函数参数设置

图 5-18 VDB 函数折旧结果

（12）单击"确定"。利用自动填充功能，把单元格 J5 的公式复制到 J6：J14 单元格区域，把单元格 K4 的公式复制到 K5：K14 单元格区域，结果如图 5-18 所示。

（13）五种折旧方法的比较结果如图 5-19 所示。

图 5-19 固定资产折旧方法比较结果

操作注意事项

(1) 设置各折旧函数公式时,由于固定资产的原值、残值及使用寿命不变,因此要将公式中的引用改为绝对引用,再进行填充公式。

(2) 剩余价值＝购买成本－累计折旧,而累计折旧＝第1年至本年的年折旧之和,所以单元格C4的公式"＝＄B＄1－SUM(＄B＄4:B4)"中SUM(＄B＄4:B4)开始单元格固定,而结束单元格为可变的,用于计算不同年份的累计折旧。

相关思考 5-1

完成管理记录表的填列

通过学习固定资产计提折旧的五个函数的使用方法,请问:若企业采用直线法计提折旧,你能否将之前建立的记录表(图5-4)中的"本期计提折旧"及"累计折旧"项目填列完成,得到账面价值,从而完成记录表中所有的项目设置?

第四节 固定资产数据的查询与汇总

通过固定资产管理记录表,能够清楚地看到一个单位的固定资产相关信息,还可以通过建立各类统计图、数据透视表,进一步了解固定资产的汇总信息。

一、制作分类统计图

【例5-4】 按照"使用部门"对"固定资产管理记录表"工作表的记录进行汇总,并将汇总结果用柱形图表示出来。

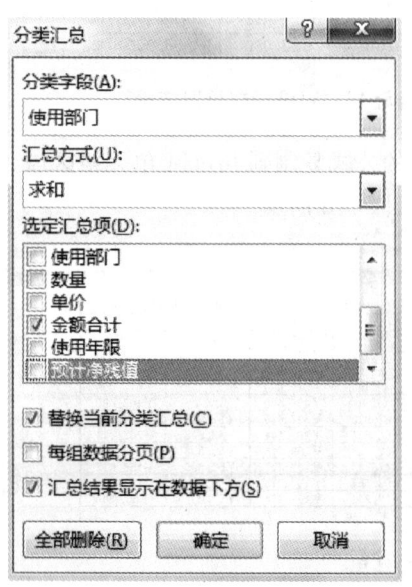

图 5-20 分类汇总设置

【操作步骤】

(1) 打开"固定资产管理记录表"工作表,选定A1:J8单元格区域,选择"数据"选项卡下的"分类汇总"命令,即可打开"分类汇总"对话框,设置"分类字段"为"使用部门",汇总方式为"求和","选定汇总项"为"金额合计",如图5-20所示。

(2) 单击"确定",显示分类汇总结果如图5-21所示。

(3) 在分类汇总后的记录表中,[1|2|3]用来区分分类汇总层次,单击"2",则将使用部门的明细隐藏起来,只显示分类汇总的结果,如图5-22所示。

(4) 选择包含使用部门和金额合计的E4:H11单元格区域,选择"插入"选项卡下的"柱形图"命令。选择"图表工具"选项卡下"设计"命令中的"选择数据",删除"数量"和"单价"系列,仅保留"金额合计"系列,如图5-23所示。

1 2 3		A	B	C	D	E	F	G	H	I	J
	1	购置日期	资产类别	资产名称	增加方式	使用部门	数量	单价	金额合计	使用年限	预计净残值
	2	2017-2-17	房屋及建筑物	办公楼	在建工程转入	行政部	1	¥5,000,000.00	¥5,000,000.00	40年	¥50,000.00
	3	2017-3-25	办公设备	电脑	直接购入	行政部	5	¥6,000.00	¥30,000.00	5年	¥100.00
	4					**行政部 汇总**			¥5,030,000.00		
	5	2017-8-20	办公设备	打印机	直接购入	财务部	4	¥2,500.00	¥10,000.00	6年	¥100.00
	6	2019-1-2	办公设备	扫描仪	直接购入	财务部	2	¥1,500.00	¥3,000.00	5年	¥50.00
	7					**财务部 汇总**			¥13,000.00		
	8	2018-1-8	专用设备	A型车床	投资者投入	生产部	2	¥100,000.00	¥200,000.00	10年	¥1,000.00
	9	2018-3-12	专用设备	B型车床	投资者投入	生产部	3	¥150,000.00	¥450,000.00	10年	¥1,200.00
	10	2018-7-10	房屋及建筑物	车间	在建工程转入	生产部	1	¥500,000.00	¥500,000.00	30年	¥5,000.00
	11					**生产部 汇总**			¥1,150,000.00		
	12					**总计**			¥6,193,000.00		
	13										

图 5-21　分类汇总结果

1 2 3		A	B	C	D	E	F	G	H
	1	购置日期	资产类别	资产名称	增加方式	使用部门	数量	单价	金额合计
	4					**行政部 汇总**			¥5,030,000.00
	7					**财务部 汇总**			¥13,000.00
	11					**生产部 汇总**			¥1,150,000.00
	12					**总计**			¥6,193,000.00
	13								

图 5-22　分类汇总结果

（5）在图表上方出现文本框"图表标题"，将其修改为"固定资产使用部门汇总图"。选择"图表工具"选项卡下"设计"命令中的"添加图表元素"，选择"轴标题"，分别设置"主要横坐标轴"为"使用部门"，"主要纵坐标轴"为"金额"，添加后如图 5-24 所示。

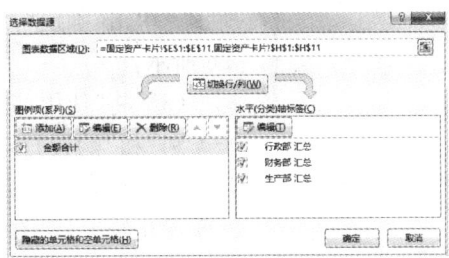

图 5-23　汇总图数据源设置

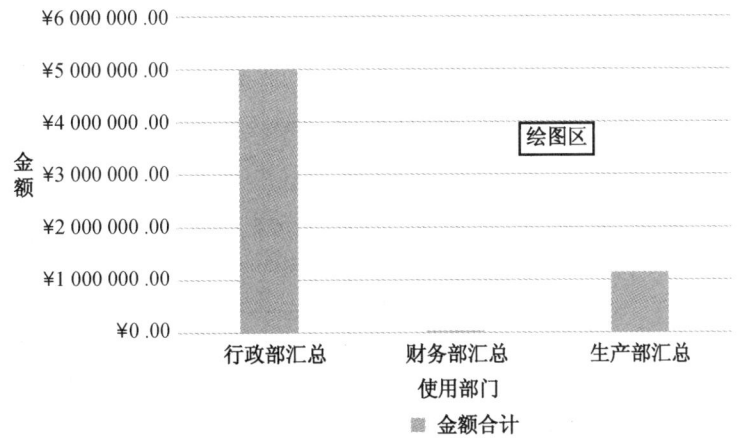

图 5-24　固定资产使用部门汇总图

💡 **提示**

1. 图表内容添加完成后,还可以通过设置背景墙和地板格式,并选择相应的填充颜色等方法进行美化。

2. 如果要取消分类汇总的显示结果,可以先选择分类汇总数据中的任意一个单元格,然后单击"数据"选项卡下"分级显示"组中的"分类汇总"按钮,在弹出的"分类汇总"对话框中,单击"全部删除"按钮,即可恢复原有表格数据。

二、制作数据透视图

【例 5-5】 按照"购置日期""资产类别"和"使用部门"对"固定资产管理记录表"工作表的记录以"金额合计"进行汇总分析。

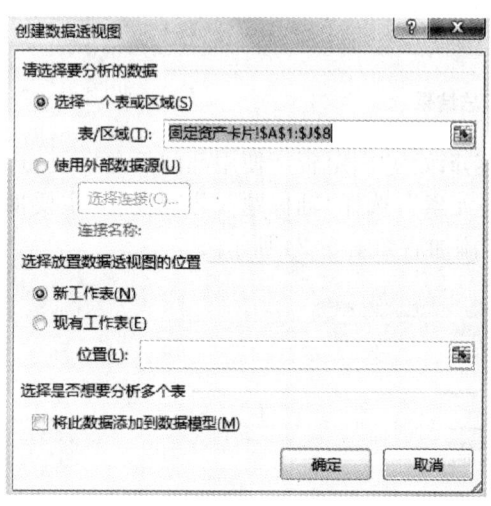

图 5-25 创建数据透视图

【操作步骤】

(1) 打开"固定资产管理记录表"工作表,选定 A1:J8 单元格区域,选择"插入"选项卡下的"图表"区域内的"数据透视图"命令。

(2) 打开"创建数据透视图"对话框,选择要分析数据的数据源区域为 $A$1:$J$8,放置数据透视表的位置为"新工作表",如图 5-25 所示。单击"确定",新的数据透视图框架如图 5-26 所示。

(3) 将"使用部门"拖至"图列"区域,将"资产类别"和"购置日期"拖至"轴"区域,将"金额合计"拖至"值"区域,需要的数据透视表和透视图就建立好了,如图 5-27 所示。

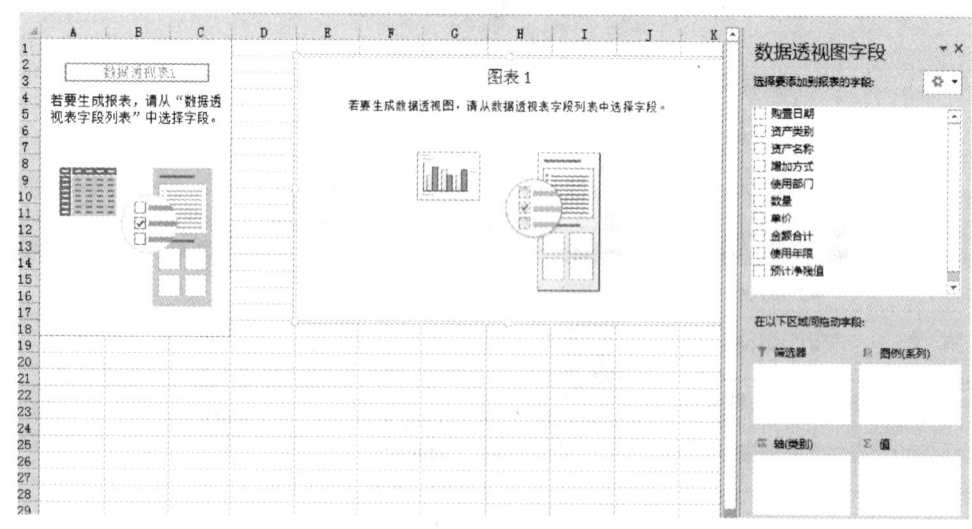

图 5-26 设置数据透视图字段列表

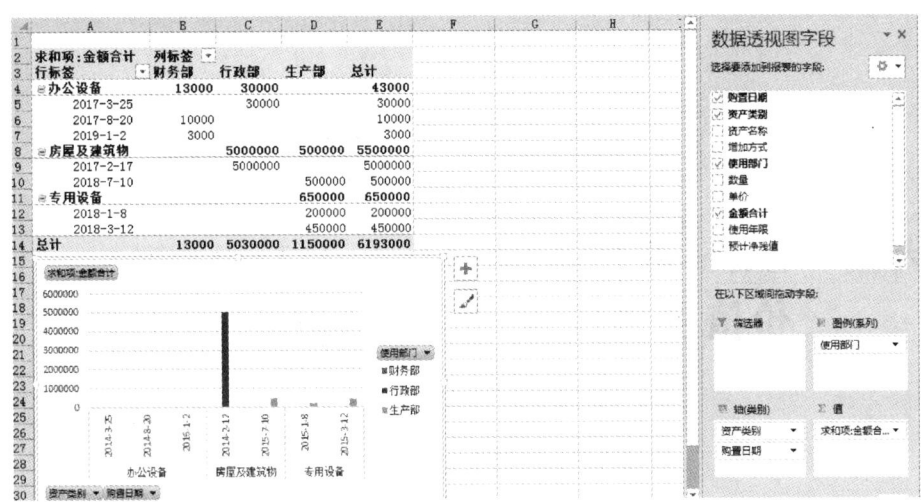

图 5-27　数据透视图表

 提示

1. 执行"插入"|"图表"|"数据透视图"命令,会同时创建数据透视图和数据透视表。
2. 数据透视图和数据透视表两者是相关联的,改变其中一个的布局,另一个也会随着改变。

本章小结

　　本章主要学习运用 Excel 对固定资产进行管理的内容及方法,通过讲授要求明确固定资产的相关概念,掌握运用 Excel 计提固定资产折旧的五个函数;需结合实务着重了解运用 Excel 建立固定资产管理记录表的内容;为运用 Excel 进行会计和财务管理涉及的各项内容奠定良好的基础。

本章重要概念

　　固定资产　固定资产管理记录表　固定资产折旧　SLN 函数　SYD 函数　DB 函数
DDB 函数　VDB 函数

思考与练习

1. 固定资产计提折旧的函数有哪些? 每个函数的参数有何区别?
2. 如何用 Excel 填制固定资产管理记录表?

推荐阅读资料

［1］余笛.Excel 在中小企业固定资产管理中的应用[J].财会月刊,2015(19).
［2］许工荣.运用 Excel 管理固定资产卡片账[J].中国管理信息化.2014(22).

第六章 Excel 在货币时间价值中的应用

内容简介

本章主要讲解了货币时间价值、单利、复利和年金的含义;利用 FV 函数计算货币的终值,包括复利终值、普通年金终值和先付年金终值;利用 PV 函数计算货币的现值,包括复利现值、普通年金现值、先付年金现值和递延年金现值;利用 PMT 函数计算年金,包括偿债基金和资本回收额,本章重点是运用 FV 函数计算货币的终值,利用 PV 函数计算货币的现值。本章难点是利用 PMT 函数计算年金。

学习目的和要求

通过本章学习,学生应掌握 FV 函数、PV 函数、PMT 函数;利用 FV 函数计算复利终值、普通年金终值和先付年金终值;利用 PV 函数计算复利现值、普通年金现值、先付年金现值和递延年金现值;利用 PMT 函数计算偿债基金和资本回收额。了解货币时间价值、单利、复利及年金的概念。

引例　Excel 在货币时间价值中的运用

假设你打算购买房屋,银行贷款利率为 5%,复利计息,开发商提出以下几种方案:

方案一:现在一次性支付 100 万元;

方案二:10 年后一次性支付 150 万元;

方案三:每年年末付 12 万元,连续支付 10 年;

方案四:每个月月初支付 0.6 万元,连续支付 20 年;

方案五:每个月月初支付 0.7 万元,连续支付 10 年,第 10 年年末一次性支付 50 万元。

通过本章的学习,你应该能够使用 Excel 建立模型进行求解!

第一节 | 货币时间价值概述

一、货币时间价值的概念

货币时间价值是指货币经历一定时间的投资和再投资所增加的价值。

在商品经济中,有这样一种现象,即现在的 1 元钱和 1 年后的 1 元钱其经济价值不等,或者说其经济效用不同。现在的 1 元钱,比 1 年后的 1 元钱的经济价值要大一些,即使不存在通货膨胀也是如此。为什么会这样呢?例如,将现在的 1 元钱存入银行,存款利率为 3%,那么 1 年后可得到 1.03 元。这 1 元钱经过 1 年的时间增加了 0.03 元,这就是货币的时间价值。也就是说,货币的时间价值是货币在周转使用中由于时间因素所形成的差额价值,是货币在生产经营过程中带来的增值额,其实质是剩余价值的转化形式。

货币时间价值有两种表示形式,一种是绝对数形式,即货币时间价值额;另一种是相对数形式,即货币时间价值率。货币时间价值率是指没有风险和没有通货膨胀条件下的社会平均资金利润率。

二、货币时间价值计算方法

在进行货币时间价值计算时,利息的计算有两种计算方法:单利和复利。

1. 单利计息方式

单利计息方式下,每期都按初始本金计算利息,当期利息即使不取出也不计入下期的计息基础,每期的计息基础不变。现行的银行存款计息方法采用的就是单利计息法。

2. 复利计息方式

复利计息方式下,每期都按上期期末的本利和作为当期的计息基础,即通常说的"利滚利",不仅要对初始本金计息还要对上期已经产生的利息再计息,每期的计息基础都在变化。

年金是指等额、定期的现金流入或现金流出。例如,分期付款赊购、分期偿还贷款、发放养老金、分期支付工程款、每年相同的销售收入等,都属于年金收付形式。年金是按复利计息方式进行计算的。年金应同时满足两个条件:连续性和等额性。

年金按其每次收付款项发生的时点不同,可以分为普通年金、先付年金、递延年金、永续年金等类型。

第二节 货币时间价值指标的计算

一、终值时间价值指标

(一) 终值时间价值指标计算

终值指标计算包括复利终值、普通年金终值和先付年金终值的计算。

1. 复利终值的计算

复利终值是指一定数量的本金在一定的利率下按照复利计算出的若干时期以后的本利和。复利终值的计算公式为:

$$F = P \times (1+i)^n = P \times (F/P, i, n)$$

2. 普通年金终值的计算

普通年金终值是指其最后一次收付时的本利和,它是每次收付的复利终值之和。其公式如下:

$$F = A \times \frac{(1+I)^n - 1}{i} = A \times (F/A, i, n)$$

3. 先付年金终值的计算

先付年金终值的计算公式为:

$$F_n = A \times \left[(F/A, i, n+1) - 1 \right] = A \times \left[\frac{(1+i)^{n+1} - 1}{i} - 1 \right]$$

(二) 终值时间价值指标计算模型

 Excel 函数链接6-1

....

FV 函数

【类型】财务函数

【功能】基于固定利率及等额分期付款方式或一次性付款方式,返回某项投资的未来值。

【语法】FV(rate, nper, pmt, pv, type)

rate:为各期利率,是一固定值;

nper:为总投资(或贷款)期,即该项投资(或贷款)的付款期总数;

pmt:为各期所应付出(或得到)的金额,其数值在整个年金期间(或投资期内)保持不变;

pv:为现值,即从该项投资(或贷款)开始计算时已经入账的款项或一系列未来付款当前值的累积和,也称为本金;

type:为数字0或1,用以指定各期的付款时间是在期初还是期末,type为0表示期末,type为1表示期初。

【提示】

(1) 应确认所指定的 rate 和 nper 单位的一致性。例如,同样是4年期年利率为12%的贷款,如果按月支付,rate 应为 12%/12,nper 应为 4 * 12;如果按年支付,rate 应为 12%,nper 为 4。

(2) 如果忽略 pmt,则必须包括 pv 参数;反之,如果省略 pv,则假设其值为零,并且必须包括 pmt 参数。也就是说 FV 函数中必须包含 pmt 参数或 pv 参数。

(3) FV 函数认定年金 pmt 和现值 pv 现金流量的方向与计算出的终值现金流量的方向是相反的,为了使计算出的终值能显示为正数,应在输入 pmt 或 pv 参数时添加上负号。

(4) 如果省略 type,则默认其值为零。

(5) FV 函数可以用于计算复利终值、年金终值或两者的合计数。

【案例 6-1】 华夏公司发生如下业务:

(1) 向银行借款 1 000 万元,期限 5 年,复利计息,到期一次还本付息,问 5 年后华夏公司应向银行偿还多少万元?

(2) 计划在 5 年内每年年末从银行借款 20 万元用于投资,5 年末偿还,问第 5 年年末公司应付的本息是多少?

(3) 计划采用分期付款购买设备,每年年初支付 2 万元,连续支付 6 年,问至第 6 年年末公司共支付了多少元?

(4) 公司准备 5 年后更换一台设备,为此公司将 5 万元存入银行,计划此后的 5 年中,每月末存入银行 0.5 万元,按月复利计息,问第 5 年年末该设备价值为多少元?

假定年利率 8%。

要求:设计一个可以用来计算复利终值、普通年金和先付年金终值以及复利终值、年金终值两者合计的模型。

【操作步骤】

(1) 新建的工作簿重命名为“6 章 Excel 在货币时间价值中的应用. xlsx”。

(2) 打开“6 章 Excel 在货币时间价值中的应用. xlsx”工作簿,双击“sheet1”工作表标签,将其重命名为“终值”,设计已知条件区域和计算结果区域的格式,如图 6-1 所示。

	A	B	C	D	E	F	G	H
1	已知条件							
2	复利终值		普通年金终值		先付年金终值		复利终值、年金终值两者合计	
3	本金（元）	10 000 000	年金（元）	200 000	年金（元）	20 000	本金（元）	50 000
4							年金（元）	5 000
5	期限（年）	5	期限（年）	5	期限（年）	6	期限（年）	5
6	年利率	8%	年利率	8%	年利率	8%	年利率	8%
7								
8	计算结果区域							
9	复利终值							
10	普通年金终值							
11	先付年金终值							
12	复利终值、年金终值两者合计							

图 6-1 已知条件和计算结果区域

(3) 选择 C9 单元格单击“公式”|“财务”命令,选择 FV 函数,打开 FV 函数选项板,在 FV 函数选项板中设置有关的参数,如图 6-2 所示,单击“确定”按钮。

(4) 选择 C10 单元格,输入公式“=FV(D6,D5,-D3,,0)”。

(5) 选择 C11 单元格,输入公式“=FV(F6,F5,-F3,,1)”。

(6) 选择 C12 单元格,输入公式“=FV(H6/12,H5*12,-H4,-H3,0)”。

模型运行结果如图 6-3 所示。

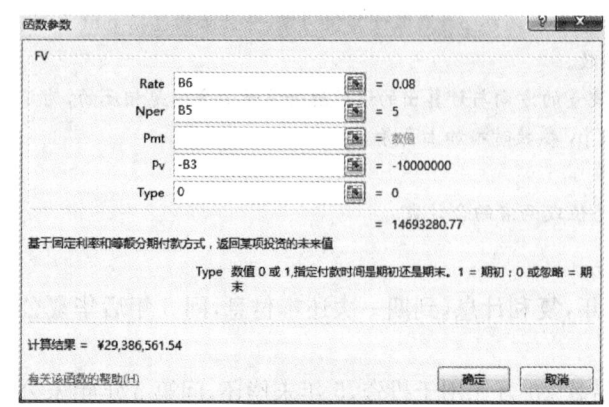

图 6-2　FV 函数选项板

	A	B	C
8		计算结果区域	
9	复利终值		¥14 693 280.77
10	普通年金终值		¥1 173 320.19
11	先付年金终值		¥158 456.07
12	复利终值、年金终值两者合计		¥441 876.57

图 6-3　利用 FV 函数计算终值的结果

操作注意事项

1. 为了保证最后结果显示为正数,在 FV 函数中输入 pv 参数或者 pmt 参数时,应先输入"—"。

2. 若忽略 pv 参数或者 pmt 参数时,在输入 FV 函数时,应保证参数位置的正确性,如计算复利终值公式应输入"＝FV(B6，B5，，－B3，0)",而非"＝FV(B6，B5，－B3，，0)"。

3. 计算"复利终值、年金终值两者合计"时,年利率和期限应折算为月利率和月数,即年利率/12,年数＊12。

? 相关思考 6-1

递延年金终值如何计算?

王先生准备 3 年后每月月末将 500 元存入银行,假设银行存款月利率为 0.5%,按月复利计息。请问:5 年后王先生存款本利和为多少元?

二、现值时间价值指标

(一)现值时间价值指标的计算

现值指标计算包括复利现值、普通年金现值、先付年金现值、递延年金现值、永续年金现值的计算。

1. 复利现值的计算

复利现值是指未来某一特定时间的资金按复利计算的现在的价值。其计算公式为:

$$P = \frac{F}{(1+i)^n} = F \times (P/F, i, n)$$

2. 普通年金现值的计算

普通年金现值是指为在每期期末收付相等金额的款项,现在需要投入或收取的金额。

其计算公式为:

$$P = A \times \frac{1 - (1+i)^{-n}}{i} = A \times (P/A, i, n)$$

3. 先付年金现值的计算

先付年金现值的计算公式为:

$$P_0 = A \times [(P/A, i, n-1) + 1] = A \times \left[\frac{1 + (1+i)^{-(n-1)}}{i} + 1 \right]$$

4. 递延年金现值的计算

递延年金现值的计算公式为:

$$P_0 = A \times (P/A, i, n) \times (P/F, i, m) = A \times (P/A, i, m+n) - A \times (P/A, i, m)$$

其中:m 表示递延期数,n 为计算利息的期数,即计息期。

5. 永续年金现值的计算

永续年金是无限期发生的年金,不会有终值。若年金为 A,贴现率为 i,则永续年金的现值计算公式为:

$$P = \frac{A}{i}$$

永续年金现值的计算很简单,只需在某一单元格中直接输入计算公式即可。

(二) 现值时间价值指标的计算模型

 Excel 函数链接 6-2 ....

PV 函数

【类型】财务函数

【功能】基于固定利率及等额分期付款方式或一次性付款方式,返回某项投资的现值。

【语法】PV(rate,nper,pmt,fv,type)

fv:为未来值,或在最后一次支付后希望得到的现金余额,如果省略 fv,则默认其值为零;其他各参数含义见前述的 FV 函数。当参数 pmt＝0 时(或省略时),利用 PV 函数就可以求得未来一笔款项的复利现值。

【提示】

(1) PV 函数与 FV 函数一样,在认定年金 pmt 和终值 fv 现金流量的方向与计算出的现值现金流量方向相反,即如果年金 pmt 和终值 fv 是付款,计算出的现值则为收款;反之,如果年金 pmt 和终值 fv 是收款,计算出的现值则为付款。因此,当 pmt 和 fv 参数都以正数存放在工作表的单元格中时,为了使计算出的现值能显示为正数,应在输入 pmt 和 fv 参数时加上负号。

(2) PV 函数可以用于计算复利现值,年金现值或两者的合计数。

【案例 6-2】 华夏公司发生如下业务:

(1) 计划在 5 年后获得一笔资金 1 000 万元,问现在应该一次性地投入多少资金?

(2) 计划购买办公楼,此办公楼需每年年末付 12 万元,连续支付 10 年,方可取得所有权,求该办公楼现在的价值?

(3) 预计分期付款购买一机器设备,每年年初支付 20 000 元,支付 6 年,该项分期付款相当于一次现金支付的购买价是多少?

（4）有一项年金,前3年无流入,后5年每年年末流入500万元,那么该项年金的现值是多少万元?

（5）欲设立一项职工教育基金,用于职工培训,预计每年的培训费用需要20 000元,则企业现值应一次性存入银行多少钱?

假定年利率为8%。

要求:设计一个可以用来计算复利现值、普通年金现值、先付年金现值、递延年金现值以及永续年金现值的模型。

【操作步骤】

（1）打开"6章 Excel在货币时间价值中的应用.xlsx"工作簿,双击"sheet2"工作表标签,将其重命名为"现值",在"现值"工作表中,设计已知条件区域和计算结果区域的格式,如图6-4所示。

	A	B	C	D	E	F	G	H	I	J
1						已知条件				
2	复利现值		普通年金现值		先付年金现值		递延年金现值		永续年金现值	
3	本金（元）	10 000 000	年金（元）	120 000	年金（元）	20 000	年金（元）	5 000 000	年金（元）	20 000
4							期限（年）	5	年利率	8%
5	期限（年）	5	期限（年）	10	期限（年）	6	递延期（年）	3		
6	年利率	8%	年利率	8%	年利率	8%	年利率	8%		
7										
8		计算结果区域								
9	复利现值									
10	普通年金现值									
11	先付年金现值									
12	递延年金现值									
13	永续年金现值									

图6-4　已知条件和计算结果区域

（2）选择C9单元格单击"公式"|"财务"命令,选择PV函数,打开PV函数选项板,在PV函数选项板中设置有关的参数,如图6-5所示,单击"确定"按钮。

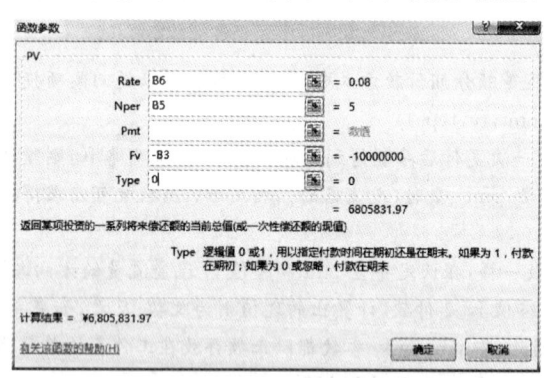

图6-5　PV函数选项板

（3）选择C10单元格,输入公式"=PV(D6,D5,-D3,,0)"。

（4）选择C11单元格,输入公式"=PV(F6,F5,-F3,,1)"。

（5）选择C12单元格,输入公式"=PV(H6,H5,,-PV(H6,H4,-H3,,0),0)",或者输入公式"=PV(H6,H4+H5,-H3)-PV(H6,H5,-H3)"。

（6）选择C13单元格,输入公式"=J3/J4"。

模型运行结果如图6-6所示。

	A	B	C
8	计算结果区域		
9	复利现值		¥6 805 831.97
10	普通年金现值		¥805 209.77
11	先付年金现值		¥99 854.20
12	递延年金现值		¥15 847 709.78
13	永续年金现值		¥250,000.00

图 6-6　利用 FV 函数计算终值的结果

 操作注意事项

　　1. 为了保证最后结果显示为正数,在 PV 函数中输入 fv 参数或者 pmt 参数时,应先输入"—"。

　　2. 若忽略 fv 参数或者 pmt 参数时,在输入 PV 函数时,应保证参数位置的正确性,如计算复利现值公式应输入"＝PV(B6, B5,,－B3, 0)",而非"＝PV(B6, B5,－B3, 0)";计算普通年金现值,可输入公式"＝PV(D6, D5,－D3,, 0)",也可输入"＝PV(D6, D5,－D3)"。

延伸阅读 6-1

每年多次计息情况下终值与现值的计算

　　如果给定的年利率为 i,每年计息 m 次,那么现在的一笔资金 P 在 n 年末的终值的计算公式为:

$$F = P \times \left(1 + \frac{i}{m}\right)^{mn}$$

　　如果给定的年利率为 i,每年计息 m 次,那么 n 年末的资金 F 的现值的计算公式为:

$$P = F \times \left(1 + \frac{i}{m}\right)^{-mn}$$

　　在计息周期短于一年的情况下,计算终值与现值时,应以期利率 i/m 代替原来的年利率,以总的计息期数 $n \times m$ 代替原来的年数来进行计算。因此,在这种情况下,同样可以利用 Excel 的 FV 函数和 PV 函数来计算终值和现值,只是需要将其中的 rate 参数以期利率输入,将 nper 参数以总的计息期数输入即可。

三、特殊年金时间价值指标

　　特殊年金时间价值指标计算主要包括计算偿债基金和计算资本回收额。

 Excel 函数链接 6-3

PMT 函数

【类型】财务函数
【功能】基于固定利率及等额分期付款方式,返回贷款的每期付款额。
【语法】PMT(rate,nper,pv,fv,type)

【提示】

(1) 如果忽略 fv,则必须包括 pv 参数;反之,如果省略 pv,则假设其值为零,并且必须包括 fv 参数。也就是说 PMT 函数中必须包含 fv 参数或 pv 参数。

(2) PMT 函数认定终值 fv 或现值 pv 现金流量的方向与计算出的年金现金流量的方向是相反的,为了使计算出的年金能显示为正数,应在输入 fv 或 pv 参数时添加上负号。

(一) 偿债基金的计算

偿债基金是指为使年金终值达到既定金额每年年末收付的年金数额。偿债基金的计算实际上就是年金终值的逆运算。其计算公式为:

$$A = F_A \times \frac{i}{(1+i)^n - 1}$$

式中: $\frac{i}{(1+i)^n - 1}$ 被称为偿债基金系数,可用 $(A/F, i, n)$ 来表示。

【案例 6-3】 华夏公司拟在 5 年后还清 1 000 万元债务,从现在起每年末等额存入银行一笔款项。假设年利率为 10%,每年需要存入多少万元?

要求:运用 Excel 计算偿债基金指标。

【操作步骤】

(1) 打开"6 章 Excel 在货币时间价值中的应用. xlsx"工作簿,双击"sheet3"工作表标签,将其重命名为"特殊年金时间价值",在"特殊年金时间价值"工作表中,设计已知条件区域和计算结果区域的格式,如图 6-7 所示。

	A	B	C	D	E
1	偿债基金				
2	已知条件			计算结果	
3	本金（万元）	1 000		偿债基金（万元）	￥163.80
4	期限（年）	5			
5	年利率	10%			

图 6-7 已知条件和计算结果区域

(2) 选择 E3 单元格单击"公式"|"财务"命令,选择 PMT 函数,打开 PMT 函数选项板,在 PMT 函数选项板中设置有关的参数,如图 6-8 所示。

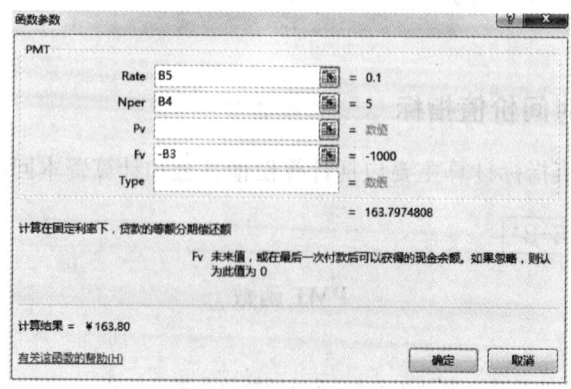

图 6-8 PMT 函数选项板

（3）单击"确定"按钮，模型运行结果如图 6-7 计算结果区域所示。

（二）资本回收额的计算

资本回收额是指在给定的年限内等额回收或清偿初始投入的资本或所欠的债务，这里的等额款项为年资本回收额。年资本回收额的计算是年金现值的逆运算，资本回收系数是年金现值系数的倒数。其计算公式为：

$$A = P \times \frac{i}{1-(1+i)^{-n}}$$

【案例 6-4】 华夏公司以 10% 的利率借款 20 000 元，投资于某个寿命为 10 年的项目，每年至少要收回多少现金才是有利的？

要求：运用 Excel 建立模型进行求解。

【操作步骤】

（1）打开"6 章 Excel 在货币时间价值中的应用.xlsx"工作簿，打开"特殊年金时间价值"工作表。

（2）在"特殊年金时间价值"工作表的单元格 A7 输入"资本回收额"，选择单元格区域 A7：E7，单击"合并后居中"命令，在单元格区域 A8：B11 输入已知条件，并在单元格区域 D8：E9 设计计算结果输出区域的格式，如图 6-9 所示。

	A	B	C	D	E
7			资本回收额		
8	已知条件			计算结果	
9	本金（元）	20 000		资本回收额（元）	￥3 254.91
10	期限（年）	10			
11	年利率	10%			

图 6-9 已知条件和计算结果区域

（3）选择 E9 单元格，输入公式"＝PMT（B11，B10，－B9）"。

模型运行结果，如图 6-9 计算结果区域所示。

 延伸阅读 6-2

NPER 函数

【类型】财务函数

【功能】基于固定利率及等额分期付款方式，返回某项投资的总期数。

【语法】NPER（rate，pmt，pv，fv，type）

【提示】

（1）应确认所指定的 rate 和 nper 单位的一致性。例如，同样是四年期年利率为 12% 的贷款，如果按月支付，rate 应为 12%/12，nper 应为 4 * 12；如果按年支付，rate 应为 12%，nper 为 4。

（2）如果省略 type，则默认其值为零。

【举例】某公司购买了一栋办公楼，需要向银行贷款 300 万元，利率 2.2%，每月有能力缴本息 30 000 元，请问要多久可以缴清贷款？本例子可以用 NPER 函数，以每月为一期，pv＝3 000 000，rate＝2.2%/12，pmt＝－30 000，fv＝0。输入函数"＝NPER（2.2%/12，－30 000，3 000 000，0）"返回 110.6，也就是说需要 110.6 个月才能缴清贷款。

延伸阅读6-3

RATE 函数

【类型】财务函数

【功能】基于等额分期付款的方式,返回某项投资或贷款的实际利率。

【语法】RATE(nper, pmt, pv, fv, type, guess)

guess 为预期利率(估计值)。

【提示】

(1) RATE 函数通过迭代法计算得出结果,并且可能无解或有多个解。如果在进行 20 次迭代计算后,RATE 函数的相邻两次结果没有收敛于 0.000 000 1,RATE 函数将返回错误值#NUM!。

(2) 如果省略预期利率,则假设该值为 10%,如果函数 RATE 不收敛,则需要改变 guess 的值。通常情况下当 guess 位于 0 和 1 之间时,函数 RATE 是收敛的。

【举例】如果存入银行 3 600 元存款,且今后每月末存入 500 元,预在 10 年后使得存款数额达到 100 000 元,计算月利率? 本例子可以使用 RATE 函数,nper = 10 * 12, pmt = -500, pv = -3 600, fv = 100 000。输入函数"=NPER(10 * 12, -500, -3 600, 100 000, 0)"返回 0.67%。

本 章 小 结

本章主要学习了:货币时间价值、单利、复利、年金;利用 Excel 的 FV 函数计算复利终值、普通年金终值、先付年金终值;利用 PV 函数计算复利现值、普通年金现值、先付年金现值、递延年金现值。

本章重要概念

货币时间价值 单利 复利 年金 复利现值 复利终值 普通年金现值 普通年金终值 先付年金终值 先付年金现值 递延年金现值 FV 函数 PV 函数 PMT 函数

思 考 与 练 习

1. 货币时间价值产生的原因?

2. 在 Excel 中如何设置递延年金现值计算的函数?

3. 举例说明 PV 函数的实例应用。

推荐阅读资料

[1] 韩良智.Excel 在财务管理中的应用[M].3 版.北京:清华大学出版社,2015.

[2] 丁昌萍,韩丹,宁方旭.Excel2010 财务应用教程[M].北京:人民邮电出版社,2015.

[3] 崔杰,姬昂,崔婕.Excel 在会计和财务中的应用[M].5 版.北京:清华大学出版社,2015.

第七章　Excel 在证券投资中的应用

内容简介

本章主要讲解了利用 Excel 进行证券投资分析的方法;包括债券估价以及债券投资收益率的计算;股票估价以及股票投资收益率的计算;利用资本资产定价模型对证券投资组合收益进行分析的方法;详细讲解了 PRICE 函数、YIELD 函数的使用。本章重点是债券估价、债券投资收益率计算、股票估价以及股票投资收益率的计算和证券投资组合的收益率计算。本章难点是债券估价和债券投资收益率计算。

学习目的和要求

通过本章学习,学生应掌握使用 PRICE 函数、PV 函数计算债券价格;掌握使用 RATE 函数、YIELD 函数计算债券投资收益率的方法;掌握股票估价、股票投资收益率的计算公式设置方法;掌握使用资本资产定价模型计算证券投资组合收益的方法。理解债券估价、债券投资收益率计算的基本原理;理解股票估价、股票收益率计算的基本原理;理解证券投资组合收益率计算的基本原理。了解 PRICEDISC 函数、PRICEMAT 函数、TBILLPRICE 函数的用法。

引例　Excel 证券投资分析的优势

　　证券投资是企业投资的重要组成部分,科学地进行证券投资管理,能增加企业收益,降低风险,有利于财务管理目标的实现。证券投资是投资人以购买有价证券的形式所进行的投资,科学地进行证券投资,可以在一定风险条件下有效地利用闲余资金,增加收益。证券投资主要有债券投资、股票投资和投资基金投资。相对而言,债券投资的风险小,但获利也小;股票投资的收益高,但风险也高;基金投资的收益和风险则介于债券投资和股票投资之间。收益和风险是投资者在进行证券投资时必然要关心的两大问题,证券投资最佳组合的决策就是要寻求在给定最低要求期望收益条件下使风险水平最低的投资组合,或者在限定某一最高风险水平下使期望收益最高的投资组合。

　　如果投资组合的证券种类繁多,那么计算工作量将非常大。假设组合中有 n 种证券,其中 i 证券在第 t 种情况下的预计期望收益率为 Ri,发生的概率为 Pt,投资组合中 i 证券所占的权重为 Wi。那么要进行投资组合决策,需要计算 n 个平均期望收益率值、n 个标准差的值,和 $n(n-1)/2$ 个协方差的值。如果用手工进行计算,即使借助于计算器,即使证券种类的数目不多,工作量也是非常大的。

　　借助于 Excel 提供的函数和规划求解工具,则可以轻松快捷地解决最佳投资组合问题。

第一节　证券投资概述

一、证券投资的概念

　　证券是指具有一定票面金额、代表财产所有权和债权、可以有偿转让的凭证,如股票、债券等。证券具有流动性、收益性和风险性三个特点。

　　有价证券是一种具有一定票面金额,证明持券人或证券指定的特定主体拥有所有权或债权的凭证。它是证明持券人有权按期取得一定收入,并可自由转让和买卖的所有权或债权证书,通常简称为证券。其主要形式有股票和债券两大类。其中债券又可分为公司债券、国家公债和不动产抵押债券等。有价证券本身并没有价值,只是由于它能为持有者带来一定的股息或利息收入,因而可以在证券市场上自由买卖和流通。

　　证券投资(Investment In Securities)是指投资者(法人或自然人)买卖股票、债券、基金等有价证券以及这些有价证券的衍生品,以获取差价、利息及资本利得的投资行为和投资过程,是间接投资的重要形式。

二、证券投资的种类

(一) 债券投资

　　债券投资是指投资者将资金投入各种债券,如国债、公司债和短期融资券等。相对于股票投资,债券投资一般风险较小,能获得稳定收益,但需要注意投资对象的信用等级。根据不同的分类标准,可对债券进行不同的分类:按发行主体的不同,债券可分为政府债券、金融债券、公司债券等几大类。按偿还期限的长短,债券可分为短期债券、中期债券、长期债券和永久债券。债券投资应考虑债券风险和收益以及投资期限。

　　一般政府债券、金融债券风险较小,企业债券风险较前两者大,但收益也依次增大;债券期限越长,利率越高、风险越高;期限越短,利率越低、风险越小。

(二) 股票投资

股票投资是指投资者购买其他企业发行的股票作为投资,如普通股、优先股股票等。股票投资风险较大,收益也相对较高。股票具有很强的政策性、规范性和技术性,是一项高收益、高风险的投资活动。在进行股票投资时,投资者一方面希望收益最大化,另一方面又要求风险最小,两者的平衡点,亦即在可接受的风险水平之内,实现收益最大化。要取得预期回报,必须掌握一定的投资分析方法。

(三) 组合投资

组合投资是指投资者将资金同时投放于债券、股票等多种证券,从而分散投资风险,获得较好的投资收益。组合投资是企业证券投资的常用投资方式,以达到在一定的约束下,实现投资收益最大化的基本目标。这种组合并非是若干个证券商品简单随意的拼凑,它应体现出投资者的意愿和所受的约束,是经过精心选择和科学搭配的,并可随时调整,使其不偏离投资者的预定目标,也就是在投资收益与风险的权衡中作出的最佳组合,也是希望达到投资本金安全、投资收入相对稳定并逐步实现资本增值的一个综合目标。

(四) 基金投资

基金投资是一种间接的证券投资方式。基金管理公司通过发行基金份额,集中投资者的资金,由基金托管人(即具有资格的银行)托管,由基金管理人管理和运用资金,从事股票、债券等金融工具投资,然后共担投资风险、分享收益。通俗地说,证券投资基金是通过汇集众多投资者的资金,交给银行保管,由基金管理公司负责投资于股票和债券等证券,以实现保值增值目的的一种投资工具。

第二节 | 债券投资分析

债券投资可以获取固定的利息收入,也可以在市场买卖中赚取差价。随着利率的升降,投资者如果能适时地买进卖出,就可获取较大收益。在我国,债券的利率高于银行存款的利率。投资于债券,投资者一方面可以获得稳定的、高于银行存款的利息收入,另一方面可以利用债券价格的变动,通过买卖债券来赚取价差。

债券投资需要考虑债券的票面价值、利率、偿还期限以及发行价格,综合评价债券投资的收益水平,主要有两个指标,即债券的价值和收益率。

一、债券的价值

(一) 债券估价的基本原理

根据资产的收入资本化定价理论,任何资产的价值都是在投资者预期的资产可获得的现金收入的基础上进行贴现决定的。债券价值是进行债券投资时投资者预期可获得的现金流入的现值。债券的现金流入主要包括利息和到期收回的本金或出售时获得的收入。

因此,债券价值是以市场利率为折现率,计算债券利息和持有至到期收回的本金(或售价)的现值之和,即:

$$债券价值 = 未来各期现金流入的现值合计$$

其中,未来的现金流入包括利息、到期的本金(面值)或售价(未持有至到期);计算现值时的折现率为等风险投资的必要报酬率。债券价值的计算公式因不同的计息方法,可以有以下几种表示方式。

1. 债券估价的基本模型

典型的债券是固定利率、每年计算并支付利息、到期归还本金。债券估价的基本模型计算公式如下:

$$债券价值＝未来各期利息的现值合计＋到期本金的现值$$

2. 其他模型

(1)平息债券。平息债券是指利息在到期时间内平均支付的债券。支付的频率可能是一年一次、半年一次或每季度一次等。平息债券价值的计算公式如下:

$$平息债券价值＝未来各期利息的现值＋面值(或售价)的现值$$

如果平息债券一年复利多次,计算价值时,通常的方法是按照周期利率折现。即将年数调整为期数,将年利率调整为周期利率。

(2)纯贴现债券。纯贴现债券是指承诺在未来某一确定日期单笔支付确定金额的债券。这种债券在到期日前购买人不能得到任何现金收入,因此也称作"零息债券"。有两种形式:不计利息到期还本和到期一次还本付息。

其中,不计利息到期还本的债券价值的计算公式如下:

$$债券价值＝到期本金的现值$$

到期一次还本付息的债券价值的计算公式如下:

$$债券价值＝到期本金及利息的现值$$

(3)永久债券。永久债券是指没有到期日,永不停止定期支付利息的债券。优先股实际上也是一种永久债券,如果公司的股利支付没有问题,将会持续地支付固定的优先股息。永久债券价值计算的公式如下:

$$债券价值＝债券年利息/折现率$$

（二）债券估价的基本模型

债券估价的基本模型是指按照复利方式计算每期的固定利息、到期一次归还本金的债券估价模型。下面介绍使用 PRICE 函数和 PV 函数计算债券的价值。

 Excel 函数链接 7-1 ....

PRICE 函数

【类型】财务函数

【功能】该函数用于返回面值为 100 元,且定期支付利息的有价证券的价格。

【语法】PRICE(settlement, maturity, rate, yld, redemption, frequency, basis)

settlement:该参数为证券的结算日。结算日是指在发行日之后,证券卖给购买者的日期。

maturity:该参数表示有价证券的到期日。到期日是指有价证券有效期截止时的日期。

rate:该参数表示有价证券的年票面利率。

yld：该参数为有价证券的年收益率。

redemption：该参数为面值 100 元的有价证券的清偿价值。

frequency：该参数表示年付息次数。如果按年支付，参数 frequency 等于 1；按半年期支付，参数 frequency 等于 2；如果按季支付，参数 frequency 等于 4。

basis：该参数为日计数基准类型，其取值情况如表 7-1 所示。

表 7-1　　　　　　　　　　　　　　　　　　PRICE 函数的 basis 取值

basis	日计数基准
0 或省略	US(NASD)30/360
1	实际/实际
2	实际/360
3	实际/365
4	欧洲 30/360

【提示】

(1) 日期的输入应使用 DATE 函数输入，或者将日期作为其他公式或函数的结果输入。例如，使用函数 DATE(2008, 5, 23)输入 2008 年 5 月 23 日。如果日期以文本形式输入，则会出现问题。

(2) settlement，maturity，rate，yld，redemption，frequency 参数不能为空。

(3) 如果没有具体的发行日期和到期日，则 settlement 和 maturity 两个参数可以随意设定日期，只要其间隔年数等于债券期限的日期即可。

【举例】某债券的相关数据如表 7-2 所示。

表 7-2　　　　　　　　　　　　　　　　　　某债券的相关数据

参数说明	数据
结算日	2008/2/15
到期日	2017/11/15
息票半年利率	5.75%
收益率	6.50%
清偿价值	￥100
按半年期支付	2
以 30/360 为日计数基准	0

在 A1:B8 单元格输入表中数据，然后 A9 单元格设置公式"=PRICE(B2, B3, B4, B5, B6, B7, B8)"，则 A9 单元格的返回值为"946.30"。

【案例 7-1】　华夏公司拟购买某公司 2016 年 1 月 1 日发行的 A 债券作为投资，该债券面值 1 000 元，票面利率 8%，每年末付息 1 次，期限 3 年，当前市场利率为 10%。

要求：计算债券价格为多少元时才能进行投资。

【操作步骤】

(1) 新建工作簿并命名为"7 章　证券投资分析. xlsx"。

(2) 打开"7 章　证券投资分析. xlsx"工作簿，双击"sheet1"工作表标签，将其重命名为"债券估价表"。

（3）选择 A1 单元格,输入"已知条件:",然后选择 A2 单元格,输入"债券名称";选择 A3 单元格,输入"面值(元)";选择 A4 单元格,输入"票面年利率";选择 A5 单元格,输入"期限(年)";选择 A6 单元格,输入"每年付息次数(次)";选择 A7 单元格,输入"市场利率";选择 A8 单元格,输入"发行日期";选择 A9 单元格,输入"到期日";选择 B2 单元格,输入"A 债券",并根据案例资料将债券相关信息输入至 B3-B9 单元格区域的对应位置,如图 7-1 所示。

	A	B	C	D	E
1	已知条件:			计算结果:	
2	债券名称	A债券		债券价值	
3	面值（元）	1 000		债券名称	A债券
4	票面年利率	8%		利用PV函数计算	
5	期限（年）	3		利用PRICE函数计算	
6	每年付息次数（次）	1			
7	市场利率	10%			
8	发行日期	2016年1月1日			
9	到期日	2019年1月1日			

图 7-1　债券估价表

（4）建立计算结果区域。选择 D1 单元格,输入"计算结果",然后选择 D2 和 E2 单元格区域,单击"开始"|"合并后居中",输入"债券价值";选择 D3 单元格,输入"债券名称";选择 E3 单元格,输入"A 债券";选择 D4 单元格,输入"利用 PV 函数计算";选择 D5 单元格,输入"利用 PRICE 函数计算";选择 E4、E5 单元格区域,将单元格格式设置为数字型,并保留 2 位小数,如图 7-1 所示。

（5）使用函数进行计算。

方法一:利用 PV 函数计算。

（1）选择 E4 单元格,单击"公式"|"财务"|"PV"命令,打开"函数参数"界面。

（2）设置 PV 函数的相关参数,如图 7-2 所示。或直接在 E4 单元格中输入公式"=PV(B7,B5,−B3 * B4,−B3,0)"按回车键,则得到 A 债券的价值。

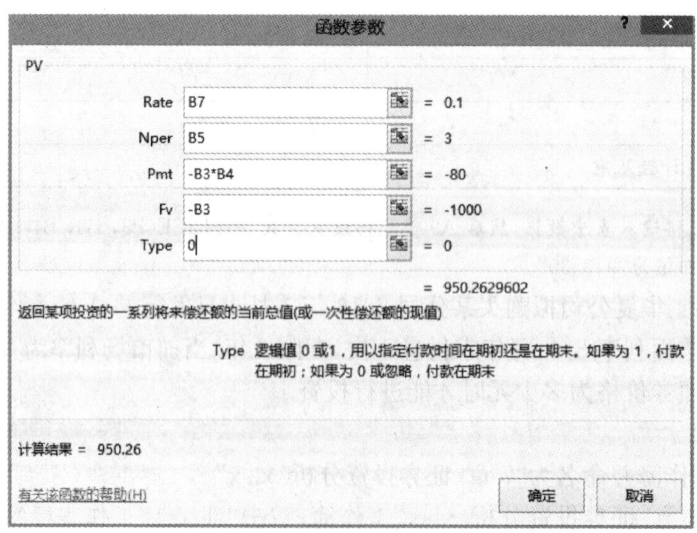

图 7-2　设置"PV"函数参数界面

方法二:利用 PRICE 函数计算。

(1) 选择 E5 单元格,单击"公式"|"财务"|"PRICE"命令,打开"函数参数"界面;

(2) 设置 PRICE 函数的相关参数,如图 7-3 所示。或直接在 E5 单元格中输入公式"=PRICE(B8,B9,B4,B7,B3/(B3/100),1,3)*(B3/100)"按回车键,则得到 A 债券的价值。

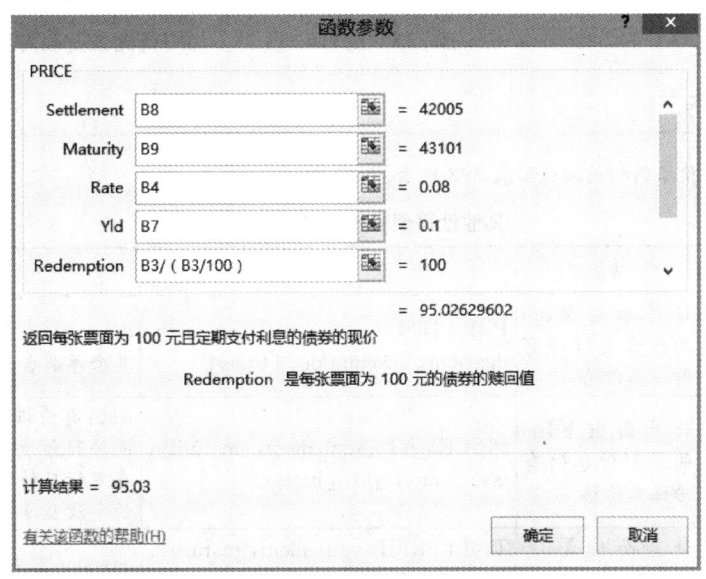

图 7-3 设置"PRICE"函数参数界面

通过以上操作可知,PV 函数与 PRICE 函数计算债券的价值相同,由此可知债券价格在低于或等于 950.26 元时,才能进行投资。两种方法求解债券价值的结果如图 7-4 所示。

	A	B	C	D	E
1	已知条件:			计算结果:	
2	债券名称	A债券		债券价值	
3	面值（元）	1 000		债券名称	A债券
4	票面年利率	8%		利用PV函数计算	950.26
5	期限（年）	3		利用PRICE函数计算	950.26
6	每年付息次数（次）	1			
7	市场利率	10%			
8	发行日期	2016年1月1日			
9	到期日	2019年1月1日			

图 7-4 债券估价表计算结果

操作注意事项

1. 每年末付息 1 次,因此 PV 函数的 type 参数的值设置为 0。

2. PRICE 函数的功能是计算定期付息的面值 100 元债券价值,所以当债券面值不是 100 元时,参数 redemption 的值需要换算,先除以公式"B3/100",计算出结果后再乘以"B3/100",以得出正确结果。

相关思考7-1

若没有具体的到期日和发行日,公式如何设置?

如果案例7-1的三年期债券如果没有具体到期日和发行日,则可设置公式为:

=PRICE("2001-1-1", "2004-1-1", B4, B7, B3/(B3/100), 1, 3) * (B3/100)或

=PRICE("2007-1-1", "2010-1-1", B4, B7, B3/(B3/100), B6, 3) * (B3/100)或

=PRICE("2001-1-1", "2004-1-1", B4, B7, B3/10, 1, 3) * 10 计算结果是相同的。

延伸阅读7-1

其他计算债券价格的相关函数如表7-3所示。

表7-3 其他计算债券价格的相关函数

函数名	功能	语法	说明
PRICEDISC 函数	计算面值¥100的折价发行的有价证券价格	PRICEDISC (settlement, maturity, discount, redemption, [basis])	discount:有价证券的贴现率,其余参数含义同 PRICE 函数。
PRICEMAT 函数	计算面值¥100的到期付息的有价证券价格	PRICEMAT (settlement, maturity, issue, rate, yld, [basis])	issu:有价证券的发行日,以时间序列号表示;rate:有价证券在发行日的利率;yld 有价证券的年收益率。
TBILLPRICE 函数	计算面值¥100的国库券价格	TBILLPRICE(settlement, maturity, discount)	discount 表示国库券的贴现率。

二、债券投资收益率

(一)计算债券投资收益率的基本原理

债券投资收益率是指投资者在债券投资期内所实际获得的年投资收益率。债券投资收益率是利用时间价值原理,根据债券的买价、利息、到期还本额或售价列出求现值的计算公式,据以反求贴现率,该贴现率即为债券的投资收益率。

债券投资收益率债券收益率有三种:当期收益率、到期收益率、提前赎回收益率。

(1)当期收益率。当期收益率又称直接收益率是指利息收入所产生的收益,通常每年支付两次,它占了公司债券所产生收益的大部分。当期收益率是债券的年息除以债券当前的市场价格所计算出的收益率。它并没有考虑债券投资所获得的资本利得或是损失,只在衡量债券某一期间所获得的现金收入相较于债券价格的比率。

(2)到期收益率。到期收益是指将债券持有到偿还期所获得的收益,包括到期的全部利息。到期收益率又称最终收益率,是投资购买国债的内部收益率,即可以使投资购买国债获得的未来现金流量的现值等于债券当前市价的贴现率。它相当于投资者按照当前市场价格购买并且一直持有到满期时可以获得的年平均收益率。

(3)提前赎回收益率。提前赎回收益率是指债券发行人在债券规定到期日之前赎回债券时投资人所取得的收益率。

(二)计算债券投资收益率的基本模型

债券投资收益率的基本模型是指按照复利方式计算每期的固定利息、到期一次归还本

金的债券投资收益率计算模型。其一般计算公式如下：

$$P = \frac{C}{1+ytm} + \frac{C}{(1+ytm)^2} + \cdots \frac{C}{(1+ytm)^n} + \frac{M}{(1+ytm)^n}$$

其中，P 为债券的市场价格，C 为债券的票面利息，M 为债券的面值（本金），ytm 为债券的到期收益率。下面介绍使用 RATE 函数和 YIELD 函数计算债券的收益率。

 Excel 函数链接 7-2 ....

YIELD 函数

【类型】财务函数

【功能】返回定期支付利息的债券的收益，用于计算定期付息有价债券的收益率。

【语法】YIELD(settlement, maturity, rate, pr, redemption, frequency, [basis])

pr:表示有价证券的价格（按面值为￥100 计算），其余参数的含义同上述 PRICE 函数。

【举例】某债券的相关数据如表 7-4 所示。

表 7-4　　　　　　　　　　　　　　　某债券的相关数据

参数说明	数　据
结算日	2008/2/15
到期日	2016/11/15
息票利率	5.75%
价格	95.04287
清偿价值	￥100
按半年期支付（请参见上面的信息）	2
以 30/360 为日计数基准	0

在 A1:B8 单元格输入表中数据，然后 A9 单元格设置公式"＝YIELD(B2, B3, B4, B5, B6, B7, B8)"，则 A9 单元格的返回值为"0.065"或"6.5%"。

【案例 7-2】　华夏公司拟购买某公司 A 债券作为投资，该债券面值 1 000 元，票面利率 6%，每年末付息 1 次，期限 5 年，发行价格为 950 元，到期还本。

要求：计算 A 债券的投资收益率。

【操作步骤】

（1）打开"7 章 证券投资分析. xlsx"工作簿。

（2）插入一张新的工作表，将其重命名为"债券投资收益率表"。

（3）在"债券投资收益率表"中，根据案例的已知条件和计算要求设置计算表，如图 7-5 所示，并选择 E4、E5 单元格，将单元格格式设置为"百分比"型，并保留 2 位小数。

（4）使用函数进行计算：

方法一：利用 RATE 函数计算。

选择 E4 单元格，单击"公式"|"财务"|"RATE"命令，打开"函数参数"界面。

设置 RATE 函数的相关参数，如图 7-6 所示。或直接在 E4 单元格中输入公式"＝RATE(B5, B3 * B4, −B6, B3)"按回车键，则得到 A 债券的投资收益率。

	A	B	C	D	E
1	已知条件:			计算结果:	
2	债券名称	A债券		债券投资收益率	
3	面值（元）	1 000		债券名称	A债券
4	票面年利率	6%		利用RATE函数计算	
5	期限（年）	5		利用YIELD函数计算	
6	发行价格	950			
7	每年付息次数（次）	1			
8	日基数基准	3			
9	发行日期	2014年1月1日			
10	到期日	2019年1月1日			

图 7-5　债券投资收益率表

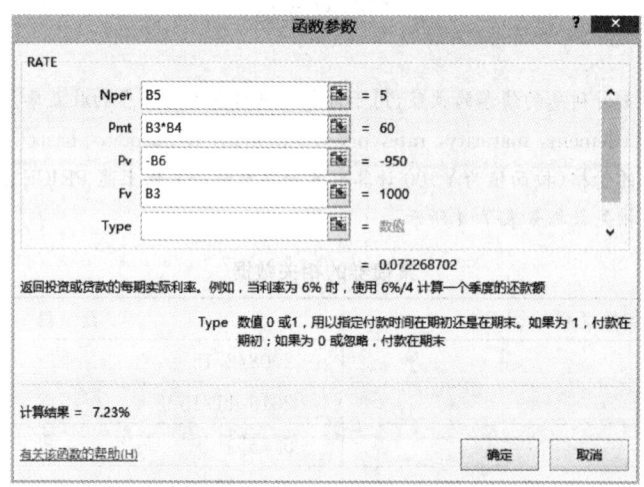

图 7-6　设置"RATE"函数参数界面

方法二：利用 YIELD 函数计算。

选择 E5 单元格，单击"公式"|"财务"|"YIELD"命令，打开"函数参数"界面。

设置 YIELD 函数的相关参数，如图 7-7 所示。或直接在 E5 单元格中输入公式"＝YIELD（B9，B10，B4，B6/10，B3/10，B7，B8）"按回车键，则得到 A 债券的投资收益率。

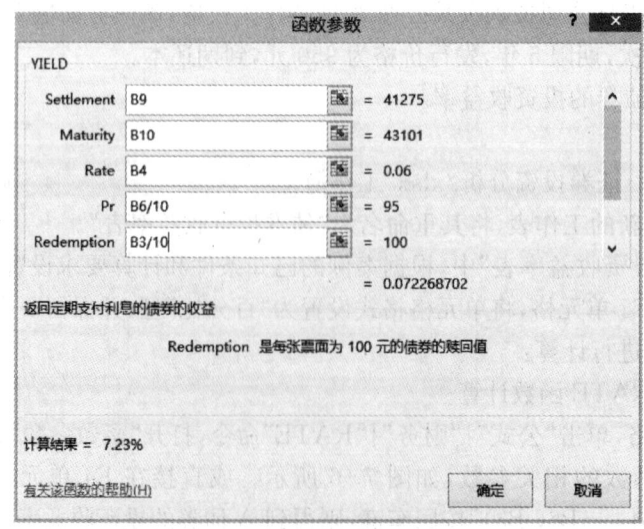

图 7-7　设置"YIELD"函数参数界面

两种方法求解得出债券投资收益率均为 7.23%，计算结果如图 7-8 所示。

	A	B	C	D	E
1	已知条件：			计算结果：	
2	债券名称	A债券		债券投资收益率	
3	面值（元）	1 000		债券名称	A债券
4	票面年利率	6%		利用RATE函数计算	7.23%
5	期限（年）	5		利用YIELD函数计算	7.23%
6	发行价格	950			
7	每年付息次数（次）	1			
8	日基数基准	3			
9	发行日期	2014年1月1日			
10	到期日	2019年1月1日			

图 7-8 债券投资收益率表计算结果

💡 提示

1. 本例没有具体的发行日期和到期日，故假设到期日为 2019-1-1，发行日为 2014-1-1，以便利用 YIELD 函数计算债券的投资收益率。其公式还可设置为：＝YIELD("2014-1-1"，"2019-1-1"，B4，B6/10，B3/10，B7，B8)。

2. 本例的债券面值为 1 000，故使用 YIELD 函数时，参数 pr 和 redemption 需要进行换算。

 延伸阅读7-2 ·······

其他计算债券投资收益率的相关函数如表 7-5 所示。

表 7-5 　　　　　　　　其他计算债券投资收益率的相关函数

函数名	功能	语法	说明
YIELDDISC 函数	计算折价发行的有价证券的年收益率	YIELDDISC（settlement，maturity，pr，redemption，［basis］）	参数含义同 YIELD 函数
TBILLYIELD 函数	计算国库券的收益率	TBILLYIELD（settlement，maturity，pr）	pr：面值￥100 的国库券价格
INTRATE 函数	计算一次性付息有价证券的年收益率	INTRATE（settlement，maturity，investment，redemption，［basis］）	investmen：有价证券投资额

第三节 股票投资分析

股票投资（Stock Investment）是指企业或个人用积累起来的货币购买股票，借以获得收益的行为。股票投资的收益是由"收入收益"和"资本利得"两部分构成的。收入收益是指股票投资者以股东身份，按照持股的份额，在公司盈利分配中得到的股息和红利的收益。资本利得是指投资者在股票价格的变化中所得到的收益，即将股票低价买进，高价卖出所得到的差价收益。本章主要分析股票投资的资本利得。

一、股票估价

（一）股票估价的基本原理

股票估价的主要方法是计算其内在价值，然后和股票市价比较，视其低于、高于或等于市价,决定买入、卖出或继续持有。而股票的内在价值就是股票带给持有者的未来现金流入的现值,即由一系列的未来股利的现值和将来出售股票时售价的现值之和构成。其基本原理是股票的价值等于未来各期现金流量按照投资者要求的最低报酬率作为贴现率所计算的现值。根据未来各期股利变化的不同,股息价值模型主要包括以下几种情况:

1. 股利零增长

股利零增长是指各期股利固定不变、股利的增长率为0。这类股票的估价公式为:

$$V_0 = \frac{D}{k}$$

其中:V_0 为股票的现值;D 为每期股利;k 为投资者要求的最低投资报酬率。

2. 股利固定增长

股利固定增长是指未来股利以某一固定比率稳定增长。这类型股票的估价公式为:

$$V_0 = \frac{D_0(1+g)}{k-g} = \frac{D_1}{k-g}(k > g)$$

其中:D_0 为现在支付的股利;D_1 为每第1年末支付的股利;g 为预计的股利增长率;其他符号含义同上。

3. 股利分阶段增长

股利分阶段增长是指股利在不同时期按不同增长率增长,一定时期后按固定比率稳定增长。以两期增长为例,这类型股票的估价公式为:

$$V_0 = \sum_{t=1}^{n} \frac{D_0(1+g_1)^t}{(1+k)^t} + \frac{D_n(1+g_2)}{k-g_2} \cdot \frac{1}{(1+k)^n}$$

其中:g_1 为前 n 期的股利增长率;g_2 后期的固定的股利增长率;n 为超常增长的股利不稳定时期,其他符号含义同上。

4. 定期持有

定期持有是指投资者在一定时期内持有,然后将其出售并收回资金。这类型股票的估价公式为:

$$V_0 = \sum_{t=1}^{n} \frac{D_t}{(1+k)^t} + \frac{P_n}{(1+k)^n}$$

其中:D_t 为每第 t 年末支付的股利;P_n 为股票的售价;其他符号含义同上。

(二) 股票估价模型

【案例7-3】 华夏公司拟购买股票进行投资。其中 A 股票是零增长股,每年股利1.5元,股价20元,期望报酬率8%;B 股票目前股利2元,预期股利增长率5%,期望报酬率12%,售价28元。

请问:A、B 股票是否具有投资价值?

【操作步骤】

(1) 打开"7章 证券投资分析.xlsx"工作簿,插入一张新的工作表,将其重命名为"股票估价表1"。

(2) 根据案例资料的已知条件将 A、B 股票的相关信息输入,并建立计算结果区域,如

图 7-9 所示。

	A	B	C	D
1	已知条件：			
2	A股票		B股票	
3	预计每年股利（元/股）	1.5	目前股利	2
4	期望报酬率	8%	预计股利增长率	5%
5	股票价格（元/股）	20	期望报酬率	12%
6			股票价格（元/股）	28
7				
8	计算结果：			
9		A股票	B股票	
10	股票价值			
11	是否可投资			

图 7-9　股票估价表

（3）选择 B10 单元格，输入公式"＝B3/B4"；按回车键，则得到 A 股票的价值。

（4）选择 C10 单元格，输入公式"＝D3＊(1＋D4)/(D5－D4)"；按回车键，则得到 B 股票的价值。

（5）选择 B11 单元格，输入公式"＝IF(B5＜B10,"有","无")"；选择 C11 单元格，输入公式"＝IF(D6＜C10,"有","无")"；按回车键，则得出投资结论，如图 7-10 所示。

	A	B	C	D
1	已知条件：			
2	A股票		B股票	
3	预计每年股利（元/股）	1.5	目前股利	2
4	期望报酬率	8%	预计股利增长率	5%
5	股票价格（元/股）	20	期望报酬率	12%
6			股票价格（元/股）	28
7				
8	计算结果：			
9		A股票	B股票	
10	股票价值	18.75	30	
11	是否可投资	无	有	

图 7-10　股票估价表计算结果

提示

如果股价低于其内在价值，说明目前的股价被市场低估，该股票具有升值空间，可以投资。B11 单元格的公式为"＝IF(B5＜B10,"有","无")"，该公式表示：如果 B5＜B10，则股票具有投资价值。C11 单元格的公式为"＝IF(D6＜C10,"有","无")"，该公式表示：如果 D6＜C10，则股票具有投资价值。

【案例 7-4】　华夏公司拟购买股票进行投资。其中 X 股票目前股利 2 元，未来 5 年的股利增长率 20%，5 年以后的股利增长率 4%，股价 30 元，期望报酬率 15%；Y 股票预计持有 4 年，第 1 年股利 0.5 元，预期第 2～4 年股利每年增长 0.5 元，期望报酬率 15%，第 4 年末的售价 28 元，目前市价 25 元。

请问：X 股和 Y 股是否具有投资价值？（计算结果保留 2 位小数）

【操作步骤】

（1）打开"7 章 证券投资分析.xlsx"工作簿，插入一张新的工作表，将其重命名为"股票估价表 2"。

（2）根据案例资料的已知条件将 X、Y 股票的相关信息输入，并建立计算结果区域，如图 7-11 所示。

	A	B	C	D	E	F
1	已知条件：					
2	X股票		Y股票			
3	目前股利（元/股）	2	第1年股利（元/股）			0.50
4	未来5年的股利增长率	20%	第2年股利（元/股）			1.00
5	5年以后的股利增长率	4%	第3年股利（元/股）			1.50
6	期望报酬率	15%	第4年股利（元/股）			2.00
7	目前股票价格（元/股）	30	4年末预期售价（元/股）			28.00
8			期望报酬率			15%
9			目前股票价格（元/股）			25.00
10						
11	计算结果：					
12	期数	1	2	3	4	5
13	X股票股利（元/股）					
14	X固定增长股的价值（元/股）					
15	X股票价值（元/股）		X股票是否具有投资价值			
16	Y股票价值（元/股）		Y股票是否具有投资价值			

图 7-11　股票估价表

（3）选择 B13 单元格，输入公式"＝$B$3*(1＋$B$4)^B12"，并将其填充到 C13：F13 单元格区域，则得出 X 股票前 5 年的股利。

（4）选择 F14 单元格，输入公式"＝F13*(1＋B5)/(B6－B5)"；按回车键，则得自到 X 股票第 5 年末的价值。

（5）选择 B15 单元格，输入公式"＝NPV(B6，B13:F13)＋F14/(1＋B6)^F12"；选择 F15 单元格，输入公式"＝IF(B7<B15,"是","无")"；按回车键，则得出投资结论。

（6）选择 B16 单元格，输入公式"＝NPV(F8，F3:F6)＋F7/(1＋F8)^E12"；选择 F16 单元格，输入公式"＝IF(F9<B16,"是","无")"；按回车键，则得出投资结论。如图 7-12 所示。

	A	B	C	D	E	F
1	已知条件：					
2	X股票		Y股票			
3	目前股利（元/股）	2	第1年股利（元/股）			0.50
4	未来5年的股利增长率	20%	第2年股利（元/股）			1.00
5	5年以后的股利增长率	4%	第3年股利（元/股）			1.50
6	期望报酬率	15%	第4年股利（元/股）			2.00
7	目前股票价格（元/股）	30	4年末预期售价（元/股）			28.00
8			期望报酬率			15%
9			目前股票价格（元/股）			25.00
10						
11	计算结果：					
12	期数	1	2	3	4	5
13	X股票股利（元/股）	2.40	2.88	3.46	4.15	4.98
14	X固定增长股的价值（元/股）					47.05
15	X股票价值（元/股）	34.78	X股票是否具有投资价值			是
16	Y股票价值（元/股）	19.33	Y股票是否具有投资价值			无

图 7-12　股票估价表计算结果

二、股票的投资收益率

(一) 计算股票投资收益率的基本原理

假设股票价格是公平的市场价格,证券市场处于均衡状态,在任一时点证券的价格都能完全反映有关该公司的任何可获得的公开信息,而且证券价格对新信息能迅速作出反应。在这种假设条件下,股票的期望收益率等于其必要的收益率。此时,我们可以使用资本资产定价模型来计算市场状态下股票的期望收益率。如果此期望收益率与投资者的预计收益率相等,则说明股票处于均衡状态;如果预计收益率高于资本资产定价模型计算的期望收益率,则说明该股票的预计收益率高于其内在应得的收益率,股票目前的价格被低估;反之,如果预计收益率低于资本资产定价模型计算的期望收益率,则说明该股票目前的价格被高估。

(二) 利用资本资产定价模型计算股票投资收益率

资本资产定价模型解释了风险收益率的决定因素和度量方法,并且给出了下面的一个简单易用的表达形式:

$$R_i = R_f + \beta_i \times (R_m - R_f)$$

这是资本资产定价模型的核心关系式。式中,R_i 为某资产的必要收益率;β_i 为该资产的系统风险系数;R_f 为无风险收益率,通常以短期国债的利率来近似替代;R_m 为市场组合收益率,通常用股票价格指数收益率的平均值或所有股票的平均收益率来代替。

【案例 7-5】 华夏公司拟购买某股票作为投资,其 β 系数为 1.25,证券市场的平均收益率为 18%,无风险利率为 6%。

要求:计算该股票的投资收益率。

【操作步骤】

(1) 打开"7 章 证券投资分析. xlsx"工作簿,插入一张新的工作表,将其重命名为"股票投资收益率表"。

(2) 根据案例资料建立已知条件和建立计算结果区域,如图 7-13 所示。

	A	B
1	已知条件:	
2	A股票	
3	证券市场平均收益	18%
4	无风险收益率	6%
5	β系数	1.25
6	计算结果:	
7	股票投资收益率	

图 7-13 股票投资收益率

	A	B
1	已知条件:	
2	A股票	
3	证券市场平均收益	18%
4	无风险收益率	6%
5	β系数	1.25
6	计算结果:	
7	股票投资收益率	21%

图 7-14 股票投资收益率计算结果

(3) 设置计算公式:选择 B7 单元格,输入公式"=B4+(B3-B4)*B5",则得出计算结果,如图 7-14 所示。

第四节 | 证券投资组合分析

投资组合是指由投资人或金融机构所持有的股票、债券、衍生金融产品等组成的集合。

投资组合的目的在于分散风险。投资者把资金按一定比例分别投资于不同种类的有价证券或同一种类有价证券的多个品种上，这种分散的投资方式就是投资组合。通过投资组合可以分散风险，即"不能把鸡蛋放在一个篮子里"。

一、证券投资组合收益计算的基本原理

证券投资组合的收益等于投资组合中，个别证券的期望收益率按照各证券的投资比重作为权重系数所计算出的加权平均数，其计算公式为：

$$R_p = \sum_{i=1}^{n} w_i \cdot R_i$$

其中，R_p 为投资组合的期望收益率；R_i 为第 i 种证券的期望收益率；w_i 为第 i 种证券的投资额在投资组合中所占的比重；n 为投资组合中证券的种类个数。

如果使用资本资产定价模型来计算证券投资组合的收益率，则其计算公式为：

$$R_p = R_f + \beta_p \times (R_m - R_f)$$

其中，R_p 为投资组合的期望收益率；β_p 为证券组合的期望系统风险系数，其余参数的含义同上述股票投资收益率计算中的资本资产定价模型。

二、证券投资组合收益的计算

下面介绍使用 SUMPRODUCT 函数计算证券投资组合收益率。

 Excel 函数链接 7-3 ....

SUMPRODUCT 函数

【类型】数学和三角函数

【功能】在给定的几组数组中，将数组间对应的元素相乘，并返回乘积之和。

【语法】SUMPRODUCT(array1，[array2]，[array3]，...)

Array：其相应元素需要进行相乘并求和的第一个数组参数。

Array2，array3：可选。2 到 255 个数组参数，其相应元素需要进行相乘并求和。

【提示】

数组参数必须具有相同的维数。否则，SUMPRODUCT 函数将返回"#VALUE! 错误值 #REF!"。SUMPRODUCT 函数将非数值型的数组元素作为 0 处理。

【案例 7-6】 华夏公司拟购买 A、B、C 三种股票作为投资，其 β 系数分别为 1.6、1、0.7，三种股票在总投资中所占的比例分别为 40%、30%、30%，股票市场的平均收益率为 12%，无风险利率为 8%。

要求：分别计算该证券投资组合的 β 系数、风险收益率和该证券投资组合的必要收益率。

【操作步骤】

（1）打开"7 章 证券投资分析.xlsx"工作簿，插入一张新的工作表，将其重命名为"证券投资组合收益率表"。

（2）根据案例资料建立已知条件和建立计算结果区域，如图 7-15 所示。

	A	B	C	D	E	F	G
1	已知条件：					计算结果：	
2		A股票	B股票	C股票		证券组合的β系数	
3	β系数	1.6	1	0.7		组合风险收益率	
4	权重	40%	30%	30%		组合投资收益率	
5	市场平均收益率	12%					
6	无风险收益率	8%					

图 7-15　证券组合投资收益率

（3）选择 G2 单元格，输入公式"＝SUMPRODUCT（B3：D3，B4：D4）"，或者单击"公式"|"数学和三角函数"|"SUMPRODUCT"命令，打开"函数参数"界面；设置 array1 参数值为 B3：D3；array2 参数值为 B4：D4，如图 7-16 所示。

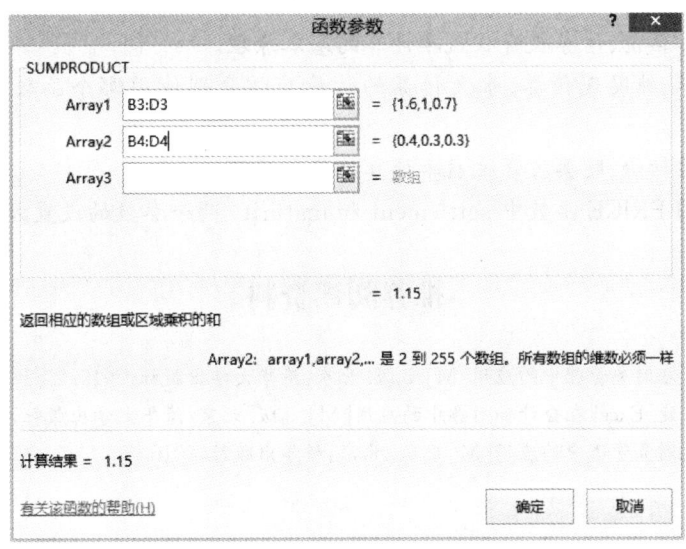

图 7-16　"SUMPRODUCT"函数参数界面

（4）选择 G3 单元格，输入公式"＝（B5－B6）＊G2"，则得到组合风险收益率的计算结果。

（5）选择 G4 单元格，输入公式"＝G3＋B6"，则得到组合投资收益率的计算结果，如图 7-17所示。

	A	B	C	D	E	F	G
1	已知条件：					计算结果：	
2		A股票	B股票	C股票		证券组合的β系数	1.15
3	β系数	1.6	1	0.7		组合风险收益率	4.60%
4	权重	40%	30%	30%		组合投资收益率	12.60%
5	市场平均收益率	12%					
6	无风险收益率	8%					

图 7-17　证券组合投资收益率计算结果

本 章 小 结

本章主要学习了：Excel 在证券投资中的作用，使用 PRICE 函数、PV 函数计算债券价格；使用 RATE 函数、YIELD 函数计算债券投资收益率的基本原理和方法；利用 Excel 进行股票估价、股票投资收益率的基本原理和方法;利用 Excel 结合资本资产定价模型计算证券投资组合收益的基本原理和方法。

本章重要概念

证券　有价证券　平息债券　纯贴现债券　永久债券　债券投资　PRICE 函数
PV 函数　RATE 函数　YIELD 函数　股票投资　投资组合

思 考 与 练 习

1. 简述债券估价、债券投资收益率计算的基本原理。

2. 平息债券、纯贴现债券、永久债券的估价应该分别使用哪个函数? 参数应该如何设置?

3. 简述股票估价、股票投资收益率计算的基本原理。

4. 举例说明 PRICE 函数中 settlement 和 maturity 两个参数的设置方法。

推 荐 阅 读 资 料

[1] 韩良智. Excel 在财务管理中的应用[M]. 3 版. 北京:清华大学出版社,2015.

[2] 崔杰,姬昂,崔婕. Excel 在会计和财务中的应用[M]. 5 版. 北京:清华大学出版社,2015.

[3] 李慧. Excel 在财务管理中的应用[M]. 2 版. 北京:科学出版社,2016.

第八章 Excel 在筹资决策中的应用

内容简介

本章主要讲解了 Excel 在长期筹资决策中的应用,讲解了使用销售百分比法、回归分析法和高低点法在 Excel 中预测企业资金需要量的方法;在 Excel 中计算个别资本成本和综合资本成本的方法;使用比较资本成本法和比较每股利润法进行最佳资本结构决策的方法。本章重点为使用销售百分比法、回归分析法、高低点法预测企业的资金需要量;以及个别资本成本、综合资本成本的计算;本章难点为 SLOPE 函数、INTERCEPT 函数、TREND 函数、INDEX 函数、MATCH 函数的使用方法。

学习目的和要求

通过本章的学习,学生应掌握使用销售百分比法、回归分析法、高低点法预测企业的资金需要量;掌握 SLOPE 函数、INTERCEPT 函数、TREND 函数、INDEX 函数、MATCH 函数的使用;掌握个别资本成本以及综合资本成本的计算;掌握比较资本成本法和比较每股利润法进行最佳资本结构决策的方法。理解资金需要量预测、资本成本计算以及最佳资本结构决策的基本原理。

引例　Excel 在筹资决策运用中的优势

企业筹资在财务管理中处于极其重要的地位,筹资的数量与结构直接影响企业效益的好坏。企业的资金需要量往往是不断变动的,需要采用一定的方法,预测资金需要量,根据不同筹资方式下的资金成本,确定合理的资金结构和筹资时间,及时获取资金。在筹资过程中,要涉及大量繁琐的计算,依靠 Excel 进行数据管理,不仅能够方便地处理表格和进行图形分析,其更强大的功能体现在对数据的自动处理和计算中,函数作为 Excel 处理数据的重要手段,功能强大,应用广泛。从简单函数处理,到设计复杂的统计管理表格或者小型的数据库系统。

企业筹资的目的是再投资,企业筹资决策所影响和改变的是企业的财务结构或资本结构。所以企业筹资决策,是为满足企业融资的需要,对筹资的途径、数量、时间、成本、风险、方案进行评价和选择,以期确定一个最优资金结构的分析判断过程。这个过程中大量的数据计算是分析判断的主要依据。

利用 Excel 对筹资决策数据进行快捷的处理和计算,对于企业在激烈的市场竞争中,进行快速准确的企业筹资决策尤为重要。

第一节　长期筹资决策概述

一、筹资决策的概念

筹资决策是指为满足企业融资的需要,对筹资的途径、筹资的数量、筹资的时间、筹资的成本、筹资风险和筹资方案进行评价和选择,从而确定一个最优资本结构的分析判断过程。筹资决策的核心,就是在多种渠道、多种方式的筹资条件下,利用不同的筹资方式筹集到最经济、资本成本最低的资金,其基本思想是实现资金来源的最佳结构,即使公司平均资本成本率达到最低限度时的资本结构。筹资决策是企业财务管理相对于投资决策的另一重要决策。

筹资决策所影响和改变的是企业的财务结构或资本结构。一般而言,企业的资金来源主要有短期负债筹资、长期负债筹资与股权资本筹资。其中具有长期影响的、战略意义的筹资决策通常是指长期负债筹资决策与股权资本筹资决策,又被称为资本结构决策。企业所采取的股利政策决定了企业自留资金的多少,在很大程度上也决定了企业筹资决策的制度。

二、筹资决策的内容

(一) 预测资金需要量

资金需要量预测是指企业根据生产经营的需求,对未来所需资金的估计和推测。企业筹集资金,首先要对资金需要量进行预测,即对企业未来组织生产经营活动的资金需要量进行估计、分析和判断,它是企业制定融资计划的基础。资金需要量预测一般按以下几个步骤进行。

1. 销售预测

销售预测是企业财务预测的起点。销售预测本身不是财务管理的职能,但它是财务预测的基础,销售预测完成后才能开始财务预测。因此,企业资金需要量的预测也应当以销售预测为基础。

2．估计需要的资产

资产通常是销售量的函数，根据历史数据可以分析出该函数关系。根据预计销售量和资产销售函数，可以预测所需资产的总量。某些流动负债也是销售的函数，相应的也可以预测负债的自发增长率，这种增长可以减少企业外部融资的数额。

3．估计收入、费用和留存收益

收入和费用与销售额之间也存在一定的函数关系，因此，可以根据销售额估计收入和费用，并确定净利润。净利润和股利支付率，共同决定了留存收益所能提供的资金数额。

4．估计所需要的追加资金需要量，确定外部融资数额

根据预计资产总量，减去已有的资金来源、负债的自发增长和内部提供的留存收益，得出应追加的资金需要量，以此为基础进一步确定所需的外部融资数额。

（二）计算资本成本

资本成本（Capital cost）是指企业为筹集和使用资金而付出的代价，通常包括筹资费用和用资费用。它是衡量企业经营成果的尺度。

筹资费用是指企业在筹集资本过程中为取得资金而发生的各项费用，如银行借款的手续费，发行股票、债券等证券的印刷费、评估费、公证费、宣传费及承销费等。

用资费用是指在使用所筹资本的过程中向出资者支付的有关报酬，如银行借款和债券的利息、股票的股利等。

企业的资本可以从各种渠道，如银行信贷资金、民间资金、企业资金等来源取得，其筹资的方式也多种多样，如吸收直接投资、发行股票、银行借款等。但不管选择何种渠道，采用哪种方式，主要考虑的因素还是资本成本。随着筹资数量的增加，资本成本将随之变化。当筹资数量增加到增资的成本大于增资的收入时，企业便不能再追加资本。因此，资本成本是限制企业筹资数额的一个重要因素。

（三）确定最佳资本结构

最佳资本结构是指企业在一定时期内，筹措资本的加权平均资本成本（WACC）最低，使企业的价值达到最大化。它应是企业的目标资本结构（Target Capital Structure）。由于企业内部条件和外部环境经常发生变化，寻找最佳资本结构十分困难。常用的方法有以下几种。

1．比较资本成本法

比较资本成本法（Comparison Method，WACC）是指通过比较不同的资本结构的加权平均资本成本，选择其中加权平均资本成本最低资本结构的方法。其程序包括：拟定几个筹资方案；确定各方案的资本结构；计算各方案的加权资本成本；通过比较，选择加权平均资本成本最低的结构为最佳资本结构。

2．比较每股利润分析法

比较每股利润分析法（EPS Analysis Method）又称比较每股收益分析法，是指比较不同筹资方案下普通股的每股利润，并选择每股利润最大的方案作为最优筹资方案的方法，此时的资本结构即为最佳资本结构。

第二节 资金需要量预测

一、销售百分比法

(一) 销售百分比法预测资金需要量的基本原理

1. 基本原理

销售百分比法是一种在分析报告年度资产负债表有关项目与销售额关系的基础上,根据市场调查和销售预测取得的资料,确定资产、负债和所有者权益的有关项目占销售额的百分比,然后依据计划期销售额及假定不变的百分比关系预测计划期资金需要量的一种方法。

2. 计算步骤

运用销售百分比法预测资金需要量的具体步骤如下:

(1) 根据历史数据,预计销售收入增长率。

(2) 计算资产负债表中各敏感项目与销售收入的百分比。资产负债表的各项目可以划分为敏感项目与非敏感项目。凡是随销售变动而变动并呈现一定比例关系的项目,称为敏感项目;凡不随销售变动而变动的项目,称为非敏感项目。敏感项目在短时期内随销售的变动而发生成比例变动。其中,销售额同比例变化的资产称为敏感资产;随销售额同比例变化的负债称为敏感负债。

$$敏感项目与销售额的百分比 = \left(\frac{基期敏感项目数额}{基期销售额}\right) \times 100\%$$

例如,基期应收账款为 100 万元,基期销售额为 1 000 万元,则应收账款的销售百分比为 10%。假定该比例不变,当销售额为 2 000 万元时,应收账款为 200 万元(2 000×10%)。从增量角度考虑,当销售额增加 1 000 万元时,应收账款的增加为 100 万元(1 000×10%)。

(3) 计算内部留存收益增加额。

$$内部留存收益增加额 = 预计销售额 \times 计划销售净利率 \times (1 - 股利支付率)$$

(4) 计算外部融资需求。

$$外部融资需求量 = 资产的增加 - 负债的增加 - 留存收益增加$$
$$= \frac{资产销售}{百分比} \times \frac{新增}{销售额} - \frac{负债销售}{百分比} \times \frac{新增}{销售额} - \frac{留存收益}{增加额}$$

(二) 销售百分比法预测资金需要量的计算

【案例 8-1】 华夏公司 2018 年的销售收入为 20 000 万元,销售净利率为 12%,净利润的 60% 分配给投资者。2018 年 12 月 31 日,华夏公司的资产负债表简表如表 8-1 所示。该公司 2019 年的计划销售收入比上年增长 30%。为实现这一目标,公司需要新增设备一台,价值 148 万。根据历年的财务数据分析得知,公司流动资产与流动负债随销售额同比率增减。假定 2019 年的股利分配政策与销售净利率与上年保持一致。

要求:计算 2019 年华夏公司的外部资金需求量。

表 8-1   资产负债表(简表)

单位:华夏公司   2018 年 12 月 31 日   单位:万元

资 产	期末余额	负债及所有者权益	期末余额
货币资金	1 000	短期借款	1 000
应收票据及应收账款	3 000	应付票据及应付账款	2 000
存货	6 000	长期借款	9000
固定资产	7 000	实收资本	4 000
无形资产	1 000	资本公积	2 000
资产总计	18 000	负债与所有者权益总计	18 000

【操作步骤】

(1) 新建工作簿并命名为"8 章 筹资决策分析. xlsx"。

(2) 打开"8 章 筹资决策分析. xlsx"工作簿,双击"sheet1"工作表标签,将其重命名为"资金需要量预测表"。

(3) 根据案例资料的已知条件将资产负债表的相关信息输入,并建立计算区域,分析资产负债表各项是否为敏感项目。根据题目可知,公司流动资产与流动负债都是敏感项目,将结果分别录入 B13:B17 单元格区域和 E13:E17 单元格区域,如图 8-1 所示。其中,H5 单元格的计算公式为"=G5 * (1+30%)"。

图 8-1 销售百分比预测资金需要量表

(4) 使用函数计算敏感项目的销售收入百分比。

选择 C13 单元格,单击"公式"|"逻辑"|"IF"命令,打开"函数参数"界面。

设置 IF 函数的相关参数,如图 8-2 所示。或直接在 C13 单元格中输入公式"=IF(B13="是",B4/$G$5,"不适用")"按回车键,则得到货币资金占销售收入的百分比。并将此公式填充至 C14:C17 单元格区域。

计算合计,选择 C18 单元格,使用求和公式计算合计数。或直接在 C18 单元格中输入公式"=SUM(C13:C17)"按回车键,则得合计数。

同理,设置 F13:F18 单元格区域的计算公式,并得出结果,如图 8-3 所示。

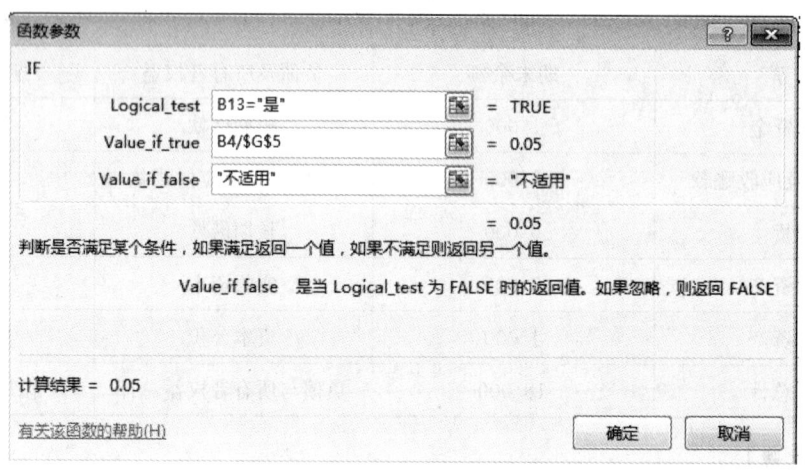

图 8-2　设置"IF"函数参数界面

（5）计算资金需要量。选择 E11 单元格，输入公式"＝（C18－F18）＊（H5－G5）－H5＊H6＊（1－H7）＋H8"按回车键，则得出外部资金需要量的计算结果，如图 8-3 所示。

	A	B	C	D	E	F	G	H
1	已知条件：							
2		2018年资产负债表		单位：万元		其他相关数据		
3	资产	期末余额	负债及所有者权益	期末余额				单位：万元
4	货币资金	1,000.00	短期借款	1,000.00			2018年	2019年预计
5	应收票据及应收账款	3,000.00	应付票据及应付账款	2,000.00		销售收入	20,000.00	26,000.00
6	存货	6,000.00	长期借款	9,000.00		销售净利率	12.0%	12.0%
7	固定资产	7,000.00	实收资本	4,000.00		股利支付率	60.0%	60.0%
8	无形资产	1,000.00	资本公积	2,000.00		其他资金需求		148
9	资产总计	18,000.00	负债与所有者权益总计	18,000.00				
10								
11	计算结果：			2019外部资金需求量（万元）：	1000.00			
12	资产项目	是否敏感	占基期销售收入百分比	负债及所有者项目	是否敏感	占基期销售收入百分比		
13	货币资金	是	0.05	短期借款	是	0.05		
14	应收票据及应收账款	是	0.15	应付票据及应付账款	是	0.1		
15	存货	是	0.3	长期借款	否	不适用		
16	固定资产	否	不适用	实收资本	否	不适用		
17	无形资产	否	不适用	留存收益	否	不适用		
18	合计		0.5	合计		0.15		

图 8-3　销售百分比预测资金需要量计算结果

　提示

1. 敏感项目会随销售额变动而变动，本案例中公司流动资产与流动负债随销售额同比率增减。因此，本例中货币资金、应收票据及应收账款、存货、短期借款、应付票据及应付账款是敏感项目；固定资产、无形资产、长期借款、实收资本、资本公积是非敏感项目。

2. C13:C17 单元格区域利用 IF 函数计算敏感项目占基期销售收入的百分比。公式＝IF(B13="是"，B4/＄G＄5，"不适用")含义为：如果 B13 单元格是敏感项目，则"占基期销售收入的百分比"等于"货币资金期末余额"除以 2018 年的销售收入；如果不是敏感项目，则显示"不适用"。

二、资金习性法

(一) 资金习性法预测资金需要量的基本原理

1. 基本原理

所谓资金习性,是指资金占用量与产品产销量之间的依存关系。按照这种关系,可将占用资金区分为不变资金、变动资金和半变动资金。

不变资金是指在一定的产销规模内不随产量(或销量)变动的资金,主要包括为维持经营活动展开而占用的最低数额的现金、原材料的保险储备、必要的成品储备和厂房、机器设备等固定资产占用的资金。

变动资金是指随产销量变动而同比例变动的资金,一般包括在最低储备以外的现金、存货、应收账款等所占用资金。

半变动资金是指虽受产销量变动的影响,但不成同比例变动的资金,如一些辅助材料上占用的资金等,半变动资金可采用一定的方法划分为不变资金和变动资金两部分。

资金习性预测法是企业未来销售预测已经完成且可以将资金占用量按其习性分为变动资金和不变资金的前提下,根据历史各期的销售和占用资金量资料,利用"总资金 = 不变资金 + 单位变动资金 × 业务量"原理来预测未来销售下的资金需要量。

2. 计算步骤

运用资金习性法预测资金需要量的具体步骤如下:

(1) 收集整理企业历史各期的销售资料和占用资金量资料。

(2) 根据历史资料,使用高低点法或回归分析法分解该企业的资金占用量,求出不变资金、单位变动资金。

(3) 利用"总资金 = 不变资金 + 单位变动资金 × 业务量"预测未来的资金需要量。

(二) 资金习性法预测资金需要量的计算

1. 线性回归分析法

如果回归曲线符合线性特征,则可以使用 SLOPE 函数、INTERCEPT 函数、TREND 函数计算资金需要量。

 Excel 函数链接 8-1 ···

SLOPE 函数

【类型】统计函数

【功能】返回通过 known_y's 和 known_x's 中数据点的线性回归线的斜率。斜率为垂直距离除以线上任意两个点之间的水平距离,即回归线的变化率。(本节用来计算线性回归分析法中的参数 b。)

【语法】SLOPE(known_y's, known_x's)

known_y's:数字型因变量数据点数组或单元格区域;

known_x's:自变量数据点集合。

【提示】

(1) 参数可以是数字,或者是包含数字的名称、数组或引用。

(2) 如果数组或引用参数包含文本、逻辑值或空白单元格,则这些值将被忽略;但包含零值的单元格将计算在内。

（3）如果 known_y's 和 known_x's 为空或其数据点个数不同，函数 SLOPE 返回错误值 #N/A

【举例】在 A1:A3 单元格中分别输入 1，2，3；B1:B3 单元格中分别输入 10，20，30；A4 单元格输入公式"＝SLOPE(B1:B3，A1:A3)"，则结果为"10"。

 Excel 函数链接 8-2 ....

INTERCEPT 函数

【类型】统计函数

【功能】利用已知的 x 值与 y 值计算直线与 y 轴交叉点。交叉点是以通过已知 x 值和已知 y 值绘制的最佳拟合回归线为基础的。当自变量是 0（零）时，可使用 INTERCEPT 函数确定因变量的值。（本节用来计算线性回归分析法中的参数 a。）

【语法】INTERCEPT(known_y's，known_x's)

known_y's：数字型因变量数据点数组或单元格区域；

known_x's：自变量数据点集合。

【举例】在 A1:A3 单元格中分别输入 1，2，3；B1:B3 单元格中分别输入 10，20，30；A4 单元格输入公式"＝INTERCEP (B1:B3，A1:A3)"，则结果为"0"。

 Excel 函数链接 8-3 ....

TREND 函数

【类型】统计函数

【功能】返回线性趋势值。找到适合已知数组 known_y's 和 known_x's 的直线（用最小二乘法）。返回指定数组 new_x's 在直线上对应的 y 值。（本节用来使用线性回归分析法计算资金需要量。）

【语法】TREND(known_y's，[known_x's]，[new_x's]，[const])

其中，各参数的意义如下：

known_y's：关系表达式 y＝mx＋b 中已知的 y 值集合；

known_x's：关系表达式 y＝mx＋b 中已知的可选 x 值集合。

new_x's：需要函数 TREND 返回对应 y 值的新 x 值。

const：一个逻辑值，用于指定是否将常量 b 强制设为 0。

【提示】

（1）如果省略 new_x's，将假设它和 known_x's 一样。如果 known_x's 和 new_x's 都省略，将假设它们为数组{1，2，3，…}，大小与 known_y's 相同。

（2）如果 const 为 TRUE 或省略，b 将按正常计算。如果 const 为 FALSE，b 将被设为 0（零），m 将被调整以使 y＝mx。

【举例】在 A1:A3 单元格中分别输入 1，2，3；B1:B3 单元格中分别输入 10，20，30；C1 单元格中输入 4，，A4 单元格输入公式"＝TREND(B1:B3，A1:A3，C1)"，则结果为"40"。

【案例 8-2】 华夏公司销售量和资金占用变化情况如表 8-2 所示。2019 年的预计销售量为 750 万件。假设资金需要量与销售量的关系为 $y＝a＋bx$，其中：y 为资金需要量；x 为销售量；a、b 为待定参数。

要求：采用回归分析法预测 2016 年的资金需要量。

表 8-2　　　　　　　　　　　　　　　华夏公司销售量和资金占用变化情况

年　度	产量(x 万件)	资金占用(y 万元)
2013	600	500
2014	550	475
2015	500	450
2016	600	500
2017	650	525
2018	700	550

【操作步骤】

（1）打开"8 章 筹资决策分析. xlsx"工作簿，新建一个工作表标签，将其重命名为"线性回归分析法"。

（2）根据案例资料的已知条件输入相关信息，并建立计算结果区域，如图 8-4 所示。

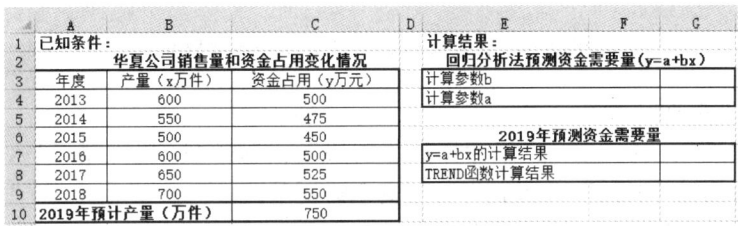

图 8-4　回归分析法预测资金需要量表

（3）使用 SLOPE 函数计算参数 b。选择 G3 单元格，单击"公式"|"其他函数"|"统计"|"SLOPE"命令，打开"函数参数"界面；设置 SLOPE 函数的相关参数，如图 8-5 所示。或直接在 G3 单元格中输入公式"＝SLOPE(C4:C9，B4:B9)"按回车键，则得到 b 的值。

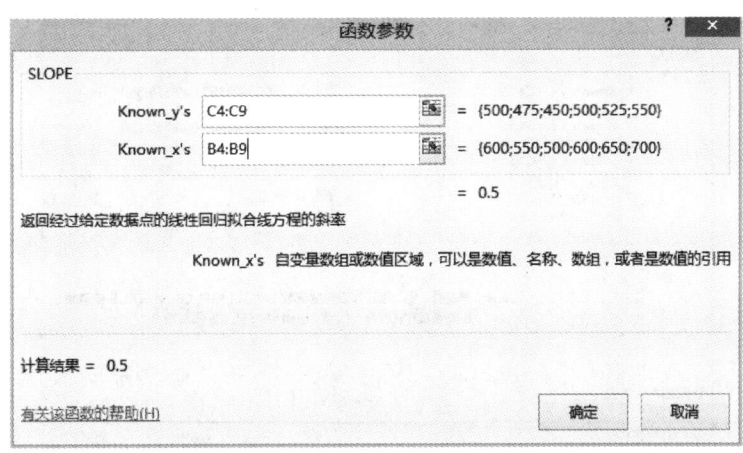

图 8-5　设置"SLOP"函数参数界面

（4）使用 INTERCEPT 函数计算参数 a。选择 G4 单元格，单击"公式"|"其他函数"|"统计"|"INTERCEPT"命令，打开"函数参数"界面；设置 INTERCEPT 函数的参数，如图 8-6 所示。或直接在 G4 单元格中输入公式"＝INTERCEPT(C4:C9，B4:B9)"按回车键，则

得到 a 的值。

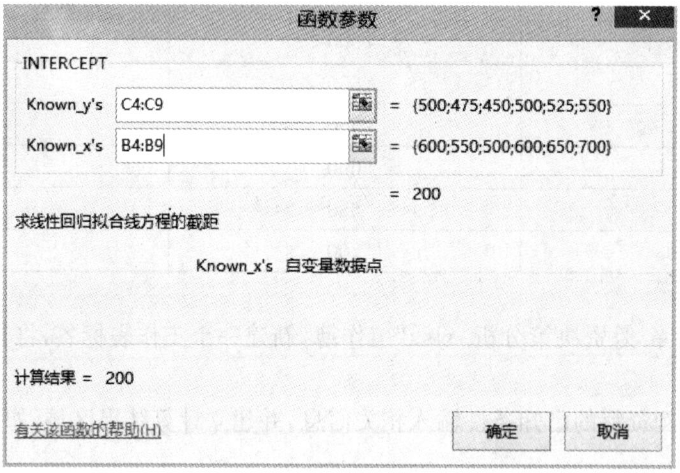

图 8-6　设置"INTERCEPT"函数参数界面

（5）计算外部资金需要量。

方法一：使用"$y＝a＋bx$"公式计算资金需要量。选择 G7 单元格，输入公式"＝G4＋G3＊C10"按回车键，则得到 y 的值，即外部资金需要量。

方法二：使用 TREND 函数计算资金需要量。

选择 G8 单元格，单击"公式"|"其他函数"|"统计"|"TREND"命令，打开"函数参数"界面。

设置 TREND 函数的相关参数，如图 8-7 所示。或直接在 G8 单元格中输入公式"＝TREND(C4:C9，B4:B9，C10)"按回车键，则得到 y 的值，即外部资金需要量。

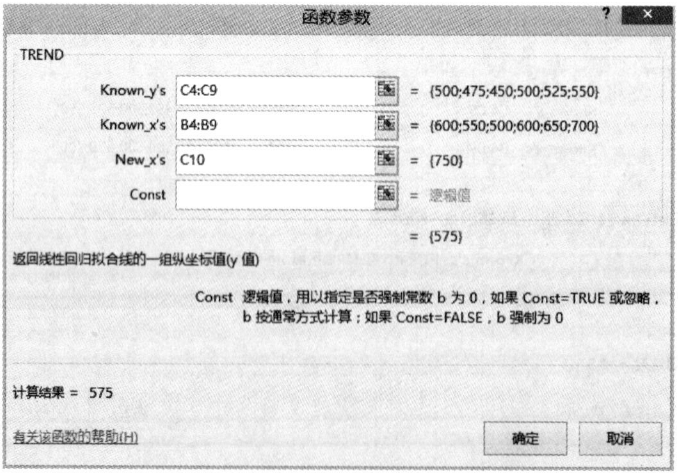

图 8-7　设置"TREND"函数参数界面

通过以上操作可知，使用"$y＝a＋bx$"与 TREND 函数计算的结果相同，由此可得到 2019 年资金需求量为 575 万元。两种方法求解资金需求量的结果如图 8-8 所示。

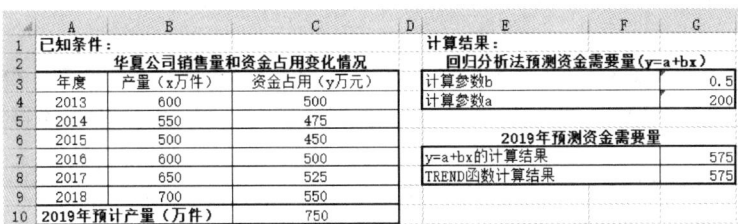

	A	B	C	D	E	F	G
1	已知条件：				计算结果：		
2		华夏公司销售量和资金占用变化情况			回归分析法预测资金需要量(y=a+bx)		
3	年度	产量（x万件）	资金占用（y万元）		计算参数b		0.5
4	2013	600	500		计算参数a		200
5	2014	550	475				
6	2015	500	450		2019年预测资金需要量		
7	2016	600	500		y=a+bx的计算结果		575
8	2017	650	525		TREND函数计算结果		575
9	2018	700	550				
10	2019年预计产量（万件）		750				

图 8-8　回归分析法预测资金需要量的计算结果

2. 高低点法

高低点法又称两点法，是指通过观察一定相关范围内各期的产销量与资金占用量所构成的所有坐标点，从中选出产销量最高点和最低点的坐标来建立线性方程 $y=a+bx$，并据此推算资金需要量。可以使用 MAX 函数、MIN 函数、INDEX 函数、MATCH 计算。

Excel 函数链接8-4

···

INDEX 函数

【类型】查找与引用函数

【功能】返回表格或数组中的元素值，此元素由行号和列号的索引值给定。当函数 INDEX 的第一个参数为数组常量时，使用数组形式。（本节用在高低点法中返回符合条件的资金占用量。）

【语法】INDEX(array，row_num，[column_num])

array：单元格区域或数组常量。

row_num：选择数组中的某行，函数从该行返回数值。

column_num：选择数组中的某列，函数从该列返回数值。

【提示】

(1) 如果数组只包含一行或一列，则相对应的参数 row_num 或 column_num 为可选参数。如果数组有多行和多列，但只使用 row_num 或 column_num，函数 INDEX 返回数组中的整行或整列，且返回值也为数组。

(2) 如果省略 row_num，则必须有 column_num；如果省略 column_num，则必须有 row_num。

(3) 如果同时使用参数 row_num 和 column_num，函数 INDEX 返回 row_num 和 column_num 交叉处的单元格中的值。

【举例】在 A1:A3 单元格区域中分别输入 1，2，3；B1:B3 单元格区域中分别输入 10，20，30；A4 单元格输入公式"＝INDEX(B1:B3，MAX(A1:A3))"，则返回计算结果"30"。

Excel 函数链接8-5

···

MATCH 函数

【类型】查找与引用函数

【功能】返回在指定方式下与指定数值匹配的数组中元素的相应位置。（本节用在高低点法中返回符合条件的数值位置。）

【语法】MATCH(lookup_value，lookup_array，[match_type])

lookup_value：在数组中所要查找的匹配值。例如，如果要在电话簿中查找某人的电话号码，则应该将姓名作为查找值，但实际上需要的是电话号码；

lookup_array：要搜索的单元格区域；

match_type：数字－1、0 或 1。match_type 参数指定 Excel 如何将 lookup_value 与 lookup_array 中的值

匹配。此参数的默认值为1。

【提示】

(1) 如需要返回项目在区域中的位置而非项目本身时,使用 MATCH 函数而不是 LOOKUP 函数。例如,如果单元格区域 A1:A3 输入 5、25 和 38,则公式＝MATCH(25,A1:A3,0)返回数字2,因为值25是区域中的第二个项目。

(2) 匹配文本值时,MATCH 函数不区分大小写字母。

(3) 如果 MATCH 函数查找匹配项不成功,它会返回错误值♯N/A。

(4) 如果 match_type 为 0 且 lookup_value 为文本字符串,lookup_value 参数中可以使用通配符问号"?"和星号"＊"。问号匹配任意单个字符;星号匹配任意一串字符。如果要查找实际的问号或星号,请在字符前输入波形符"～"。

【举例】 在 A1:A3 单元格区域中分别输入数值"1","2","3";在 A4 单元格输入公式"＝MATCH(1,A1:A3)",则返回计算结果"1"。

【案例 8-3】 根据前述[案例 8-2]资料,采用高低点法预测 2019 年的资金需要量。

【操作步骤】

(1) 打开"8章 筹资决策分析. xlsx"工作簿,新建一个工作表标签,将其重命名为"高低点法"。

(2) 根据案例资料的已知条件输入相关信息,并建立计算结果区域,如图 8-9 所示。

A	B	C	D	E	F	G
已知条件:				计算结果:		
	华夏公司销售量和资金占用变化情况			高低点法预测资金需要量(y=a+bx)		
年度	产量(x万件)	资金占用(y万元)			产量(x万件)	资金占用(y万元)
2013	600	500		高点		
2014	550	475		低点		
2015	500	450		Δy		
2016	600	500		Δx		
2017	650	525		计算参数b		
2018	700	550		计算参数a		
2019年预计产量（万件）		750		2019年预测资金需要量（万元）		

图 8-9　高低点法预测资金需要量表

(3) 使用 MAX 函数找出高点。选择 F4 单元格,单击"公式"|"其他函数"|"统计"|"MAX"命令,打开"函数参数"界面,设置相关参数,如图 8-10 所示。

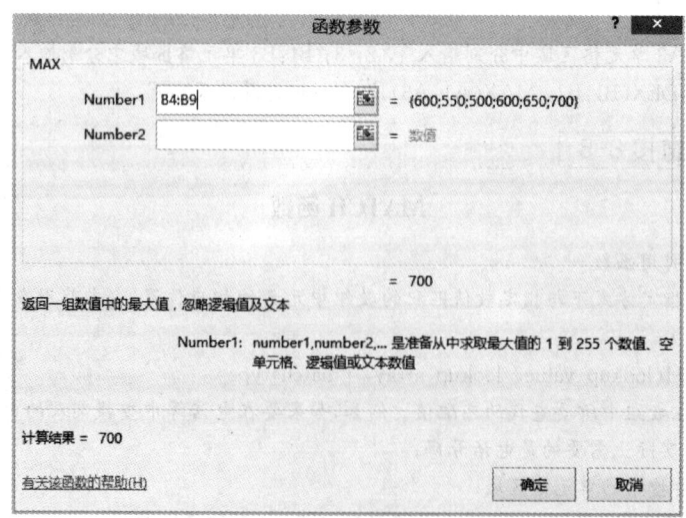

图 8-10　设置"MAX"函数参数界面

（4）使用 MIN 函数找出低点。选择 F5 单元格，单击"公式"|"其他函数"|"统计"|"MIN"命令，打开"函数参数"界面，设置相关参数，如图 8-11 所示。

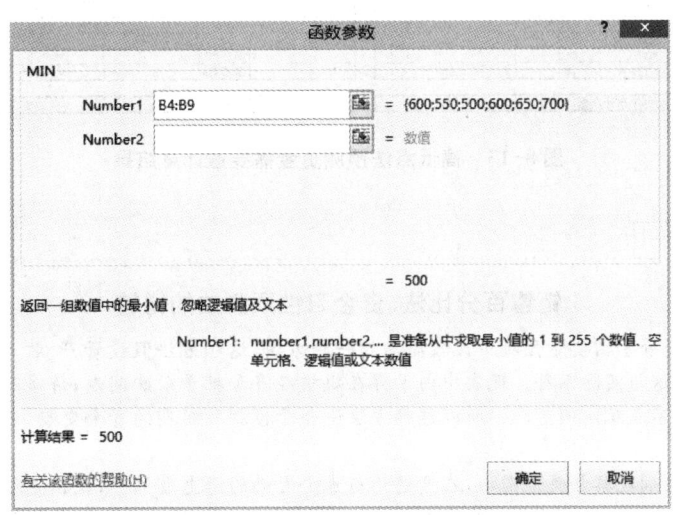

图 8-11 设置"MIN"函数参数界面

（5）使用 INDEX 函数找出高点的对应占用资金。选择 G4 单元格，单击"公式"|"查找与引用"|"INDEX"命令，打开"选定参数"界面，根据默认设置，单击"确定"，打开"函数参数"界面，设置相关参数，如图 8-12 所示。

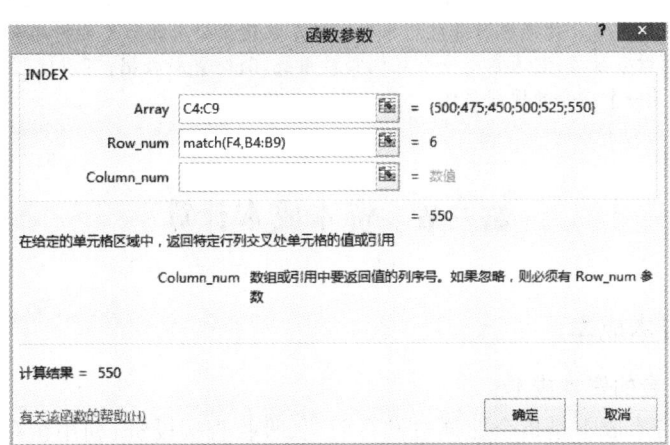

图 8-12 设置"INDEX"函数参数界面

（6）同理，选择 G5 单元格，使用 INDEX 函数，设置低点的对应值。

（7）分别计算 Δy 和 Δx 的值：选择 G6 单元格，设置公式"＝G4－G5"；选择 G7 单元格，设置公式"＝F4－F5"。

（8）分别计算参数 b 和参数 a 的值：选择 G8 单元格，设置公式"＝G6/G7"；选择 G9 单元格，设置公式"＝G4－G8＊F4"或"＝G5－G8＊F5"。

（9）计算预计资金需要量。选择 G11 单元格，设置公式"＝G9＋G8＊C11"，则得出华夏公式 2019 年资金需求量为 575 万元，如图 8-13 所示。

	A	B	C	D	E	F	G
1	已知条件:				计算结果:		
2		华夏公司销售量和资金占用变化情况				高低点法预测资金需要量(y=a+bx)	
3	年度	产量（x万件）	资金占用（y万元）			产量（x万件）	资金占用（y万元）
4	2013	600	500		高点	700	550
5	2014	550	475		低点	500	450
6	2015	500	450		△y		100
7	2016	600	500		△x		200
8	2017	650	525		计算参数b		0.5
9	2018	700	550		计算参数a		200
10							
11	2019年预计产量（万件）		750		2019年预测资金需要量（万元）		575

图 8-13　高低点法预测资金需要量计算结果

延伸阅读8-1

销售百分比法、资金习性预测法的比较

销售百分比法是资金需要量预测中比较简单的一种方法，这种方法假设资产、收入、负债、成本与销售收入成正比例关系，这与实际不符。现实中由于存在规模经济和批量采购问题，许多情况下资产、收入、负债、成本与销售收入不成正比例变动。所以这种方法适合于预测较短期的资金变动，还可作为复杂方法的补充或检验。

高低点法通过分别观察相关范围内，在产销量与资金变动的历史数据中，找出产销量最高和最低的两点及其所对应的资金占用，根据这两对历史数据求出直线方程，作为预测资金需要量的模型。

线性回归分析法是假定资金需要量与销售额之间存在线性关系，然后根据一系列历史资料，利用数学上最小平方方法原理，计算能代表平均资金水平的直线截距和斜率，建立回归直线方程，并利用其预测资金需要量的一种方法。对比前面预测资金量的方法，更为精确。

对于大型企业来说，无论是销售百分比法还是回归分析法都显得过于简化。事实上，影响资金需要量的变量很多，如产品的组合、信用政策、价格政策等，计算时需要把这些变量纳入预测模型。比较复杂的预测可以使用交互式财务规划模型，它比电子表软件功能更强，能够通过"人机对话"进行"反向操作"。复杂的资金需要量预测是使用综合数据库财务计划系统。该系统建有公司的历史资料库和模型库，用以选择适用的模型并预测各项财务数据；它通常是一个联机实时系统，随时更新数据；可以使用概率技术，分析预测的可靠性；同时它还是一个综合的规划系统。

第三节　资本成本计算

一、个别资本成本

（一）权益资金的资本成本

权益资金的资本成本是指企业通过发行股票、吸收直接投资、利用留存收益等方式获得资金而付出的代价。使用权益资本筹资可以降低企业的财务风险，但成本一般较高。各类权益资金的资本成本计算如下：

$$普通股资本成本 = \frac{预期年股利额}{普通股筹资额 \times (1 - 筹资费率)} + 股利增长率$$

$$优先股资本成本 = \frac{优先股年股利额}{优先股筹资额 \times (1 - 筹资费率)} \times 100\%$$

$$留存收益资本成本 = \frac{预期年股利额}{留存收益额} + 股利年增长率$$

$$= 普通股第1年股利率 + 股利年增长率$$

【案例 8-4】 华夏公司拟发行总额 200 万的优先股和面值 4 元的普通股 100 万股进行筹资。其中,优先股每年支付 20 万股利,筹资费率 4％;普通股筹资费率 5％,第一年股利为 0.4 元/股,预期以后每年股利增长 3％,预计留存收益 400 万。

要求:分别计算优先股、普通股和留存收益的资本成本。

【操作步骤】

(1) 打开"8 章 筹资决策分析. xlsx"工作簿,插入一张新的工作表,将其重命名为"权益资金的资本成本"。

(2) 根据案例资料的已知条件将相关信息输入,并建立计算结果区域,如图 8-14 所示:

	A	B	C	D	F	G	H	I	J
1	已知条件:								
2		优先股		普通股			留存收益		
3	筹资总额（万元）	200	筹资总额（万元）		400	筹资总额（万元）			400
4	年股利（万元）	20	预期年股利		40.00	预期年股利			40.00
5	筹资费率	4%	筹资费率		5%	股利增长率			3%
6			股利年增长率		3%				
7									
8	计算结果:								
9			资本成本						
10	优先股								
11	普通股								
12	留存收益								

图 8-14　权益资金资本成本计算表

(3) 设置计算公式:

选择 B10 单元格,输入公式"＝B4/(B3 * (1－B5))";按回车键,则得到优先股的资本成本。

选择 B11 单元格,输入公式"＝F4/(F3 * (1－F5))＋F6";按回车键,则得到普通股的资本成本。

选择 B12 单元格,输入公式"＝J4/J3＋F7";则得到留存收益的资本成本。如图 8-15 所示。

	A	B	C	D	F	G	H	I	J
1	已知条件:								
2		优先股		普通股			留存收益		
3	筹资总额（万元）	200	筹资总额（万元）		400	筹资总额（万元）			400
4	年股利（万元）	20	预期年股利		40.00	预期年股利			40.00
5	筹资费率	4%	筹资费率		5%	股利增长率			3%
6			股利年增长率		3%				
7									
8	计算结果:								
9			资本成本						
10	优先股	10.42%							
11	普通股	13.53%							
12	留存收益	10.00%							

图 8-15　资本成本计算结果

（二）负债筹资的资本成本

负债筹资可以使用发行债券,向银行贷款等方式。与权益筹资方式相比,负债筹资的资本成本较低,也不会分散企业的控制权;但是需要定期付息,到期归还本金,会增加企业的财务风险;此外,向银行贷款、发行债券等负债筹资方式往往会有较多的限制条款。

$$长期借款的资本成本 = \frac{年利息 \times (1 - 所得税率)}{借款总额 \times (1 - 筹资费率)} \times 100\%$$

$$发行债券的资本成本 = \frac{年利息 \times (1 - 所得税率)}{发行额 \times (1 - 筹资费率)} \times 100\%$$

【案例 8-5】 华夏公司向银行借入一笔 4 年期,金额 300 万的贷款,贷款年利率 8%,按年付息,到期还本,筹资费率 0.6%。同时发行了一批 5 年期限的债券,债券总面值为 1 000 万,票面利率为 8%,每年付息一次,发行价格为面值的 110%,筹资费率为 4%。所得税率 25%。

要求:分别计算长期借款和发行债券的资本成本。

【操作步骤】

（1）打开"8 章 筹资决策分析. xlsx"工作簿,插入一张新的工作表,将其重命名为"债务资金的资本成本"。

（2）根据案例资料的已知条件将相关信息输入,并建立计算结果区域,如图 8-16 所示:

	A	B	C	D	E	F	G	H	I
1	已知条件:								
2	长期借款		发行债券				计算结果:		
3	筹资总额（万元）	300	筹资总额（万元）		1100			资本成本	
4	年利率	8%	债券面值（万元）		1000		长期借款		
5	筹资费率	0.6%	票面利率		8%		发行债券		
6	期限（年）	4	期限（年）		5				
7			筹资费率		4%				
8	所得税率		25%						

图 8-16 债务资金资本成本计算表

（3）设置计算公式。

选择 H4 单元格,输入公式"=(B3 * B4 * (1-B8))/(B3 * (1-B5))";按回车键,则得到长期借款的资本成本。

选择 H5 单元格,输入公式"=(E4 * E5 * (1-B8))/(E3 * (1-E7))";按回车键,则得到债券的资本成本。如图 8-17 所示。

	A	B	C	D	E	F	G	H	I
1	已知条件:								
2	长期借款		发行债券				计算结果:		
3	筹资总额（万元）	300	筹资总额（万元）		1100			资本成本	
4	年利率	8%	债券面值（万元）		1000		长期借款	6.04%	
5	筹资费率	0.6%	票面利率		8%		发行债券	5.68%	
6	期限（年）	4	期限（年）		5				
7			筹资费率		4%				
8	所得税率		25%						

图 8-17 资本成本计算结果

二、综合资本成本

综合资本成本率是指一个公司全部长期资本的成本率,通常是以各种长期资本的所占比例为权重,对个别资本成本率进行加权平均测算的,故亦称加权平均资本成本率。因此,综合资本成本率是由个别资本成本率和各种长期资本权重这两个因素所决定的。

【案例 8-6】 华夏公司拟筹资 2 000 万元,计划长期借款筹集 300 万,年利率为 6%,长期债券筹集 200 万,年利率为 8%,筹资费用率为 3%;优先股筹集 300 万,年股息率为 6%;普通股筹集 700 万,预计下年度的每股股利为 2 元,股利预计增长率为 3%,公司现行普通股发行价格为 10 元;预计留存收益 500 万。所得税税率 25%。

要求:计算华夏公司的综合资本成本。

【操作步骤】

(1) 打开"8 章 筹资决策分析. xlsx"工作簿,插入一张新的工作表,将其重命名为"综合资本成本"。

(2) 根据案例资料的已知条件将相关信息输入,并建立计算结果区域,如图 8-18所示。

	A	B	C	D	E	F	G
1	已知条件:						
2	筹资方式	长期借款	发行债券	优先股	普通股	留存收益	合计
3	筹资额(万元)	300	200	300	700	500	2000
4	利息率	6.0%	8.0%				
5	股利率			6.0%			
6	股利(元/股)				2		
7	股利增长率				3.0%		
8	股价(元/股)				10		
9	筹资费率		3.0%	5.0%	6.0%		
10	所得税率	25.0%					
11	计算结果:						
12	筹资方式	长期借款	发行债券	优先股	普通股	留存收益	合计
13	权重						
14	个别资本成本						
15	综合资本成本						

图 8-18 综合资本成本计算表

(3) 计算各个筹资方式权重。选择 B13 单元格,输入公式"=B3/$G$3";按回车键,则得到长期借款筹资方式所占权重。同理,将公式填充至 C13:F13 单元格区域。

(4) 计算各个筹资方式的资本成本。选择 B14 单元格,输入公式"=B3 * B4 * (1- $B$10)/(B3 * (1-B9))";按回车键,则得到长期借款的资本成本。并将此公式填充到 C14 单元格,则得到债券资本成本的计算公式为"=C3 * C4 * (1- $B$10)/(C3 * (1-C9))"。选择 D14 单元格,输入公式"=D3 * D5/(D3 * (1-D9))";选择 E14 单元格,输入公式=E6/((1-E9) * E8)+E7;选择 F14 单元格,输入公式"=E6/E8+E7"。

(5) 计算综合资本成本。选择 G15 单元格,输入公式"=SUMPRODUCT(B13:F13,B14:F14)"或者单击"公式"|"数学和三角函数"|"SUMPRODUCT"命令,打开"函数参数"界面;设置 array1 参数值为 B13:F13;array2 参数值为 B14:F14,如图 8-19 所示。

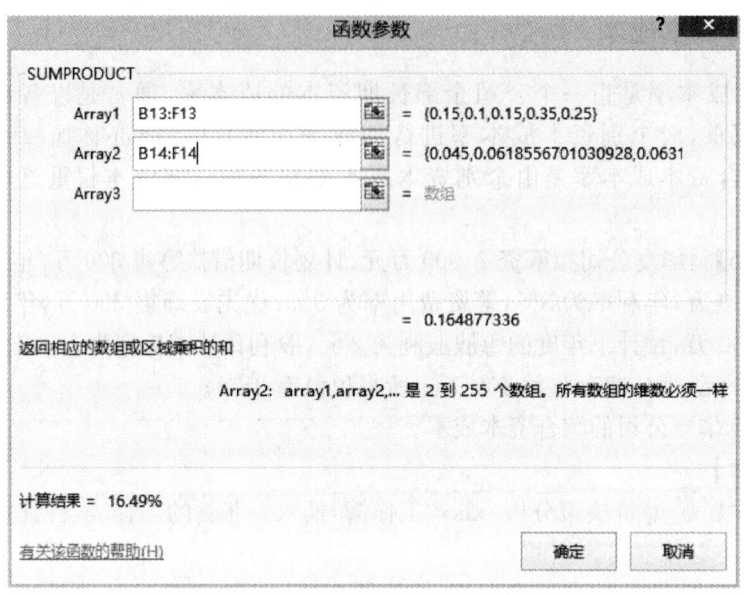

图 8-19 "SUMPRODUCT"函数参数设置界面

（6）得出综合资本成本的计算结果，如图 8-20 所示。

	A	B	C	D	E	F	G
1	已知条件：						
2	筹资方式	长期借款	发行债券	优先股	普通股	留存收益	合计
3	筹资额（万元）	300	200	300	700	500	2000
4	利息率	6.0%	8.0%				
5	股利率			6.0%			
6	股利（元/股）				2		
7	股利增长率				3.0%		
8	股价（元/股）				10		
9	筹资费率		3.0%	5.0%	6.0%		
10	所得税率	25.0%					
11	计算结果：						
12	筹资方式	长期借款	发行债券	优先股	普通股	留存收益	合计
13	权重	0.15	0.1	0.15	0.35	0.25	1
14	个别资本成本	4.50%	6.19%	6.32%	24.28%	23.00%	
15	综合资本成本						16.49%

图 8-20 综合资本成本计算结果

第四节 最佳资本结构筹资决策

最佳资本结构是指企业在一定时期内，筹措的资本的加权平均资本成本最低，使企业的价值达到最大的资本结构。它应是企业的目标资本结构（Target Capital Structure）。最佳的负债点即是最佳资本结构，最佳负债点的选择即是资本结构决策。

企业各种资金的构成及其比例关系是企业筹资决策的核心问题。企业应综合考虑有关影响因素,运用适当的方法确定最佳资本机构,并在以后追加筹资中继续保持最佳资本机构。但由于企业内部条件和外部环境经常发生变化,寻找最佳资本结构十分困难。常用的方法有比较资本成本法和比较每股利润分析法。

一、比较资本成本法(Comparison Method, WACC)

比较资本成本法(Comparison Method, WACC),即通过比较不同的资本结构的加权平均资本成本,选择其中加权平均资本成本最低的资本结构的方法。

【案例 8-7】 华夏公司拟筹资 2 000 万元,有三个筹资方案备选。相关数据如表 8-3 所示。

表 8-3　　华夏公司筹资方案表

筹资方式	A 方案		B 方案		C 方案	
	筹资额(万元)	资本成本率	筹资额(万元)	资本成本率	筹资额(万元)	资本成本率
长期借款	300	6.5%	500	6.7%	200	6.8%
发行债券	400	7.0%	500	7.0%	600	7.2%
优先股	500	11.9%	400	12.5%	500	12.0%
普通股	800	14.8%	600	15.2%	700	15.0%
合计	2 000		2 000		2 000	

要求:选择最优筹资方案。

【操作步骤】

(1) 打开"8 章 筹资决策分析. xlsx"工作簿,插入一张新的工作表,将其重命名为"比较资本成本法"。

(2) 根据案例资料的已知条件将相关信息输入,并建立计算结果区域,如图 8-21 所示。

	A	B	C	D	E	F	G
1	**已知条件:**						
2	筹资方式	A方案		B方案		C方案	
3		筹资额(万元)	资本成本率	筹资额(万元)	资本成本率	筹资额(万元)	资本成本率
4	长期借款	300	6.5%	500	6.7%	200	6.8%
5	发行债券	400	7.0%	500	7.0%	600	7.2%
6	优先股	500	11.9%	400	12.5%	500	12.0%
7	普通股	800	14.8%	600	15.2%	700	15.0%
8	合计	2000		2000		2000	
9	**计算结果:**						
10	筹资方式	权重					
11		A方案	B方案	C方案			
12	长期借款						
13	发行债券						
14	优先股						
15	普通股						
16	综合资本成本						
17	**最低资本成本:**						
18	**最优筹资方案:**						

图 8-21　比较资本成本法

（3）计算各个筹资方式的权重。选择 B12 单元格,输入公式"＝B4/＄B＄8";并将公式填充至 B13:B15 单元格区域,则得出 A 方案各筹资方式的权重。同理,计算 B 方案和 C 方案的权重系数。

（4）计算综合资本成本。选择 B16 单元格,输入公式"＝SUMPRODUCT(B12:B15,C4:C7)"或者单击"公式"|"数学和三角函数"|"SUMPRODUCT"命令,打开"函数参数"界面;设置 array1 参数值为 B12:B15;array2 参数值为 C4:C7,如图 8-22 所示。同理,计算 B 方案和 C 方案的综合资本成本。

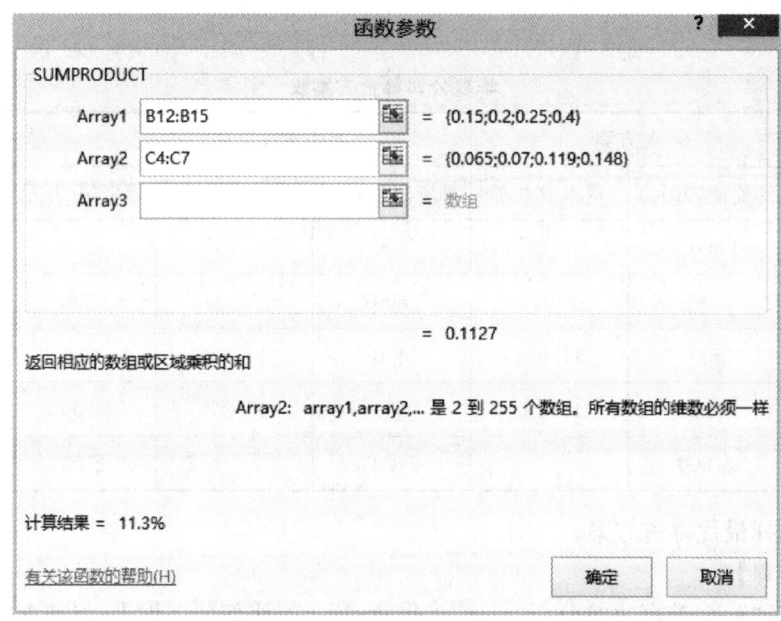

图 8-22　"SUMPRODUCT"函数参数设置界面

 提示

B16 单元格的公式"＝SUMPRODUCT(B12:B15,C4:C7)"用来计算 A 方案的综合资本成本,公式含义为 A 方案综合资本成本等于各筹资方式的权重乘以其资本成本率,即＝B12＊C4＋B13＊C5＋B14＊C6＋B15＊C7;SUMPRODUCT 函数的具体用法见第七章"Excel 函数链接 7-3";

C16 单元格的公式"＝SUMPRODUCT(C12:C15,E4:E7)";

D16 单元格的公式"＝SUMPRODUCT(D12:D15,G4:G7)"。

（5）选择最优筹资方案:

选择 B17 单元格,输入公式"＝MIN(B16:D16)"或者单击"公式"|"其他函数"|"统计函数"|"MIN"命令,打开"函数参数"界面;设置 number1 参数值为 B16:D16。

选择 B18 单元格,输入公式"＝INDEX(B11:D11,MATCH(B17,B16:D16))"或者单击"公式"|"查找与引用"|"INDEX"命令,打开"函数参数"界面;参数设置如图 8-23 所示。

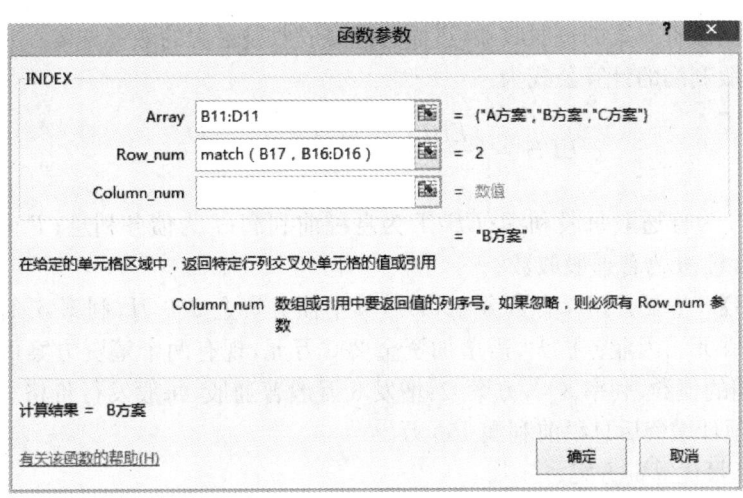

图 8-23 "INDEX"函数参数设置界面

 提 示

B18 单元格的公式"＝INDEX(B11:D11, MATCH(B17，B16:D16))"用来返回三种筹资方案中综合资本成本最低的方案名称,该公式中嵌套了 MATCH 函数。公式 MATCH (B17,B16:D16)含义为在 B16:D16 单元格区域查找与 B17 单元格相匹配的值并返回其所在的位置。

(6) 得出筹资结论,B方案是最佳投资方案,此时资本成本最低,为 10.5％,如图 8-24 所示。

	A	B	C	D	E	F	G
1	已知条件:						
2	筹资方式	A方案		B方案		C方案	
3		筹资额（万元）	资本成本率	筹资额（万元）	资本成本率	筹资额（万元）	资本成本率
4	长期借款	300	6.5%	500	6.7%	200	6.8%
5	发行债券	400	7.0%	500	7.0%	600	7.2%
6	优先股	500	11.9%	400	12.5%	500	12.0%
7	普通股	800	14.8%	600	15.2%	700	15.0%
8	合计	2000		2000		2000	
9	计算结果:						
10	筹资方式	权重					
11		A方案	B方案	C方案			
12	长期借款	15.0%	25.0%	10.0%			
13	发行债券	20.0%	25.0%	30.0%			
14	优先股	25.0%	20.0%	25.0%			
15	普通股	40.0%	30.0%	35.0%			
16	综合资本成本	11.3%	10.5%	11.1%			
17	最低资本成本	10.5%					
18	最优筹资方案	B方案					

图 8-24 比较资本成本法计算结果

二、比较每股利润分析法(EPS Analysis Method)

比较每股利润分析法(EPS Analysis Method)也称每股收益分析法,是在计算不同融资方案下企业的每股收益相等时所对应的盈利水平(EBIT)的基础上,通过比较在企业预期盈利水平下的不同融资方案的每股收益,进而选择每股收益最大的融资方案。

普通股每股利润的计算公式为:

$$EPS = \frac{(EBIT - I)(1 - T) - D_p}{n}$$

其中,EPS 为普通股每股利润;$EBIT$ 为息税前利润;I 为债务利息;T 为所得税税率;D_p 为优先股股息;n 为普通股股数。

【案例 8-8】 华夏公司原有资金 800 万,其中债务资金 300 万,利率 6%;普通股 25 万股,每股面值 20 元。因业务扩大,需增加资金 200 万元,现有两个筹资方案可供选择:方案一:发行 5 年期的债券,利率 8%;方案二:增发 8 万股普通股,每股发行价格 25 元。公司所得税率 25%,预计增资后息税前利润 150 万。

要求:选择最优筹资方案。

【操作步骤】

(1) 打开"8 章 筹资决策分析.xlsx"工作簿,插入一张新的工作表,将其重命名为"比较每股利润法"。

(2) 根据案例资料的已知条件将相关信息输入,并建立计算结果区域,如图 8-25 所示:

	A	B	C	D	E	F
1	已知条件:					
2	现有资本结构		方案一		方案二	
3	资本总额(万元)	800				
4	债务资金(万元)	300	追加债务(万元)	200		
5	债务利率	6.0%	追加利率	8.0%		
6	普通股股数(万股)	25			发行股数(万股)	8
7	普通股每股面值(元)	20			发行价格(元)	25
8	普通股(万元)	500				
9	所得税率	25.0%				
10	预计息税前利润(万元)	150				
11						
12	计算结果:					
13	筹资方式	股数	利息	每股利润		
14	方案一(发行债券)					
15	方案二(发行股票)					
16	最优筹资方案:					

图 8-25 比较每股利润法

(3) 计算"方案一"的股数、利息和每股利润。选择 B14 单元格,输入公式"=B6";选择 C14 单元格,输入公式"=B4＊B5＋D4＊D5";选择 D14 单元格,输入公式"=(B10－C14)＊(1－B9)/B14"。则得到方案一的计算结果。

(4) 计算"方案二"的股数、利息和每股利润。选择 B15 单元格,输入公式"=F6＋B6";选择 C15 单元格,输入公式"=B4＊B5";选择 D15 单元格,输入公式"=(B10－C15)＊(1－B9)/B15"。则得到方案二的计算结果。

(5) 进行决策。选择 B16 单元格,输入公式"=INDEX(A14:A15,MATCH(MAX(D14:D15),D14:D15))"或者单击"公式"|"查找与引用"|"INDEX"命令,打开"函数参数"界面;设置参数。则得出筹资结论,方案一是最佳投资方案,此时每股利润最高,如图 8-26 所示。

	A	B	C	D	E	F
1	已知条件：					
2	现有资本结构		方案一		方案二	
3	资本总额（万元）	800				
4	债务资金（万元）	300	追加债务（万元）	200		
5	债务利率	6.0%	追加利率	8.0%		
6	普通股股数（万股）	25			发行股数（万股）	8
7	普通股每股面值（元）	20			发行价格（元）	25
8	普通股（万元）	500				
9	所得税率	25.0%				
10	预计息税前利润（万元）	150				
11						
12	计算结果：					
13	筹资方式	股数	利息	每股利润		
14	方案一（发行债券）	25	34	3.48		
15	方案二（发行股票）	33	18	3		
16	最优筹资方案：	方案一（发行债券）				

图 8-26　比较每股利润法计算结果

本 章 小 结

本章主要学习了 Excel 在长期筹资决策中的应用，主要有使用销售百分比法预测资金需要量；利用 SLOPE 函数、INTERCEPT 函数、TREND 函数，使用回归分析法预测资金需要量；利用 INDEX 函数、MATCH 函数，使用高低点法预测企业的资金需要量；学习利用 Excel 计算个别资本成本、综合资本成本，并进行最佳资本结构决策的方法。

本章重要概念

资金需要量　销售百分比法　线性回归分析法　SLOPE 函数　INTERCEPT 函数 TREND 函数　高低点法　INDEX 函数　MATCH 函数　综合资本成本　最佳资本结构 比较资本成本分析法　比较每股利润法

思 考 与 练 习

1. 简述销售百分比法、高低点法计算资金需要量的基本原理。
2. 线性回归分析法涉及哪几个函数？参数应该如何设置？
3. 简述普通股筹资方式和债务筹资方式资本成本的计算基本原理。
4. 简述采用比较每股利润法确定最佳资本结构的原理和公式。

推荐阅读资料

［1］韩良智．Excel 在财务管理中的应用［M］．3 版．北京：清华大学出版社，2015.
［2］崔杰，姬昂，崔婕．Excel 在会计和财务中的应用［M］．5 版．北京：清华大学出版社，2015.
［3］李慧．Excel 在财务管理中的应用［M］．2 版．北京：科学出版社，2016.

第九章 Excel 在投资决策中的应用

内容简介

本章主要讲解了现金流量的构成及计算模型;贴现指标(包括净现值、内含报酬率、获利指数)的计算原理及计算模型,固定资产更新决策中平均年成本法和差额分析法的计算原理及计算模型。本章重点为现金流量、净现值、内含报酬率、获利指数、固定资产更新决策的计算模型;难点为固定资产更新决策中平均年成本法的计算模型。

学习目的和要求

通过本章的学习,学生应掌握现金流量、净现值、内含报酬率、获利指数、固定资产更新决策中平均年成本法和差额分析法的计算模型;了解现金流量的构成以及净现值、内含报酬率、获利指数、固定资产更新决策中平均年成本法和差额分析法的计算原理。

引例　Excel 在投资决策中的优势

华夏公司有一项投资方案。该方案需投资生产线 3 000 000 元,该生产线预计使用寿命为 10 年,10 年后有残值收入 150 000 元,采用直线法计提折旧。另外在第一年需垫支营运资金 200 000 元。10 年中第 1 年的销售收入为 1 200 000 元,以后逐年递增 100 000 元;付现成本第一年为 420 000 元,以后随着设备陈旧,逐年将增加修理费 20 000 元,假设所得税税率为 25%,不考虑其他相关税费,公司的资金成本为 10%。判断该方案是否可行?

通过本章的学习,你应该能够在 Excel 中建立相应的模型,计算该方案的净现金流量,进而采用 NPV 函数、IRR 函数计算方案的净现值、内含报酬率或获利指数,并对该方案的可行性进行决策。从而避免繁琐的计算,且能够确保计算结果的正确性。

第一节 | 现金流量分析

一、现金流量的构成

现金流量是指一个项目引起的企业现金支出和现金收入增加的数量。

现金流量的构成按照不同的分类标准,可以有以下两种分类方法:

按照现金流动的方向,现金流量可分为现金流入量、现金流出量和现金净流量(NCF)。现金流入量是指由该项目引起的企业现金收入的增加额,现金流出量是指由该项目引起的企业现金支出的增加额,现金净流量是指由项目引起的、一定期间现金流入量和现金流出量的差额。流入量大于流出量,净流量为正值;反之,净流量为负值。

按照现金流量发生的时间,现金流量可分为初始现金流量、营业现金流量和终结现金流量。

初始现金流量是指开始投资时发生的、与该项目相关的现金流量,一般可按下述公式计算:

初始现金流量=-(固定资产投资+流动资产投资+其他投资费用)+原有固定资产变价收入

营业现金流量是指投资项目投入使用后,在其寿命周期内由于生产经营所带来的现金流入和流出的数量。营业净现金流量计算公式如下:

$$营业净现金流量=营业收入-付现成本-所得税$$
$$=税后利润+折旧$$
$$=收入×(1-税率)-付现成本×(1-税率)+折旧×税率$$

终结现金流量是指投资项目完结时所发生的、与该项目相关的现金流量。一般可按下述公式计算:

$$终结现金流量=固定资产残值净收入+流动资产回收+其他收入$$

二、现金流量的计算模型

【**案例 9-1**】 华夏公司现有一项投资方案。该方案需进行固定资产投资 11 000 元,该固定资产预计使用寿命为 4 年,4 年后有残值收入 1 000 元,采用直线法计提折旧。另外在第一年需垫支营运资金 3 000 元。4 年中第 1 年的销售收入为 13 000 元,以后逐年递增 2 000 元;付现成本第一年为 10 000 元,以后随着设备陈旧,逐年将增加修理费 1 000 元,假设所得税税率为 25%,不考虑其他相关税费,公司的资金成本为 10%。

要求:建立一个计算该方案各年净现金流量的模型。

【**操作步骤**】

(1) 在 Excel 工作表中建立的模型如图 9-1(不含数字的表格)所示。

(2) 在单元格 B10、B11、F12 中分别输入-11 000、-3 000、1 000。

(3) 在单元格 C3 中输入 13 000,在单元格 D3 中输入公式=C3+2 000,并将公式填充至单元格 F3。

(4) 在单元格 C4 中输入 10 000,在单元格 D4 中输入公式=C4+1 000,并将公式填充至单元格 F4。

(5) 选择单元格区域 C5:F5,输入数组公式=SLN(-B10,F12,F2)。

(6) 选择单元格区域 C6:F6,输入数组公式=C3:F3-C4:F4-C5:F5。

(7) 选择单元格区域 C7:F7,输入数组公式=C6:F6*25%。

(8) 选择单元格区域 C8:F8,输入数组公式=C6:F6-C7:F7。

(9) 选择单元格区域 C9:F9,输入数组公式=C8:F8+C5:F5。

(10) 选择单元格 F13,输入公式=-B11。

(11) 选择单元格 B14,输入公式=B10+B11。

(12) 选择单元格区域 C14:E14,输入数组公式=C9:E9。

(13) 选择单元格 F14,输入公式=F9+F12+F13,完成模型中现金流量的计算,如图 9-1 所示。

	A	B	C	D	E	F
1	净现金流量的计算					
2	项目	0	1	2	3	4
3	销售收入		13000	15000	17000	19000
4	付现成本		10000	11000	12000	13000
5	折旧		2500	2500	2500	2500
6	税前利润		500	1500	2500	3500
7	所得税		125	375	625	875
8	税后净利润		375	1125	1875	2625
9	营业净现金流量		2875	3625	4375	5125
10	期初固定资产投资	-11000				
11	期初垫支营运资金	-3000				
12	固定资产残值					1000
13	营运资金收回					3000
14	净现金流量	-14000	2875	3625	4375	9125

图 9-1 现金流量的计算模型

> **操作注意事项**
>
> 1. 使用数组公式计算折旧时，设置完 SLN 函数时，不能按"确定"键，而应以"Ctrl+Shift+Enter"组合键结束。
>
> 2. 本例中数组公式返回多个结果，当所设置数组公式有误时，必须对整个数组公式进行修改或删除，不能只修改或删除数组公式的一部分。

相关思考 9-1

引例中投资方案现金流量的计算模型？

请问：通过以上的学习，你是否可以建立引例中投资方案现金流量的计算模型？

第二节 投资决策指标分析

投资决策指标根据其是否考虑时间价值，可以分为贴现指标和非贴现指标两大类。贴现指标主要包括净现值、内含报酬率、获利指数。非贴现指标主要包括投资回收期、平均报酬率、平均会计报酬率，由于非贴现指标没有考虑资金时间价值，容易造成投资决策方案的错误选择，因此非贴现指标一般作为辅助方法。本节只介绍贴现指标的计量。

一、净现值

（一）净现值的计算原理

净现值是指特定项目未来现金流入的现值与未来现金流出的现值之间的差额。计算净现值的公式为：净现值＝未来现金流入的现值之和－未来现金流出的现值之和，即：

$$NPV = \sum_{t=0}^{n} \frac{I_t}{(1+k)^t} - \sum_{t=0}^{n} \frac{O_t}{(1+k)^t}$$
$$= \sum_{t=1}^{n} \frac{NCF_t}{(1+k)^t} - C$$

式中：n 为项目的期限；k 为折现率（资本成本或公司要求的报酬率）；I_t 为第 t 年的现金流入量；O_t 为第 t 年的现金流出量；NCF_t 为第 t 年的净现金流量；C 为初始投资额。

在独立的投资项目中，净现值法的决策规则是：

$NPV > 0$，说明该投资项目的报酬率大于预计的贴现率，项目可行，可以采纳；

$NPV = 0$，说明该投资项目的报酬率等于预计的贴现率，项目没有必要采纳；

$NPV < 0$，说明该投资项目的报酬率小于预计的贴现率，项目不可行，应予放弃。

（二）净现值的计算模型

在不同的情况下，在 Excel 中计算投资项目的净现值可分别使用 PV、NPV、XNPV 等函数。这里只介绍使用 NPV 函数进行计算。

Excel 函数链接 9-1 ......

NPV 函数

【类型】财务函数

【功能】使用贴现率和一系列未来支出（负值）和收益（正值），返回一项投资的净现值。

【语法】NPV(rate，value1，value2，...)

rate：为某一期间的贴现率，是一固定值。

value1，value2，...为 1 到 254 笔支出或收入的参数值。value1，value2，...所属各期间的长度必须相等，而且时间都发生在期末。

【提示】

(1) NPV 函数假定投资开始于 value1 现金流所在日期的前一期，并结束于最后一笔现金流的当期。NPV 函数只能计算在同一贴现率下，各期现金流发生在每年年末，且第 1 笔现金必须是第 1 年末的一组现金流量的净现值。如果第 1 笔现金流发生在第一个周期的期初，则第 1 笔现金必须添加到 NPV 函数的结果中，而不应包含在 values 参数中。

(2) NPV 使用 value1，value2，...的顺序来解释现金流的顺序。所以务必保证支出和收入的数额按正确的顺序输入。

(3) 忽略以下类型的参数：参数为空白单元格、逻辑值、数字的文本表示形式、错误值或不能转化为数值的文本。因此在没有现金流的年份，对应的单元格中应输入"0"，而不应该为空白单元格。

(4) 如果参数是一个数组或引用，则只计算其中的数字。数组或引用中的空白单元格、逻辑值、文字及错误值将被忽略。

【案例 9-2】 华夏公司准备购入一台设备生产新产品以增加收益，现有 A、B、C 三个方案可供选择，各方案的有关资料如图 9-2 已知条件区域所示。

要求：建立一个计算三个方案净现值及评价其可行性的模型。

【操作步骤】

(1) 设计模型的结构，如图 9-2 "指标的计算及评价结果"区域所示。

(2) 在单元格 B12 中输入公式＝NPV(E3，B5:B6)＋B4。

(3) 在单元格 C12 中输入公式＝NPV(E3，C5:C7)＋C4。

(4) 在单元格 D12 中输入公式＝NPV(E3，D5:D7)＋D4。

(5) 在单元格 B13 中输入公式＝IF(B12＞0,"可行","不可行")，并将公式填充至单元格 D13。

模型的运行结果如图 9-2 所示。

 操作注意事项

这三个方案的初始投资都发生在第 1 年年初，所以必须将其添加到 NPV 函数的结果中，而不能包含在 values 参数中。

 **提示**

由于 C 方案每年的净现金流量相等，所以也可以采用 PV 函数进行计算。若采用 PV 函数计算，则 D13 单元格的公式为＝PV(E3，3，－D5)＋D4。

	A	B	C	D	E
1		已知条件			
2	期间	A方案	B方案	C方案	资本成本
3		现金净流量	现金净流量	现金净流量	10%
4	0	−20000	−9000	−12000	
5	1	11800	1200	4600	
6	2	13240	6000	4600	
7	3		6000	4600	
8	合计	5040	4200	1800	
9					
10		指标的计算及评价结果			
11		A方案	B方案	C方案	
12	净现值	1669.42	1557.48	−560.48	
13	可行性评价	可行	可行	不可行	

图 9-2　净现值的计算及可行性评价模型

 延伸阅读9-1

NPV 函数与 PV 函数的辨析

NPV 函数与 PV 函数均可用于计算现值,但这两个函数在使用中有所差别。NPV 函数与 PV 函数的主要差别在于:

(1) 现金流时间要求不同:PV 函数允许现金流发生在期初或期末,而 NPV 函数只能发生在期末。

(2) 现金流数值要求不同:对于多笔现金流,NPV 函数的现金流数值可以不同,而 PV 函数的每一笔现金流在整个投资中必须是固定的。

 延伸阅读9-2

XNPV 函数

当项目现金流量不是定期发生时,可以使用 XNPV 函数计算项目净现值。

【类型】财务函数

【功能】返回一组现金流的净现值,这些现金流不一定定期发生。

【语法】XNPV(rate,values,dates)

rate:应用于现金流的贴现率。

values:与 dates 中支付时间相对应的一系列现金流。首期支付是可选的,并与投资开始时的成本或支付有关。如果第一个值是成本或支付,则它必须是负值。所有后续支付都基于 365 天/年贴现。数值系列必须至少要包含一个正数和一个负数。

dates:日期,与现金流支付相对应的支付日期表。第一个支付日期代表支付表的开始日期。其他所有日期应晚于该日期,但可按任何顺序排列。

【提示】

(1) dates 中的数值将被截尾取整。

(2) 如果任一参数是非数值的,XNPV 函数返回错误值♯VALUE!。

(3) 如果 dates 中的任一数值不是有效日期,XNPV 函数返回错误值♯VALUE!。

(4) 如果 dates 中的任一数值先于开始日期,XNPV 函数返回错误值♯NUM!。

(5) 如果 values 和 dates 所含数值的数目不同,XNPV 函数返回错误值♯NUM!。

二、内含报酬率

(一) 内含报酬率的计算原理

内含报酬率,又称内部收益率,是指能够使未来现金流入量现值等于未来现金流出量现值的折现率,或者是使投资项目净现值为零的折现率。内含报酬率的计算公式如下:

$$NPV = \sum_{t=0}^{n} \frac{I_t}{(1+IRR)^t} - \sum_{t=0}^{n} \frac{O_t}{(1+IRR)^t} = 0$$

或:

$$NPV = \sum_{t=1}^{n} \frac{NCF_t}{(1+IRR)^t} - C = 0$$

式中:IRR 为内含报酬率。

在独立的投资项目中,内含报酬率法的决策规则是:只要计算出来的项目内含报酬率大于公司的资本成本或必要报酬率,项目可行;否则,不可行。

(二) 内含报酬率的计算模型

在不同的情况下,在 Excel 中计算投资项目的内含报酬率可分别使用 RATE、IRR、XIRR 等函数。这里只介绍使用 IRR 函数进行计算。

 Excel 函数链接 9-2 ....

IRR 函数

【类型】财务函数

【功能】返回由数值代表的一组现金流的内部收益率。

【语法】IRR(values,guess)

values:为数组或单元格引用,包含用来计算返回的内部收益率的数字。

guess:为对 IRR 函数计算结果的估计值。

【提示】

(1) values 必须包含至少一个正值和一个负值,以计算返回的内部收益率。

(2) IRR 函数根据数值的顺序来解释现金流的顺序。故应确定按需要的顺序输入支出和收入的数值。

(3) 如果数组或单元格引用包含文本、逻辑值或空白单元格,这些数值将被忽略。

(4) Microsoft Excel 使用迭代法计算 IRR 函数。从 guess 开始,IRR 函数进行循环计算,直至结果的精度达到 0.000 01%。如果 IRR 函数经过 20 次迭代,仍未找到结果,则返回错误值♯NUM!。在大多数情况下,并不需要为 IRR 函数的计算提供 guess 值。如果省略 guess,假设它为 0.1(10%)。

(5) 如果 IRR 函数返回错误值♯NUM!,或结果不接近您预期的值,可用另一个 guess 值重试。

(6) IRR 函数与净现值 NPV 函数密切相关。IRR 计算的收益率是与 0(零)净现值对应的利率。

【案例 9-3】 延用[案例 9-2]的三个方案。

要求:建立一个计算三个方案内含报酬率及评价其可行性的模型。

【操作步骤】

(1) 设计模型的结构,如图 9-3"指标的计算及评价结果"区域所示。

(2) 在单元格 B12 中输入公式＝IRR(B4:B6)。

(3) 在单元格 C12 中输入公式＝IRR(C4:C7),并将公式复制到单元格 D12,则单元格

D12 的公式为＝IRR(D4:D7)。

（4）在单元格 B13 中输入公式＝IF(B12＞＄E＄3,"可行","不可行")，并将公式填充至单元格 D13。模型的运行结果如图 9-3 所示。

	A	B	C	D	E
1		已知条件			
2	期间	A方案	B方案	C方案	资本成本
3		现金净流量	现金净流量	现金净流量	10%
4	0	−20000	−9000	−12000	
5	1	11800	1200	4600	
6	2	13240	6000	4600	
7	3		6000	4600	
8	合计	5040	4200	1800	
9					
10	指标的计算及评价结果				
11		A方案	B方案	C方案	
12	内含报酬率	16.05%	17.87%	7.33%	
13	可行性评价	可行	可行	不可行	

图 9-3　内含报酬率的计算及可行性评价模型

 **提示**

由于 C 方案每年的净现金流量相等，所以也可以采用 Rate 函数进行计算。若采用 Rate 函数计算，则 D12 单元格的公式为＝RATE(3, D5, D4,, 0)。

 延伸阅读9-3

XIRR 函数

当项目现金流量不是定期发生时，可以使用 XIRR 函数计算项目内含报酬率。

【类型】财务函数

【功能】返回一组不一定定期发生的现金流的内部收益率。

【语法】XIRR(values, dates, [guess])

values：与 dates 中支付时间相对应的一系列现金流。首期支付是可选的，并与投资开始时的成本或支付有关。如果第一个值是成本或支付，则它必须是负值。所有后续支付都基于 365 天/年贴现。数值系列必须至少要包含一个正数和一个负数。

dates：日期，与现金流支付相对应的支付日期表。

【提示】

（1）dates 中的数值将被截尾取整。

（2）XIRR 函数要求至少有一个正现金流和一个负现金流，否则 XIRR 函数返回错误值♯NUM!。

（3）如果 dates 中的任一数值不是有限日期，XIRR 函数返回错误值♯VALUE!。

（4）如果 dates 中的任一数值先于开始日期，XIRR 函数返回错误值♯NUM!。

（5）如果 values 和 dates 所含数值的数目不同，XIRR 函数返回错误值♯NUM!。

三、获利指数

（一）获利指数的计算原理

获利指数是指未来现金流入量现值与未来现金流出量现值的比率，获利指数表示 1 元初始投资取得的现值毛收益，也称为现值指数或利润指数，其计算公式如下：

$$PI = \frac{未来净现金流量的现值之和}{初始投资额}$$

即：
$$PI = \frac{\sum_{t=1}^{n}\frac{NCF_t}{(1+k)^t}}{C}$$

在独立的投资项目中，获利指数的决策规则是：

PI＞1，说明投资项目未来现金流量的现值之和大于初始投资的现值，项目是可行的，可以采纳；

PI＝1，说明投资项目未来现金流量的现值之和等于初始投资的现值，项目没有必要采纳；

PI＜1，说明投资项目未来现金流量的现值之和小于初始投资的现值，项目不可行，应予放弃。

（二）获利指数的计算模型

【案例 9-4】 延用［案例 9-2］的三个方案。

要求：建立一个计算三个方案获利指数及评价其可行性的模型。

【操作步骤】

（1）设计模型的结构，如图 9-4"指标的计算及评价结果"区域所示。

（2）在单元格 B12 中输入公式＝NPV(E3，B5:B6)/－B4。

（3）在单元格 C12 中输入公式＝NPV(E3，C5:C7)/－C4。

（4）在单元格 D12 中输入公式＝NPV(E3，D5:D7)/－D4。

（5）在单元格 B13 中输入公式＝IF(B12＞1,"可行","不可行")，并将公式填充至单元格 D13。模型的运行结果如图 9-4 所示。

	A	B	C	D	E
1			已知条件		
2	期间	A方案	B方案	C方案	资本成本
3		现金净流量	现金净流量	现金净流量	10%
4	0	-20000	-9000	-12000	
5	1	11800	1200	4600	
6	2	13240	6000	4600	
7	3		6000	4600	
8	合计	5040	4200	1800	
9					
10		指标的计算及评价结果			
11		A方案	B方案	C方案	
12	获利指数	1.08	1.17	0.95	
13	可行性评价	可行	可行	不可行	

图 9-4 获利指数的计算及可行性评价模型

操作注意事项

1. 由于这三个方案的初始投资都发生在第 1 年年初，所以 NPV 函数计算的结果为未来净现金流量的现值之和。

2. 由于模型中初始投资额加上负号，所以计算时要在单元格前加上负号，使计算结果为正值。

 提示

由于 C 方案每年的净现金流量相等,所以也可以采用 PV 函数进行计算。若采用 PV 函数计算,则 D12 单元格的公式为=PV(E3,3,-D5)/-D4。

第三节 | 固定资产更新决策

固定资产更新是对技术上或经济上不宜继续使用的旧资产,用新的资产更换,或用先进的技术对原有设备进行局部改建。更新决策不同于一般的投资决策。一般来说,设备更新并不改变企业的生产能力,不增加企业的现金流入。更新决策的现金流量主要是现金流出。即使有少量的残值变现收入,也属于支出抵减,而非实质上的流入增加。由于只有现金流出,而没有现金流入,这就给采用折现现金流量分析带来了困难。

通常,如果新旧设备的未来使用寿命不相同,则分析时主要采用平均年成本法,以平均年成本较低的方案作为较优方案;若新旧设备的未来使用期限相同,则可采用差额分析法,先求出对应项目的现金流量差额,再用净现值法或内含报酬率法对差额进行分析、评价。

一、新旧设备使用寿命不相同的更新决策——平均年成本法

(一)平均年成本法的计算原理

固定资产的平均年成本是指该资产引起的现金流出的年平均值。如果不考虑货币的时间价值,它是未来使用年限内的现金流出总额与使用年限的比值。如果考虑货币的时间价值,它是未来使用年限内现金流出总现值与年金现值系数的比值,即平均每年的现金流出,用公式表示为:

$$固定资产平均年成本 = \frac{未来年限内现金流出总现值}{年金现值系数}$$

(二)平均年成本法的计算模型

【案例 9-5】 华夏公司考虑用一台新设备来代替旧设备。假设更新固定资产后并不增加企业的现金流入,且不考虑所得税的影响,其他有关的资料如图 9-5 已知条件所示。

要求:建立一个是否应更新设备的决策模型。

【操作步骤】

(1)设计模型的结构,如图 9-5"计算过程与决策结果"区域所示。

(2)在单元格 F3 中输入公式=B7,并将公式填充至单元格 G3。

(3)在单元格 F4 中输入公式=B8,并将公式填充至单元格 G4。

(4)在单元格 F5 中输入公式=B6,并将公式填充至单元格 G5。

(5)在单元格 F6 中输入公式=(F3+PV(B9,B4-B5,-F4,F5,0))/PV(B9,B4-B5,-1,,0),在单元格 G6 中输入公式=(G3+PV(B9,C4,-G4,G5,0))/PV(B9,C4,-1,,0)。

(6)在单元格 F7 中输入公式=IF(F6>G6,"应更新设备",IF(F6<G6,"使用旧设

备","使用新旧设备都可以"))。

模型的运行结果如图9-5所示。

	已知条件				计算过程与决策结果		
项目	旧设备	新设备		项目	旧设备	新设备
原值	3200	3500		初始投资成本	1600	3500
预计使用年限	10	8		年运行成本	1000	600
已经使用年限	4	0		残值收入	200	300
最终残值	200	300		平均年成本	1341.45	1229.82
目前变现价值	1600	3500		决策结论	应更新设备	
年运行成本	1000	600				
资本成本	10%					

图9-5 平均年成本的计算及决策模型

操作注意事项

1. 由于旧设备已使用4年,所以尚可使用年限可以表示为:B4-B5。

2. 由于年运行成本的现金是流出的,而残值收入的现金是流入的,因此公式PV(B9,B4-B5,-F4,F5,0)中单元格F5前不加负号,表示年运行成本现值之和与残值收入现值之差。新设备平均年成本的公式也类似。

提示

1. 年金现值系数即为1元钱的年金现值,所以PV(B9,B4-B5,-1,,0)计算结果即表示为利率为10%,期数为6期的年金现值系数。

2. 旧设备平均年成本的公式(即单元格F6的公式)也可以表示为:
=(F3+PV(B9,B4-B5,-F4,,0)-PV(B9,B4-B5,,-F5,0))/PV(B9,B4-B5,-1,,0)

或=(F3-PV(B9,B4-B5,,-F5,0))/PV(B9,B4-B5,-1,,0)+F4

新设备平均年成本的公式也类似。

相关思考9-2

若考虑所得税的影响?

[案例9-5]中,若所得税税率为25%,企业采用年限平均法计提折旧。

请问:所得税对平均年成本有何影响? 在Excel中如何建立相应的模型进行决策?

二、新旧设备使用寿命相同的更新决策——差额分析法

(一) 差额分析法的计算原理

采用差额分析法时先计算两个方案(出售旧设备购置新设备和继续使用旧设备)的差量现金流量,然后根据差量现金流量计算差量现金流量的净现值。站在新设备的立场上,如果净现值大于零,则应出售旧设备购置新设备,否则继续使用旧设备。

（二）差额分析法的计算模型

【案例 9-6】 华夏公司 2 年前购入的旧设备，现在考虑用一台新设备来代替旧设备。假设更新固定资产后并不增加企业的现金流入，其他有关的资料如图 9-6 已知条件所示。

要求：建立一个是否应更新设备的决策模型。

【操作步骤】

（1）设计模型的结构，如图 9-6"计算过程与决策结果"区域所示。

（2）在单元格 F3 中输入 0，在单元格 G3 中输入公式＝－C7＋B7。

（3）在单元格 F4 中输入公式＝－B8＊（1－B10）＋（B3－B6）/B4＊B10，在单元格 G4 中输入公式＝－C8＊（1－B10）＋（C3－C6）/C4＊B10。

（4）在单元格 F5 中输入公式＝B6，并将公式填充至单元格 G5。

（5）在单元格 H3 中输入公式＝G3－F3，并将公式填充至单元格 H5。

（6）在单元格 H6 中输入公式＝PV（B9，C4，－H4，－H5，0）＋H3。

（7）在单元格 F7 中输入公式＝IF（H6＞0，"应更新设备"，IF（H6＜0，"使用旧设备"，"使用新旧设备都可以"））。

模型的运行结果如图 9-6 所示。

	A	B	C	D	E	F	G	H
1	已知条件				计算过程与决策结果			
2	项目	旧设备	新设备		项目	旧设备	新设备	差量
3	原值	200000	240000		初始现金流量	0	-79600	-79600
4	预计使用年限	10	8		营业现金净流量	-22800	-7594	15206
5	已经使用年限	2	0		终结现金流量	2000	3000	1000
6	最终残值	2000	3000		净现值			1990.73
7	目前变现价值（与账面价值相等）	160400	240000		决策结论	应更新设备		
8	年运行成本	37000	20000					
9	资本成本	10%						
10	所得税税率	25%						
11	折旧方法	年限平均法						

图 9-6　差额分析法的计算及决策模型

操作注意事项

1. 新设备的初始现金流量要考虑旧设备变现收入。因为旧设备目前变现价值与账面价值相等，不存在变现抵税（或纳税），所以旧设备变现收入即为变现价值。

2. 营业现金净流量采用公式"＝收入×（1－税率）－付现成本×（1－税率）＋折旧×税率"计算，由于新旧设备生产能力相同，所以采用差额分析时，可以将收入视为 0。

相关思考 9-3

若新旧设备的生产能力不相同？

在上述[案例 9-6]中，若更换新设备后，能够将企业的年销售收入从 80 000 元提升到 100 000 元，付现成本从 37 000 元上升到 50 000 元，其他条件不变。

请问：可以采用哪些方法计算得到是否更新设备？在 Excel 中如何建立相应的模型进行决策？

本 章 小 结

本章主要学习了:现金流量的构成及计算模型;贴现指标(包括净现值、内含报酬率、获利指数)的计算原理及计算模型,固定资产更新决策中平均年成本法和差额分析法的计算原理及计算模型。

本章重要概念

初始现金流量　营业现金流量　终结现金流量　净现金流量　净现值　内含报酬率
获利指数　平均年成本　差额分析法　NPV 函数　PV 函数　IRR 函数　RATE 函数
XNPV 函数　XIRR 函数

思 考 与 练 习

1. 如何设计现金流量的计算模型?
2. 如何设计贴现指标的计算模型?
3. 简述 NPV 函数的使用注意事项及使用范围?
4. 简述 IRR 函数的使用注意事项及使用范围?
5. 固定资产更新决策中平均年成本法的适用范围? 差额分析法的适用范围? 在 Excel 中如何建立相关的模型进行决策?

推荐阅读资料

[1] 韩良智.Excel 在财务管理中的应用[M].3 版.北京:清华大学出版社,2015.

[2] 崔杰,姬昂,崔婕.Excel 在会计和财务中的应用[M].5 版.北京:清华大学出版社,2015.

[3] Excel Home.Excel2013 高效办公——财务管理[M].北京:人民邮电出版社,2016.

[4] 刘捷萍.Excel 在财务管理中的应用[M].3 版.北京:高等教育出版社,2014.

[5] http://www.excelhome.net/.

第十章　Excel 在流动资产管理中的应用

内容简介

　　本章主要讲解了利用 Excel 工具进行流动资产管理,主要包括运用 Excel 建立现金预算表编制模型;建立成本分析模式和存货模式的最佳现金余额模型;建立应收账款决策模型,建立应收账款台账,统计各债务人的应收账款,分析逾期应收账款和应收账款的账龄;建立基本的经济订货批量模型和存货 ABC 分类模型。本章的重点是利用 Excel 工具建立成本分析模式和存货模式的最佳现金余额模型;建立应收账款决策模型;建立基本的经济订货批量模型。本章的难点是利用 Excel 工具分析逾期应收账款和应收账款的账龄,建立存货 ABC 分类模型。

学习目的和要求

　　通过本章学习,学生应在掌握流动资产管理内容和方法的基础上,熟练地运用 Excel 工具建立和使用具体的流动资产管理模型,包括最佳现金持有量决策模型、应收账款管理模型和最优订货批量模型等。

引例　运用 Excel 管理流动资产

华夏公司目前采用30天按发票金额付款的信用政策。为了扩大销售,公司拟改变现有的信用政策,有两个可供选择的方案,有关数据如下:

项　目	当前	方案一	方案二
信用期	*n*/30	*n*/60	2/10, 1/20, *n*/30
年销售量(件)	72 000	86 400	79 200
销售单价(元)	5	5	5
边际贡献率	0.2	0.2	0.2
可能发生的收账费用(元)	3 000	5 000	2 850
可能发生的坏账损失(元)	6 000	10 000	5 400
平均存货水平(件)	10 000	15 000	11 000

如果采用方案二,估计会有20%的顾客(按销售量计算)在10天内付款,30%的顾客在20天内付款,其余的顾客在30天内付款。

假设该项投资的资本成本为10%;1年按360天计算。

通过本章的学习,你应该能够使用 Excel 建立模型进行决策。

第一节 ┃ 现 金 管 理

现金是流动性最强的资产,企业进行现金管理的目的是通过权衡资产的流动性和盈利性,合理安排现金收支,最大限度地获取收益。企业现金的管理主要是通过运用现金预算的手段,并结合企业以往的经验,确定一个合理的现金预算额度和最佳现金持有量。

一、现金预算表的编制模型

(一) 现金预算表的构成

现金预算由四部分组成:现金收入、现金支出、净现金流量和现金的筹资或投资。

(1) 现金收入:现金收入主要来源于产品销售收入和其他现金收入。

(2) 现金支出:现金支出包括营业现金支出和其他现金支出。

(3) 净现金流量:一定时期现金收入与现金支出的差额即为净现金流量。

(4) 投资或融资:期初现金余额加上本期现金收入,减去本期现金支出,可得预计的期末现金余额。预计期末现金余额与目标现金余额的差额,即为投资或融资额。

(二) 现金预算表编制模型的建立

【案例 10-1】 华夏公司每年都要在12月份编制下一年度的分季度现金预算,华夏公司2018年实际以及2019年预计销售收入和各项费用等有关资料如图 10-1 已知条件区域所示。

要求:建立一个为该公司编制现金预算表的模型。

【操作步骤】

(1) 新建的工作簿重命名为"10 章 Excel 在流动资产管理中的应用.xlsx"。

(2) 打开"10 章 Excel 在流动资产管理中的应用.xlsx"工作簿,双击"sheet1"工作表标签,将其重命名为"现金预算表",在该工作表中设置表格样式,如图 10-1 所示。

	A	B	C	D	E	F
1	已知条件					
2	年度	2018年实际	2019年预计			
3	季度	4	1	2	3	4
4	销售收入（万元）	700	680	700	710	720
5	直接材料费（万元）	230	228	230	235	230
6	直接人工费（万元）	220	220	220	220	220
7	制造费用（万元）	150	150	150	150	150
8	销售与管理费用（万元）	100	100	100	100	100
9	所得税费用（万元）	40	0	35	0	45
10	销售收入当月收现比率	60%	各季度直接材料费付款时间			本季度
11	销售收入次月收现比率	40%	各季度直接人工付款时间			本季度
12	2019年年初现金余额（万元）	13	目标现金余额（万元）			10
13						
14	2019年各季度现金预算（万元）					
15	季度	1	2	3	4	
16	现金收入:					
17	本期销售本期收款	408	420	426	432	
18	上期销售本期收款	280	272	280	284	
19	现金收入合计	688	692	706	716	
20	现金支出:					
21	直接材料	228	230	235	230	
22	直接人工	220	220	220	220	
23	制造费用	150	150	150	150	
24	销售与管理费用	100	100	100	100	
25	所得税费用	0	35	0	45	
26	现金支出合计	698	735	705	745	
27	现金收支净额	-10	-43	1	-29	
28	期初现金余额	13	10	10	10	
29	预计期末现金余额	3	-33	11	-19	
30	投资（+）或融资（-）	-7	-43	1	-29	
31	目标现金余额	10	10	10	10	

图 10-1 现金预算表

(3) 选择单元格区域 B17:E17,输入数组公式"=C4:F4*B10"。

(4) 选择单元格区域 B18:E18,输入数组公式"=B4:E4*B11"。

(5) 选择单元格区域 B19:E19,输入数组公式"=B17:E17+B18:E18"。

(6) 选择单元格区域 B21:E25,输入数组公式"=C5:F9"。

(7) 选择单元格 B26,输入公式"=SUM(B21:B25)",将其复制到 C26:E26 单元格区域。

(8) 选择单元格区域 B27:E27,输入数组公式"=B19:E19-B26:E26"。

(9) 选择单元格 B28,输入"=B12",选择单元格 C28,输入"=$E$12",将其复制到单元格区域 D28:E28。

(10) 选择单元格区域 B29:E29,输入数组公式"=B27:E27+B28:E28"。

(11) 选择单元格 B31 中输入"＝＄E＄12"，将其复制到单元格区域 C31:E31。

(12) 选择单元格区域 B30:E30,输入数组公式"＝B29:E29－B31:E31"。

模型运行结果如图 10-1 所示。

二、最佳现金余额的确定模型

(一) 最佳现金余额的确定方法

1. 成本分析模式

成本分析模式是指通过对持有现金的有关成本进行分析,并将企业持有现金的总成本最低点对应的现金余额作为最佳现金余额的一种方法。

成本分析模式下的现金总成本包括机会成本、短缺成本及管理成本。

(1) 机会成本。机会成本是指企业因持有一定数量的现金而丧失的再投资收益,它与现金持有量成反比。

$$机会成本＝现金持有量×投资收益率$$

(2) 短缺成本。短缺成本是指由于企业的现金持有量不足而又无法通过有价证券变现加以补充给企业造成的损失,包括直接损失和间接损失,它与现金持有量成反比。

(3) 管理成本。企业拥有现金,会发生管理费用,如管理人员工资、安全措施费等。这些费用是现金的管理成本。管理成本是一种固定成本,与现金持有量之间无明显的比例关系。

以上三项成本之和最小的现金持有量,即为最佳现金持有量。

2. 存货模式

存货模式又称鲍曼模型,是指将存货经济订货批量模型原理用于确定目标现金持有量,其着眼点也是现金相关总成本最低的一种方法。存货模式下的现金总成本包括持有现金的机会成本与现金转换成本。其中,现金转换成本是指短期有价证券转换成现金的变现费用,可根据一定时期证券转换成现金的次数乘以每次证券变现的费用计算。

存货模式有关计算公式如下:

$$C = \frac{T}{Q} \cdot F + \frac{Q}{2} \cdot K$$

$$Q_0 = \sqrt{\frac{2TF}{K}}$$

$$C_0 = \sqrt{2TFK}$$

$$N_0 = \frac{T}{Q}$$

$$D_0 = \frac{360}{N_0}$$

式中:C 为持有现金的全年相关总成本;Q 为现金持有量;T 为一个周期内的现金总需求量;F 为每次转换有价证券的固定成本;K 为有价证券的年利息率(机会成本率);Q_0 为最佳现金余额;C_0 为全年持有现金的最低相关总成本;N_0 为全年最佳的有价证券交易次数;D_0 为全年最佳的有价证券交易间隔期。

在 Excel 工作表中利用存货模式确定最佳现金余额时,既可以利用上述公式直接计算,也可以利用规划求解工具计算。

(二) 设置规划求解加载项

在 Excel2013 功能区的各项选项卡中,并没有"规划求解"这个命令,因此,在 Excel2013 中必须以自定义方式将数据列表命令取出后,才可以执行该命令。具体操作步骤如下:

(1) 打开一个工作簿,单击"文件"|"选项"|"加载项"|"规划求解加载项",如图 10-2 所示。单击"转到"命令。

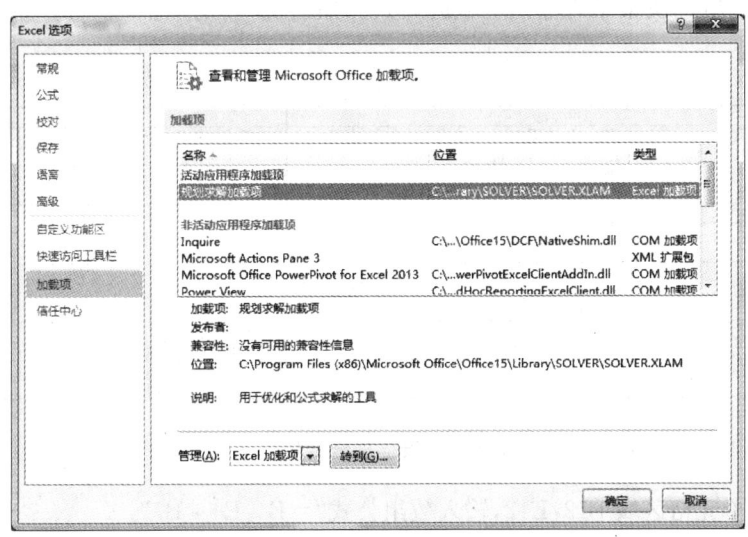

图 10-2 "选项"中的"加载项"命令

(2) 选择规划求解加载项,如图 10-3 所示,单击"确定"按钮,则"数据"选项卡下新增"分析"|"规划求解"命令。

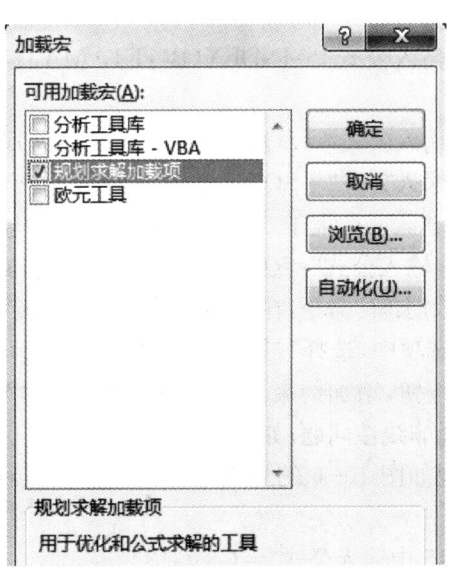

图 10-3 "加载宏"选项板

（三）确定最佳现金余额模型的建立

【案例10-2】 华夏公司有甲、乙两家子公司,甲、乙两家公司持有现金余额的有关资料如图10-4已知条件区域所示。

要求:建立一个确定两家公司最佳现金余额的模型。

【操作步骤】

(1) 打开"10章 Excel在流动资产管理中的应用. xlsx"工作簿,双击"sheet2"工作表标签,将其重命名为"最佳现金余额模型",在单元格区域A1:H7输入已知条件,并在单元格A9:H16设计计算与决策结果输出区域的格式。如图10-4所示。

	A	B	C	D	E	F	G	H
1						已知条件		
2			甲公司				乙公司	
3	现金持有方案	方案1	方案2	方案3	方案4	全年现金持有量(元)	250000	
4	现金平均持有量(元)	20000	40000	55000	100000	有价证券转换成本(元/次)	500	
5	管理成本(元)	20000	20000	20000	20000	有价证券年利率	10%	
6	短缺成本(元)	12000	6700	3000		最佳现金余额确定方法	存货模式	
7	机会成本率	12%	最佳现金余额确定方法	成本分析模式				
8								
9						计算与决策结果		
10			甲公司				乙公司	
11	现金持有方案	方案1	方案2	方案3	方案4	计算方法	利用公式计算	规划求解结果
12	机会成本(元)	2400	4800	6600	12000	最佳现金余额	50000	50000
13	管理成本(元)	20000	20000	20000	20000			
14	短缺成本(元)	12000	6700	3000	0	最低的持有现金相关成本(元)	5000	5000
15	现金持有总成本(元)	34400	31500	29600	32000	有价证券交易次数(次)	5	
16	最优方案	方案3	最佳现金持有余额(元)		55000	有价证券交易间隔期(天)	72	

图10-4 最佳现金余额模型

(2) 选择单元格区域B12:E12,输入数组公式"=B4:E4 * B7"。

(3) 选择单元格区域B13:E14,输入数组公式"=B5:E6"。

(4) 选择单元格B15,输入公式"=SUM(B12:B14)",将其复制到C15:E15单元格区域。

(5) 选择单元格B16,输入公式"=INDEX(B11:E11, MATCH(MIN(B15:E15), B15:E15,0))"。

(6) 选择单元格E16,输入公式"=INDEX(B4:E4, MATCH(MIN(B15:E15), B15:E15, 0))"。

(7) 选择单元格G13,输入公式"=SQRT(2 * G3 * G4/G5)"。

(8) 选择单元格G14,输入公式"=SQRT(2 * G4 * G3 * G5)"。

(9) 选择单元格H13,输入一个大于0的数作为初值,例如输入"50"。

(10) 选择单元格H14,输入公式"=(G3/H13) * G4+(H13/2) * G5"。

(11) 单击"数据"|"规划求解"命令,在规划求解参数选项板中,将"设置目标"编辑框中设置为"$H$14";在"到"选项中,选择"最小值";在"通过更改可变单元格"编辑框中设置为"$H$13";选择"添加"按钮,增加约束条件"$H$13>=0",然后单击"确定"按钮;在"选择求解方法"选项中选择非线性问题;如图10-5所示。

(12) 单击"求解",出现如图10-6的规划求解结果选项板;单击"保存规划求解的解"后,单击"确定"按钮。

(13) 在合并单元格G15中输入公式"=G3/G13"。

(14) 在合并单元格G16中输入公式"=360/G15"。

图 10-5 规划求解参数选项板

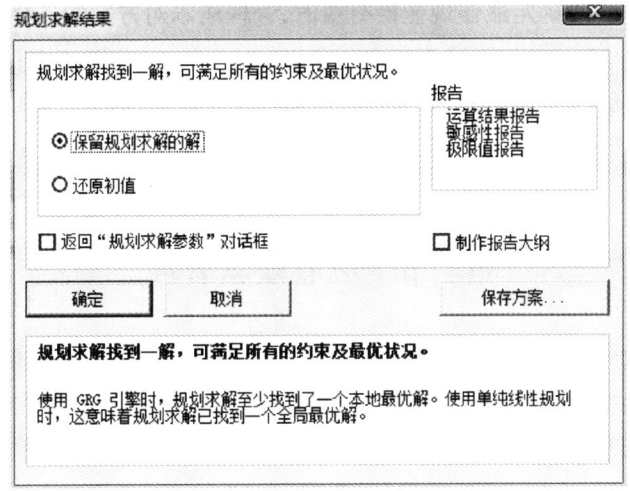

图 10-6 规划求解结果选项板

模型运行结果如图 10-4 计算与决策结果所示。

操作注意事项

1. 利用"规划求解"工具确定最佳现金余额,应注意将目标单元格设置为相应公式。

2. 可变单元格应设置为大于 0 的数作为初值,如输入"50"。

延伸阅读 10-1 ....

规 划 求 解

"规划求解"是 Excel 的一个非常有用的工具,不仅可以解决运筹学、线性规划等问题,还可以用来求解线性方程组及非线性方程组。通常,当涉及依赖于单个或者多个未知变量的目标变量的最大化或者最小化的优化问题时,则应当使用"规划求解"。"规划求解"允许用户指定一个或者多个约束条件。

"规划求解"是一组命令的组成部分,这些命令有时也称作假设分析工具。借助"规划求解",可求得工作表上目标单元格中公式的最优值。"规划求解"将对直接或间接与目标单元格中公式相关联的一组单元格中的数值进行调整,最终在目标单元格公式中求得期望的结果。"规划求解"通过调整所指定的可变单元格中的值,从目标单元格公式中求得所需的结果。在创建模型过程中,可以对"规划求解"模型中的可变单元格数值应用约束条件,而且约束条件可以引用其他影响目标单元格公式的单元格。

公式:单元格中的一系列值、单元格引用、名称或运算符的组合,可生成新的值。公式总是以等号(=)开始。

假设分析:该过程通过更改单元格中的值来查看这些更改对工作表中公式结果的影响。例如,更改分期支付表中的利率可以调整支付金额。

约束条件:"规划求解"中设置的限制条件。可以将约束条件应用于可变单元格、目标单元格或其他与目标单元格直接或间接相关的单元格。

相关思考 10-1 ....

利用成本分析模式确定最佳现金持有量时,管理成本对方案的选择是否有影响?

因为管理成本是固定成本,与现金持有量无关,所以利用成本分析模式确定最佳现金持有量时,即使不考虑管理成本,对方案选择结果也不会产生影响,但计算出的现金持有总成本会发生变化。如[案例 10-2]中,假设不考虑管理成本 20 000 元,选择的结果仍然是方案 3。

第二节 应收账款管理

应收账款实质是由于赊销向客户提供的信用。应收账款管理的目标是:在发挥应收账款扩大销售、减少存货、增加竞争力的同时,制定合理的应收账款信用政策,强化应收账款管理,减少坏账损失。

一、应收账款信用决策模型

应收账款赊销的效果好坏,依赖于企业的信用政策。信用政策包括:信用期间、信用标准和现金折扣政策。

(一) 应收账款信用决策的基本原理

在进行信用决策时,一般会涉及以下几个公式。

1. 计算各个方案的收益

$$边际贡献=销售收入-变动成本$$
$$=销售量×单位边际贡献$$

2. 计算各个方案实施信用政策的成本费用

(1) 计算占用资金的机会成本

① 应收账款占用资金的机会成本＝应收账款占用资金×资本成本

其中： 应收账款占用资金＝应收账款平均余额×变动成本率

＝日赊销额×平均收现期×变动成本率

② 存货占用资金的机会成本＝存货占用资金×资本成本

其中： 存货占用资金＝存货平均余额

③ 应付账款占用资金抵减的机会成本＝应付账款占用资金×资本成本

其中： 应付账款占用资金＝应付账款平均余额

(2) 计算收账费用和坏账损失

坏账损失＝预计销售额×坏账损失率

(3) 计算折扣成本(若提供现金折扣时)

折扣成本＝赊销额×折扣率×享受折扣的客户比率

3. 计算各方案税前损益

税前损益＝收益－成本费用

在各种不同的信用条件方案中,企业应选择能带来最大税前损益的方案作为最优方案。

(二) 应收账款信用决策模型的建立

【**案例 10-3**】 华夏公司两个备选的信用条件方案的有关资料如图 10-7 的已知条件区域所示。

要求:建立一个对该公司选择信用条件方案作出决策的模型。

【**操作步骤**】

(1) 打开"10 章 Excel 在流动资产管理中的应用. xlsx"工作簿,双击"sheet3"工作表标签,将其重命名为"应收账款信用决策模型",在单元格区域 A1:E7 输入已知条件,并在单元格 A9:C17 设计计算与决策结果输出区域的格式。如图 10-7 所示。

(2) 在单元格 B11 中输入"＝D4 * ($B$3－$B$4)"。

(3) 在单元格 B12 中输入"＝(D4 * $B$3/$B$6) * D3 * ($B$4/$B$3) * $B$5"。

(4) 在单元格 B13 中输入"＝D6 * $B$4 * $B$5"。

(5) 在单元格 B14 中输入"＝D4 * $B$3 * D5"。

(6) 在单元格 B15 中输入"＝D7"。

(7) 在单元格 B16 中输入"＝B11－SUM(B12:B15)"。

(8) 将单元格区域 B11:B16 的公式复制到单元格区域 C11:C16。

(9) 在单元格 B17 中输入"＝IF(MAX(B16:C16)<＝0,"两个方案都不可行",IF(B16＝C16,"两个方案都可行",IF(B16>C16,"采用方案一","采用方案二")))"。

模型运行结果如图 10-7 所示。

	A	B	C	D	E
1			已知条件		
2	基本数据		备选方案	方案一	方案二
3	销售单价（元/件）	5.00	信用期限（天）	60	30
4	单位变动成本（元/件）	4.00	预计销售量（件）	86,400.00	79,200.00
5	资本成本	10%	预计坏账损失	4.0%	2.0%
6	一年的计算天数	360	平均存货水平（件）	15,000.00	11,000.00
7			预计收账费用（元）	5,000.00	2,850.00
8					
9		计算与决策结果			
10	备选方案	方案一	方案二		
11	边际贡献	86,400.00	79,200.00		
12	应收账款机会成本	5,760.00	2,640.00		
13	存货机会成本	6,000.00	4,400.00		
14	坏账损失	17,280.00	7,920.00		
15	收账费用	5,000.00	2,850.00		
16	税前损益	52,360.00	61,390.00		
17	决策结论：		采用方案二		

图 10-7 应收账款信用决策模型

提示

应收账款信用政策的分析模型不是唯一的，实际工作中，财务人员在分析时，可以创建出一些适合本企业或自己习惯的分析格式，比如可以用差量分析法创建模型。

二、应收账款统计

（一）应收账款台账的建立

【案例 10-4】 华夏公司共有甲、乙、丙、丁、戊这 5 个客户，向这些客户赊销产品的信用期限为 30 天。

要求：为该公司建立一个应收账款台账，以便随时反映各客户欠款金额和欠款日期等信息。

【操作步骤】

（1）打开"10章 Excel 在流动资产管理中的应用.xlsx"工作簿，双击"sheet4"工作表标签，将其重命名为"应收账款台账"，设计模型的结构，如图 10-8 所示。

	A	B	C	D
1			华夏公司应收账款台账	
2	统计日期		应收账款合计（元）	
3	信用期限（天）			
4	赊销日期	债务人名称	应收账款（元）	到期日期
5				

图 10-8 模型的结构设计

（2）在单元格 B2 中输入"统计日期"，本例默认日期为"2018 年 12 月 31 日"，实际工作中可以使用函数"TODAY（　）"来确定。

（3）在单元格 D2 中输入公式"=SUM(C5:C5004)"，将单元格格式设置为"货币"。

（4）在单元格 B3 中输入华夏公司向客户赊销的信用期限天数"30"。

（5）输入企业现有应收账款详细信息。选择 A5 单元格中输入具体赊销日期,同时将 A 列中单元格 A5 以下的单元格区域数字格式的类型设置为"yyyy"年"mm"月"dd"日""型。选择 B5 单元格输入具体债务人名称。选择 C5 单元格输入应收金额,将单元格格式设置为"货币"。选择 D5 单元格输入"＝A5＋＄B＄2",如图 10-9 所示。将以上单元格的公式复制到 A~D 列的其他单元格。

	A	B	C	D
1	华夏公司应收账款台账			
2	统计日期	2018年12月31日	应收账款合计（元）	146,070.00
3	信用期限（天）	30		
4	赊销日期	债务人名称	应收账款（元）	到期日期
5	2018年02月10日	客户甲	3,000.00	2018年03月12日
6	2018年03月12日	客户丁	11,000.00	2018年04月11日
7	2018年04月01日	客户丙	12,500.00	2018年05月01日
8	2018年05月04日	客户乙	42,500.00	2018年06月03日
9	2018年05月12日	客户戊	10,000.00	2018年06月11日
10	2018年06月13日	客户戊	970.00	2018年07月13日
11	2018年06月25日	客户乙	1,150.00	2018年07月25日
12	2018年07月05日	客户甲	4,800.00	2018年08月04日
13	2018年07月12日	客户乙	1,150.00	2018年08月11日
14	2018年08月15日	客户丁	1,500.00	2018年09月14日
15	2018年09月06日	客户戊	1,000.00	2018年10月06日
16	2018年10月08日	客户丁	2,400.00	2018年11月07日
17	2018年11月20日	客户乙	3,600.00	2018年12月20日
18	2018年11月30日	客户甲	13,500.00	2018年12月30日
19	2018年12月03日	客户戊	32,000.00	2019年01月02日
20	2018年12月30日	客户丙	5,000.00	2019年01月29日

图 10-9　华夏公司现有应收账款详细信息

操作注意事项

1. D2 单元格是对 C5 到 C5004 的 5 000 个单元格的数据进行求和。

2. "应收账款台账"工作表中的"应收账款合计(元)"是指 2018 年应收账款的发生额,而非应收账款的余额。

（二）各债务人的应收账款统计

为了方便了解某一客户所欠本公司款项的总额,利用 Excel 提供的数据命令,汇总不同客户所欠金额。

【案例 10-4】　沿用[案例 10-3]的数据。

要求:统计华夏公司各债务人的应收账款。

【操作步骤】

（1）打开"10 章 Excel 在流动资产管理中的应用.xlsx"工作簿,双击"sheet5"工作表标签,将其重命名为"债务人应收账款统计"。

（2）为了方便数据筛选,先删除前三行,选择 D2 单元格,输入"＝A2＋30"。

（3）单击数据清单中的任意非空单元格,选择"数据"|"排序"命令,如图 10-10 所示。其中,在"主要关键字"选择债务人姓名,并"添加条件"在出现的"次要关键字"选择赊销日期,其中"排列依据"默认为"数值",排列"次序"默认为"升序",单击"确定"按钮。

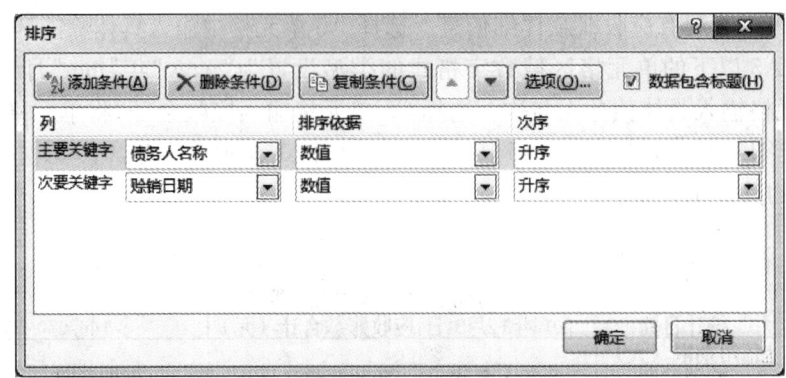

图 10-10　排序命令

执行命令后,原来按照应收账款发生先后顺序登记的数据,重排序为按照债务人姓名进行排序,如图 10-11 所示。

	A	B	C	D
1	赊销日期	债务人名称	应收账款（元）	到期日期
2	2018年04月01日	客户丙	12,500.00	2018年05月01日
3	2018年12月30日	客户丙	5,000.00	2019年01月29日
4	2018年03月12日	客户丁	11,000.00	2018年04月11日
5	2018年08月15日	客户丁	1,500.00	2018年09月14日
6	2018年10月08日	客户丁	2,400.00	2018年11月07日
7	2018年02月10日	客户甲	3,000.00	2018年03月12日
8	2018年05月12日	客户甲	10,000.00	2018年06月11日
9	2018年07月05日	客户甲	4,800.00	2018年08月04日
10	2018年11月30日	客户甲	13,500.00	2018年12月30日
11	2018年06月13日	客户戊	970.00	2018年07月13日
12	2018年09月06日	客户戊	1,000.00	2018年10月06日
13	2018年12月03日	客户戊	32,000.00	2019年01月02日
14	2018年05月04日	客户乙	42,500.00	2018年06月03日
15	2018年06月25日	客户乙	1,150.00	2018年07月25日
16	2018年07月12日	客户乙	1,150.00	2018年08月11日
17	2018年11月20日	客户乙	3,600.00	2018年12月20日

图 10-11　按照债务人名称重新排序

(4) 选择 B1"债务人名称"单元格,然后选择"数据"|"分类汇总"命令,弹出"分类汇总"对话框,如图 10-12 所示。其中,"分类字段"选择"债务人姓名","汇总方式"选择"求和","选定汇总项"选择"应收账款(元)",并保持系统默认的"替代当前分类汇总"和"汇总结果显示在数据下方"不变。

执行命令后,即可显示按照债务人姓名针对应收账款进行汇总的数据,如图 10-13 所示。

操作注意事项

1. Excel 中进行分类汇总前一定要先按债务人名称完成排序操作,再按债务人名称分类汇总。

2. 取消分类汇总操作步骤:选择任一汇总区域的一个单元格,选择"数据"|"分类汇总",单击"全部删除"。

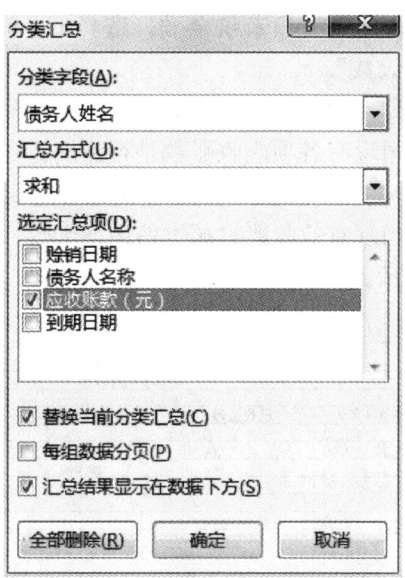

图 10-12 分类汇总对话框的设置

1 2 3		A	B	C	D
	1	赊销日期	债务人名称	应收账款（元）	到期日期
	2	2018年04月01日	客户丙	12,500.00	2018年05月01日
	3	2018年12月30日	客户丙	5,000.00	2019年01月29日
	4		客户丙 汇总	17,500.00	
	5	2018年03月12日	客户丁	11,000.00	2018年04月11日
	6	2018年08月15日	客户丁	1,500.00	2018年09月14日
	7	2018年10月08日	客户丁	2,400.00	2018年11月07日
	8		客户丁 汇总	14,900.00	
	9	2018年02月10日	客户甲	3,000.00	2018年03月12日
	10	2018年05月12日	客户甲	10,000.00	2018年06月11日
	11	2018年07月05日	客户甲	4,800.00	2018年08月04日
	12	2018年11月30日	客户甲	13,500.00	2018年12月30日
	13		客户甲 汇总	31,300.00	
	14	2018年06月13日	客户戊	970.00	2018年07月13日
	15	2015年09月06日	客户戊	1,000.00	2018年10月06日
	16	2018年12月03日	客户戊	32,000.00	2019年01月02日
	17		客户戊 汇总	33,970.00	
	18	2018年05月04日	客户乙	42,500.00	2018年06月03日
	19	2018年06月25日	客户乙	1,150.00	2018年07月25日
	20	2018年07月12日	客户乙	1,150.00	2018年08月11日
	21	2018年11月20日	客户乙	3,600.00	2018年12月20日
	22		客户乙 汇总	48,400.00	
	23		总计	146,070.00	

图 10-13 按照债务人姓名汇总应收账款总额

（三）逾期应收账款分析

【案例 10-5】 沿用［案例 10-3］的数据。

要求：建立华夏公司逾期应收账款分析模型。

【操作步骤】

(1) 打开"10 章 Excel 在流动资产管理中的应用.xlsx"工作簿,双击"sheet6"工作表标签,将其重命名为"逾期应收账款分析"。复制"应收账款台账"工作表中的数据到当前工作表。

(2) 选中 D 列和 E 列,单击鼠标右键,选择"插入"命令,即可一次性插入两列,将 D 列和 E 列单元格格式设置为"货币"格式。选择 D4 单元格输入"已收金额",选择 E4 单元格输入"未收金额",并输入实际已收金额和未收金额。选择 G4 单元格输入"是否到期",选择 H4 单元格输入"超过信用期天数"。

（3）选择 G5 单元格输入"=IF(F5<=＄B＄2,"是","否")",并将 G5 公式复制到该列其他单元格中。判断华夏公司现有各项应收账款是否到期。

（4）选择 H5 单元格输入"=IF(G5="否",0,＄B＄2-F5)",并将 H5 公式复制到该列其他单元格中。判断华夏公司现有应收账款超过信用期天数。

执行结果如图 10-14 所示。

	A	B	C	D	E	F	G	H
1				华夏公司逾期应收账款管理				
2	统计日期			2018年12月31日				
3	信用期限（天）	30						
4	赊销日期	债务人名称	应收账款（元）	已收金额	未收金额	到期日期	是否到期	超过信用期天数
5	2018年02月10日	客户甲	3,000.00	2,800.00	200.00	2018年03月12日	是	294
6	2018年03月12日	客户丁	11,000.00	9,000.00	2,000.00	2018年04月11日	是	264
7	2018年04月01日	客户丙	12,500.00	2,500.00	10,000.00	2018年05月01日	是	244
8	2018年05月04日	客户乙	42,500.04	30,000.00	12,500.00	2018年06月03日	是	211
9	2018年05月12日	客户甲	10,000.00	2,000.00	8,000.00	2018年06月11日	是	203
10	2018年06月13日	客户戊	970.00	970.00	0.00	2018年07月13日	是	171
11	2018年06月25日	客户乙	1,150.00	1,000.00	150.00	2018年07月25日	是	159
12	2018年07月05日	客户甲	4,800.00	800.00	4,000.00	2018年08月04日	是	149
13	2018年07月12日	客户乙	1,150.00	0.00	1,150.00	2018年08月11日	是	142
14	2018年08月15日	客户丁	1,500.00	0.00	1,500.00	2018年09月14日	是	108
15	2018年09月06日	客户戊	1,000.00	400.00	600.00	2018年10月06日	是	86
16	2018年11月08日	客户丁	2,400.00	0.00	2,400.00	2018年11月07日	是	54
17	2018年11月20日	客户乙	3,600.00	3,000.00	600.00	2018年12月20日	是	11
18	2018年11月30日	客户甲	13,500.00	500.00	13,000.00	2018年12月30日	是	1
19	2018年12月03日	客户戊	32,000.00	15,000.00	17,000.00	2019年01月02日	否	0
20	2018年12月30日	客户丙	5,000.00		5,000.00	2019年01月29日	否	0

图 10-14　各项应收账款是否到期及超过信用期天数

	I	J	K	L	M
1			逾期天数分析		
2			每栏应收账款合计（元）		
3					
4	未到期金额	0-30	30-60	60-90	90天以上
5					
6					

图 10-15　逾期应收账款分析

（5）设计逾期天数分析表。在"逾期应收账款分析"工作表的数据右侧建立"逾期天数分析"表,对逾期天数进行分类筛选,将逾期天数划分不同的等级,如图 10-15 所示。

（6）选择 I3 单元格,输入公式"=SUM(I5:I5004)",同时将公式复制到 J3:M3 单元格区域。

（7）选择 I5 单元格,输入公式"=IF(H5=0,E5,0)",将公式复制到 I 列的其他单元格。

（8）选择 J5 单元格,输入公式"=IF(AND(H5>0,H5<=30),E5,0)",将公式复制到 J 列的其他单元格。

（9）选择 K5 单元格,输入公式"=IF(AND(H5>30,H5<=60),E5,0)",将公式复制到 K 列的其他单元格。

（10）选择 L5 单元格,输入公式"=IF(AND(H5>60,H5<=90),E5,0)",将公式复制到 L 列的其他单元格。

（11）选择单元格 M5,输入公式"=IF(H5>90,E5,0)",将公式复制到 M 列的其他单元格。具体结果如下图 10-16 所示。

（四）应收账款账龄分析

【案例 10-6】 沿用［案例 10-5］的数据。

要求:建立华夏公司应收账款账龄分析模型。

【操作步骤】

（1）打开"10 章 Excel 在流动资产管理中的应用.xlsx"工作簿,双击"sheet7"工作表标

逾期天数分析				
每栏应收账款合计（元）				
22,000.00	13,600.00	2,400.00	600.00	39,500.00
未到期金额	0-30	30-60	60-90	90天以上
0.00	0.00	0.00	0.00	200.00
0.00	0.00	0.00	0.00	2,000.00
0.00	0.00	0.00	0.00	10,000.00
0.00	0.00	0.00	0.00	12,500.00
0.00	0.00	0.00	0.00	8,000.00
0.00	0.00	0.00	0.00	0.00
0.00	0.00	0.00	0.00	150.00
0.00	0.00	0.00	0.00	4,000.00
0.00	0.00	0.00	0.00	1,150.00
0.00	0.00	0.00	0.00	1,500.00
0.00	0.00	0.00	600.00	0.00
0.00	0.00	2,400.00	0.00	0.00
0.00	600.00	0.00	0.00	0.00
0.00	13,000.00	0.00	0.00	0.00
17,000.00	0.00	0.00	0.00	0.00
5,000.00	0.00	0.00	0.00	0.00

图 10-16 逾期应收账款分析结果

签,将其重命名为"应收账款账龄分析",在该工作表中设置表格样式,如图 10-17 所示。

华夏公司应收账款账龄分析表（元）		
当前日期	2018年12月31日	
账龄	应收账款	占应收账款总额的百分比
未到期		
0-30天		
30-60天		
60-90天		
90天以上		
合计		

图 10-17 建立应收账款账龄分析表

华夏公司应收账款账龄分析表（元）		
当前日期	2018年12月31日	
账龄	应收账款	占应收账款总额的百分比
未到期	22,000.00	28.17%
0-30天	13,600.00	17.41%
30-60天	2,400.00	3.07%
60-90天	600.00	0.77%
90天以上	39,500.00	50.58%
合计	78,100.00	100.00%

图 10-18 计算各账龄所涉及的应收账款 占应收账款总额的百分比

（2）选择单元格 B4,输入公式"=逾期应收账款分析!I3"。以此类推,选择 B5～B8 单元格,对其余账龄的应收账款金额进行统计、汇总。

（3）选择单元格 B9,输入公式"=SUM(B4:B8)"。

（4）选择单元格区域 C4:C9,输入数组公式"=B4:B9/B9"。

模型运行结果如图 10-18 所示。

第三节　存 货 管 理

存货管理在企业流动资产管理中处于十分重要的地位。企业为了避免或减少出现停工待料、停业待货等事故,需要存储存货。而存货占有资金是有成本的,占有过多会使利息支出增加并导致利润的损失;各项开支的增加更直接使成本上升。进行存货管理,就要尽力在各种存货成本与存货效益之间作出权衡,达到两者的最佳结合。

一、基本的经济订货批量模型

(一) 基本的经济订货批量模型的基本原理

经济订货批量是指企业的生产和供应条件一定时,有关存货的相关总成本最低时的采购批量。存货的相关成本主要是指存货的订货成本和储存成本。在一定时期内存货需要量一定的情况下,存货的年订货成本总额与订购次数成正比,与每次订购批量无关。而年存储总成本则与一定时期的平均存货水平(每次订购批量的1/2)成正比,而与订购次数无关。因此,为减少存货成本,应科学地确定存货订货批量,求出存货订货成本和储存成本之和最低的订货批量。

基本的经济订货批量模型建立在下列假设基础之上:①企业一定时间的存货需求总量确定;②存货能集中入库,而不是陆续入库;③不允许出现缺货现象;④企业能够瞬时补充存货,即需要订货时便可立即得到存货;⑤存货的单价保持不变,且不考虑现金折扣。

在上述这些假设前提下,设某种存货的相关总成本为 TC,其计算公式为:

$$TC = 年订货总成本 + 年储存总成本$$

经济采购批量: $Q^* = \sqrt{\dfrac{2KD}{C}}$

存货总成本公式: $TC^* = \sqrt{2KDC}$ 或 $TC^* = (Q/2)K + (D/Q)C$

最佳订货次数公式: $N^* = \dfrac{D}{Q}$

式中:D 为存货的年需要总量;Q 为订货批量(平均储存量为订货批量的 $1/2$);D/Q 为年订购次数;K 为每次订购的订货成本;C 为每单位存货的年储存成本;Q^* 为经济采购批量。

(二) 基本的经济订货批量模型的建立

【案例 10-7】 华夏公司每年耗用甲材料的有关资料如图 10-19 已知条件区域所示。

要求:建立一个确定华夏公司基本的经济订货批量的模型。

【操作步骤】

(1) 打开"10 章 Excel 在流动资产管理中的应用. xlsx"工作簿,双击"sheet8"工作表标签,将其重命名为"基本的经济订货批量模型",在该工作表中设置表格样式,如图 10-19 所示。

	A	B	C	D	E	F
1			已知条件			
2	甲材料全年需要量(千克)	3600	一次订货成本(元)	25	单位存货年存储成本(元)	2
3						
4			计算结果			
5	利用规划求解工具求解的结果		直接利用公式计算的经济订货批量(千克)			300
6	存货的相关成本(元)	600	年最优订货次数(次)			12
7	经济订货批量(千克)	300	年最低总 成本(元)			600

图 10-19 基本的经济订货批量模型

(2) 选择单元格 B7,输入一个大于 0 的数作为初值,例如输入"10"。

（3）选择单元格 B6，输入公式"＝B2/B7＊D2＋B7/2＊F2"。

（4）单击"数据"|"规划求解"，在规划求解参数选项板中，将"设置目标"编辑框中设置为"＄B＄6"；在"到"选项中，选择"最小值"；在"通过更改可变单元格"编辑框中设置为"＄B＄7"；选择"添加"按钮，增加约束条件"＄B＄7＞＝0"，然后单击"确定"；在"选择求解方法"选项中选择非线性问题；如图 10-20 所示。单击"求解"，出现"规划求解结果"选项板；单击"保存规划求解的解"后，单击"确定"。

图 10-20　规划求解参数选项板

（5）选择单元格 F5，输入公式"＝SQRT(2＊B2＊D2/F2)"。

（6）选择单元格 F6，输入公式"＝B2/F5"。

（7）选择单元格 F7，输入公式"＝SQRT(2＊B2＊D2＊F2)"。

模型运行结果如图 10-19。

二、存货的 ABC 分类模型

（一）存货 ABC 分类的基本原理及相关函数介绍

存货的 ABC 分类法是一种根据各种存货项目金额的大小将全部存货划分成 A、B、C 这 3 类的分类方法，在此基础上可以分别对于三类存货进行重点管理、次重点管理和一般管理。存货 ABC 分类的标准主要有两个：一是金额标准；二是品种数量标准。其中金额标准是最基本的，品种数量标准仅作为参考。常见的分类标准如下。

A 类存货：品种数约占 10％～15％，存货金额约占 80％；

B类存货:品种数约占 20%~30%,存货金额约占 15%;

C类存货:品种数约占 55%~80%,存货金额约占 5%。

A类存货的特点是金额巨大,但品种数量较少,应进行重点管理;B类存货金额一般,品种数量相对较多,应进行次重点管理;C类存货品种数量繁多,但价值却很低,应进行一般管理。

对存货进行 ABC 分类的具体步骤如下:

(1) 根据每种存货在一定时期的需求量及存货的价格计算出其资金占用额,然后对所有的存货按其金额从大到小的顺序进行排序。

(2) 按上述排定的顺序,依次计算每一种存货资金占用金额占全部资金额的百分比及累计的金额百分比。

(3) 按上述排定的顺序,依次计算累计存货品种数占全部品种数的百分比。

(4) 按事先确定的标准将全部存货划分为 A、B、C 三类。

(5) 根据 ABC 分类的结果选择相应的方法,对各类存货进行控制。

 延伸阅读 10-2 ··

COUNT 函数、COUNTA 函数与 COUNTIF 函数的关系

COUNT 函数、COUNTA 函数与 COUNTIF 函数都是 Excel 的统计函数,但是用途不同。

COUNT 函数是计算参数中数字的个数,语法"COUNT(value1, value2,…)",函数 COUNT 在计数时,将把数字、日期、或以文本代表的数字计算在内;但是错误值或其他无法转换成数字的文字将被忽略。如果参数是一个数组或引用,那么只统计数组或引用中的数字;数组或引用中的空白单元格、逻辑值、文字或错误值都将被忽略。

COUNTA 函数是计算参数中非空白值的个数,语法"COUNTA(value1, value2,…)",可以统计逻辑值、文字或错误值,包括空文本("")的单元格,但不包括空白单元格。如果参数是数组或单元格引用,则数组或引用中的空白单元格将被忽略。

COUNTIF 函数是计算区域中满足给定条件的单元格个数,语法"COUNTIF(range, criteria)"。COUNTIF 是 COUNT 函数的引伸与拓展,在计数时加上先前条件,只有符合计数的条件才进行统计计算。

【举例】甲、乙、丙、丁、戊五个评委为王小红课件比赛打分,甲打 88 分,乙弃权,丙打 90 分,丁打 89 分,戊打 95 分。

要求:运用 COUNT 函数、COUNTA 函数与 COUNTIF 函数进行计数。

在工作表单元格区域 A1:E1 中依次输入"88,弃权,90,89,95";在单元格 A2 中输入函数:

(1) 输入函数"=COUNT(A1:E1)"返回 4。

(2) 输入函数"=COUNTA(A1:E1)"返回 5。

(3) 输入函数"=COUNTIF(A1:E1,">=90")"返回 2。

(二) 存货 ABC 分类模型的建立

【案例 10-8】 华夏公司 20 种存货的金额以及 ABC 分类标准的有关数据存放在名称为"存货清单"的工作表中,如图 10-21 的已知条件区域所示。

要求:建立一个按照给定的标准对该公司存货进行 ABC 分类的模型。

【操作步骤】

(1) 打开"10 章 Excel 在流动资产管理中的应用. xlsx"工作簿,双击"sheet9"工作表标签,将其重命名为"ABC 分类",在该工作表中设置表格样式,如图 10-22 所示。

	A	B	C	D
1		已知条件		
2	存货名称	存货金额（元）	分类标准	
3	T001	44150	类别	金额百分比
4	T002	46310	A类	80%
5	T003	48760	B类	15%
6	T004	120000	C类	5%
7	T005	285312		
8	A101	1200000		
19	C017	46000		
20	C018	50000		
21	T019	44370		
22	T020	42000		
23	合计	4606602		

图 10-21 已知的存货清单和 ABC 分类标准

	A	B	C	D	E	F
1			计算与分类结果			
2	分类标准			ABC分类结果		
3	类别	金额百分比		类别	金额百分比	品种百分比
4	A类	80%		A		
5	B类	15%		B		
6	C类	5%		C		
7				合计		
9	存货名称	存货金额（元）	金额百分比	累计百分比	类别标志	
10	T001	44150				
11	T002	46310				
12	T003	48760				
13	T004	120000				
14	T005	285312				
26	C017	46000				
27	C018	50000				
28	T019	44370				
29	T020	42000				
30						

图 10-22 复制的已知数据及模型的结构设计

（2）将"存货清单"工作表中单元格区域 C2:D6 的数据复制到"ABC 分类"工作表的单元格区域 A2:B6；将"存货清单"工作表中单元格区域 A2:B22 的数据复制到"ABC 分类"工作表的单元格区域 A9:B29，并在"ABC 分类"工作表中设计模型的结构，如图 10-22 所示。

（3）在"ABC 分类"工作表的单元格区域 B10:B29 中选取任意一个单元格，单击"开始"|"排序和筛选"|"降序"，从而使各种存货按金额由大到小降序排列，然后在单元格 A30 中输入"合计"，在单元格 B30 中输入公式"=SUM(B10:B29)"。

（4）选择单元格区域 C10:C30，输入数组公式"=B10:B30/B30"。

（5）选择单元格 D10，输入公式"=SUM($C$10:C10)"，将其复制到单元格区域 D11:D29。

（6）选择单元格 E10，输入公式"=IF(D10<=$B$4, "A", IF(D10<=($B$4+$B$5), "B", "C"))"，将其复制到单元格区域 E11:E29。

（7）选择单元格 E4，输入公式"=SUMIF($E$10:$E$29, D4, $C$10:$C$29)"，将其复制到单元格区域 E5:E6。

（8）选择单元格 F4，输入公式"=COUNTIF($E$10:$E$29, D4)/COUNTA($E$10:$E$29)"，将其复制到单元格区域 F5:F6。

（9）选择单元格 E7，输入公式"=SUM(E4:E6)"，将其复制到单元格 F7。

模型运行结果如图 10-23 所示。

	A	B	C	D	E	F
1			计算与分类结果			
2	分类标准			ABC分类结果		
3	类别	金额百分比		类别	金额百分比	品种百分比
4	A类	80%		A	78.36%	25.00%
5	B类	15%		B	15.84%	40.00%
6	C类	5%		C	5.80%	35.00%
7				合计	100.00%	100.00%
9	存货名称	存货金额（元）	金额百分比	累计百分比	类别标志	
10	A104	1578000	34.2552%	34.2552%	A	
11	A101	1200000	26.0496%	60.3048%	A	
12	C014	326500	7.0877%	67.3924%	A	
13	T005	285312	6.1935%	73.5860%	A	
14	A105	220000	4.7758%	78.3617%	A	
15	C015	183400	3.9812%	82.3430%	B	
16	A106	165000	3.5818%	85.9248%	B	
17	T004	120000	2.6050%	88.5297%	B	
27	A103	36000	0.7815%	98.6975%	C	
28	B001	32000	0.6947%	99.3922%	C	
29	B002	28000	0.6078%	100.0000%	C	
30	合计	4606602	100.00%			

图 10-23 模型运行结果

本 章 小 结

本章主要学习了:利用 Excel 工具进行流动资产管理,主要包括运用 Excel 建立现金预算表编制模型;建立成本分析模式和存货模式的最佳现金余额模型;建立应收账款决策模型,建立应收账款台账,统计各债务人的应收账款,分析逾期应收账款和应收账款的账龄;建立基本的经济订货批量模型和存货 ABC 分类模型。

本 章 重 要 概 念

成本分析模式　存货模式又称鲍曼模型　机会成本　短缺成本　现金转换成本规划求解　信用标准　分类汇总　经济订货批量　存货的 ABC 分类法

思 考 与 练 习

1. 现金资产管理的模型有哪些? 其目标是什么?
2. 规划求解工具可用来解决哪些问题?
3. 应收账款管理模型主要有哪些?
4. 存货管理模型主要包括哪些?

推 荐 阅 读 资 料

[1] 崔杰,姬昂,崔婕.Excel 在会计和财务中的应用[M].5 版.北京:清华大学出版社,2015.

[2] Excel Home.Excel2013 高效办公——财务管理[M].北京:人民邮电出版社,2016.

[3] 周丽媛,汪丽华,李文东.Excel 在财务管理中的应用[M].东北:东北财经大学,2014.

第十一章　Excel 在财务分析中的应用

内容简介

本章主要讲解了财务报表分析模型,包括资产负债表分析模型、利润表分析模型、现金流量表分析模型;财务比率分析模型,包括偿债能力比率、获利能力比率、营运能力比率以及发展能力比率;以及企业间财务状况的比较分析和财务状况综合分析。本章重点为资产负债表分析模型、利润表分析模型、财务比率分析模型的建立;难点为杜邦分析法。

学习目的和要求

通过本章学习,学生应掌握财务报表分析模型、财务比率分析模型及财务状况综合分析,其中财务状况综合分析的方法包括财务比率综合评分法和杜邦分析法。了解企业间财务状况的比较分析。

引例　Excel 在财务分析中的作用

财务分析,即财务报表分析。财务报表是企业财务会计系统的最终工作成果,其中包括大量有关企业经营活动过程和结果的高度浓缩的会计信息。

企业的财务报表主要包括资产负债表、利润表和现金流量表,这些财务报表所提供的数据和有关指标,只能概括地反映企业的财务状况和经营成果。要想透彻地理解公司的财务状况、经营过程和经营成果,还必须对各项有关会计数据进行加工、联系和对比,并对此进行分析和评价,为有关方做决策提供有用的依据。

通过分析资产负债表,可以了解公司的财务状况,对公司的偿债能力、资本结构是否合理、流动资金充足性等做出判断。

通过分析利润表,可以了解公司的盈利能力、盈利状况、经营效率,对公司在行业中的竞争地位、持续发展能力做出判断。

通过分析现金流量表,可以了解和评价公司获取现金和现金等价物的能力,并据以预测公司未来现金流量。

财务报表中涉及的数据不仅种类繁多,而且涉及不同时期、不同企业之间的比较,因此利用 Excel 所提供的公式及图表等各种功能来辅助财务人员分析和决策,使其可以迅速、准确地完成财务分析工作,并会起到事半功倍的效果。

第一节　财务分析概述

一、财务分析的定义

财务分析又称财务报表分析,是指在财务报表及其相关资料的基础上,通过一定的方法和手段,对财务报表提供的数据进行系统和深入的分析研究,提示有关指标之间的关系、变动情况及其形成的原因,从而向使用者提供相关和全面的信息,即将财务报表及相关数据转换为对特定决策有用的信息,对企业过去的财务状况和经营成果以及未来前景做出评价。通过这一评价,可以为财务决策、计划和控制提供帮助。

通过对财务报表进行分析,可以全面地了解和评价企业的偿债能力、获利能力、资产管理能力和发展能力。

二、财务分析的目的

财务报表的使用者包括投资人、债权人、政府部门、经理、雇员等利益相关者,不同使用者所关心的问题和侧重点有所不同,因此进行财务分析的目的也有所不同。财务分析的目的主要有以下几个方面。

1. 评价企业的财务状况

通过对企业的财务报表等会计资料进行分析,能够了解企业资产的流动性、负债水平和偿债能力,从而评价企业的财务状况和经营成果,为企业管理者、投资者和债权人等提供财务信息。

2. 评价企业的资产管理水平

企业的生产经营过程实际就是利用资产取得收益的过程。企业资产的管理水平直接影响到企业的收益,它体现了企业的整体素质。通过财务分析可以了解企业对资金、存货、应收账款、固定资产等的周转利用情况,为评价经营管理水平提供依据。

3. 评价企业的获利能力

利润是企业经营最终成果的体现,是企业生存和发展的最终目的。利益关系人都十分关心企业的获利能力。

4. 评价企业的发展趋势

通过财务分析可以判断出企业的发展趋势,预测企业的经营前景,从而避免因决策失误而带来的重大经济损失。

三、财务分析的方法

财务分析的方法,通常有以下几种。

1. 纵向分析

纵向分析又称动态分析或趋势分析,是指不同时期财务报表之间相同项目变化的比较分析,即将企业连续多年的财务报表中相同项目并行排列在一起,并计算其增减额及增减百分比,编制出比较财务报表,以揭示各项目的变化情况。

被比较的时期为基期,基期可以是固定的,如固定在第一年,以此进行的分析称为定基趋势分析;若基期是变动的,如将计算期的第一期作为基期,以此进行的分析则称为环比趋势分析。

2. 横向分析

横向分析又称静态分析,是指同一时期财务报表中不同项目之间的比较和分析,主要是通过编制"共同比财务报表"(或称百分比报表)进行分析,即将财务报表中的某一重要项目(如资产总额或权益总额、营业收入等)的数据作为 100%,然后将报表中其余项目的金额都以这个重要项目百分率的形式作纵向排列,从而揭示出各个项目的数据在企业财务中的相对重要程度。

采用这种形式编制的财务报表使得在同行业中规模不同的企业之间进行经营和财务状况比较成为可能,当然同时要求它们所采用的会计核算方法和财务报表编制程序也必须大致相同,否则就不会得到有实际意义的结果。

3. 财务比率分析

财务比率是相互联系的指标项目之间的比值,用以反映各项财务数据之间的相互关系,以揭示企业的财务状况和经营成果,是财务分析中最重要的分析方法。

财务比率包括同一张报表中不同项目之间的比较和不同财务报表的相关项目之间的比较。其比值有的用系数表示,有的用百分数表示。

4. 因素分析

因素分析是利用各种因素之间的数量依存关系,通过因素替换,从数量上测定各因素变动对某项综合性经济指标的影响程度的一种方法,具体包括差额分析法、指标分解法、连环替代法和定基替代法等。

第二节 财务报表分析模型

财务报表分析模型包括资产负债表分析模型、利润表分析模型、现金流量表分析模型。

一、资产负债表分析模型

(一) 资产负债表分析模型概述

1. 资产负债表的概念

资产负债表是反映企业某一特定日期财务状况的报表。通过对资产负债表的分析,可以深入了解企业某一时刻所拥有的经济资源及其构成情况、企业的资金来源及其构成情况、企业的短期偿债能力和长期偿债能力,同时也可以了解企业不同时期财务状况的变动情况。

2. 对资产负债表的分析包括比较分析和结构分析

(1) 比较分析。比较分析是指将前后两期的资产负债表数据进行对比计算增减变动额和增减变动幅度。

(2) 结构分析。结构分析一般是以资产总额为100%,计算资产负债表上的各项目占资产总额的百分比。

3. 所使用的函数

在建立资产负债表分析模型的过程中使用了 IF、AND、ISBLANK 等函数。

 Excel 函数链接 11-1

ISBLANK 函数

【类型】IS 类函数

【功能】判断指定的单元格是否为空。

【语法】ISBLANK(value)

value 为需要进行检验的数值,如果参数 value 引用的是空单元格,则 ISBLANK 函数返回逻辑值 "TRUE";否则,返回"FALSE"。

【举例】在 A1 单元格中输入 1,B1 单元格中设置公式"=ISBLANK(A1)",则 B1 单元格的返回值为 "FALSE";

A2 单元格为空,在 B2 单元格中设置公式"=ISBLANK(A2)",则 B2 单元格的返回值为"TRUE"。

 Excel 函数链接 11-2

AND 函数

【类型】逻辑函数

【功能】所有参数的计算结果为 TRUE 时,返回 TRUE;只要有一个参数的计算结果为 FALSE,即返回 FALSE。

【语法】And(logical1,logical2...)

logical1,logical2...:为 1～255 个逻辑值参数,各逻辑值参数可以为单个逻辑值 TRUE 或 FALSE,也可以是包含逻辑值的数组或者单元格引用。

【提示】

(1) 参数的计算结果必须是逻辑值(如 TRUE 或 FALSE),或者参数必须是包含逻辑值的数组或单元格引用。

(2) AND 函数至少要有一个参数,最多可设置 255 个参数。

(3) AND 函数的一种常见用途就是扩大用于执行逻辑检验的其他函数的效用。例如,IF 函数用于执行逻辑检验,它在检验的计算结果为 TRUE 时返回一个值,在检验的计算结果为 FALSE 时返回另一个值。通过将 AND 函数用作 IF 函数的 logical_test 参数,可以检验多个不同的条件,而不仅仅是一个条件。

【举例】

(1) 在 A1 单元格中输入 50,B1 单元格中设置公式"＝AND(A1＞1,A1＜100)",意思是如果单元格 A1 中的数字介于 1 和 100 之间,则显示"TRUE"。

(2) 在 A2 单元格中输入 108,B2 单元格中设置公式"＝IF(AND(A2＞1,A2＜100),A2,"数值超出范围")",意思是如果单元格 A2 中的数字介于 1 和 100 之间,则显示该数字,否则,显示"数值超出范围"。

(二) 建立资产负债表分析模型的具体方法

【案例 11-1】　华夏公司 2018 年资产负债表年初和年末有关数据存放在"第 11 章 Excel 在财务分析中的应用"工作簿中名为"资产负债表分析模型"的工作表中的 A1:F20 单元格区域,如图 11-1 所示。

要求:建立一个对华夏公司资产负债表进行比较分析和结构分析的模型。

	A	B	C	D	E	F
1			资产负债表			
2	编制单位: 华夏公司		2018年12月31日			单位:万元
3	资产	年末数	年初数	负债及所有者权益	年末数	年初数
4	流动资产			流动负债		
5	货币资金	990	780	短期借款	2,400	2,100
6	以公允价值计量且变动计入当期损益	450	950	应付票据及应付账款	2,260	1,900
7	应收票据及应收账款	1,850	1,400	流动负债合计	4,660	4,000
8	存货	6,100	4,900	非流动负债		
9	流动资产合计	9,390	8,030	长期借款	1,600	1,470
10	非流动资产			应付债券	400	260
11	可供出售金融资产	780	570	非流动负债合计	2,000	1,730
12	长期应收款	460	150	负债合计	6,660	5,730
13	长期股权投资	880	720	所有者权益		
14	固定资产	14,480	12,600	股本　(面值1元)	11,600	11,600
15	在建工程	1,020	890	资本公积	200	200
16	无形资产	980	500	盈余公积	1,700	1,700
17	非流动资产合计	18,600	15,430	未分配利润	7,830	4,230
18				所有者权益合计	21,330	17,730
19	资产总计	27,990	23,460	负债和所有者权益总计	27,990	23,460
20						

资产负债表分析模型　利润表分析模型　现金流量表分析模型　财务比率分析

图 11-1　华夏公司的资产负债表

【操作步骤】

1. 设计资产负债表分析模型结构

在工作表"资产负债表分析模型"的单元格 H1:Q20 区域设计模型结构,如图 11-2 所示。

华夏公司2018年资产负债表分析（单位：万元）										
	H	I	J	K	L	M	N	O	P	Q
资产	年末与年初比较		结构分析		负债及所有者权益	年末与年初比较		结构分析		
	增减额	增减幅度	年末结构	年初结构		增减额	增减幅度	年末结构	年初结构	
流动资产					流动负债					
货币资金					短期借款					
以公允价值计量且变动计入当期损益					应付票据及应付账款					
应收票据及应收账款					流动负债合计					
存货					非流动负债					
流动资产合计					长期借款					
非流动资产					应付债券					
可供出售金融资产					非流动负债合计					
长期应收款					负债合计					
长期股权投资					所有者权益					
固定资产					股本（面值1元）					
在建工程					资本公积					
无形资产					盈余公积					
非流动资产合计					未分配利润					
					所有者权益合计					
资产总计					负债和所有者权益总计					

资产负债表分析模型 利润表分析模型 现金流量表分析模型 财务比率分析模型 企业间财务状况比较分析-理想的利

图 11-2 华夏公司的资产负债表分析模型结构

2．输入公式

（1）在单元格 I5 中输入公式"＝IF(AND(ISBLANK(B5)，ISBLANK(C5))，""，B5-C5)"。

（2）在单元格 J5 中输入公式"＝IF(AND(ISBLANK(B5)，ISBLANK(C5))，""，IF(C5＝0,"无意义",(B5－C5)/C5))"。

（3）在单元格 K5 中输入公式"＝IF(ISBLANK(B5)，""，B5/＄B＄20)"。

（4）在在单元格 L5 中输入公式"＝IF(ISBLANK(C5)，""，C5/＄C＄20)"。

（5）选取单元格区域 I5:L5,将其复制到单元格区域 I6:L19。

（6）在单元格 N5 中输入公式"＝IF(AND(ISBLANK(E5)，ISBLANK(F5))，""，E5－F5)"。

（7）在单元格 O5 中输入公式"＝IF(AND(ISBLANK(E5)，ISBLANK(F5))，""，IF(F5＝0,"无意义",(E5－F5)/F5))"。

（8）在单元格 P5 中输入公式"＝IF(ISBLANK(E5)，""，E5/＄E＄20)"。

（9）在单元格 Q5 中输入公式"＝IF(ISBLANK(F5)，""，F5/＄F＄20)"。

（10）选取单元格区域 N5:Q5,将其复制到单元格区域 N6:Q19。

资产负债表分析模型运行结果如图 11-3 所示。

提示

"年末结构"及"年初结构"分析中:需分别计算资产类各项目占"资产总计"的比重以及负债和所有者权益类的各项目占"负债和所有者权益总计"的比重。在输入时:

（1）年末"资产总计"输入"＄B＄19"。

（2）年初"资产总计"输入"＄C＄19"。

（3）年末"负债和所有者权益总计"输入"＄E＄19"。

（4）年初"负债和所有者权益总计"输入"＄F＄19"。

为了直观地反映财务状况的变动趋势,可以利用图解法进行财务状况趋势分析。图解法是指将企业连续几个会计期间的财务数据或财务指标绘制成图,并根据图形走势来判断企业财务状况及其变化趋势。

【案例 11-2】 华夏公司 2014 年至 2019 年的营业收入如图 11-4 所示。

资产	年末与年初比较		结构分析		负债及所有者权益	年末与年初比较		结构分析	
	增减额	增减幅度	年末结构	年初结构		增减额	增减幅度	年末结构	年初结构
流动资产					流动负债				
货币资金	210	26.92%	3.54%	3.32%	短期借款	300	14.29%	8.57%	8.95%
以公允价值计量且变动计入当期损益	-500	-52.63%	1.61%	4.05%	应付票据及应付账款	360	18.95%	8.07%	8.10%
应收票据及应收账款	450	32.14%	6.61%	5.97%	流动负债合计	660	16.50%	16.65%	17.05%
存货	1200	24.49%	21.79%	20.89%	非流动负债				
流动资产合计	1360	16.94%	33.55%	34.23%	长期借款	130	8.84%	5.72%	6.27%
非流动资产					应付债券	140	53.85%	1.43%	1.11%
可供出售金融资产	210	36.84%	2.79%	2.43%	非流动负债合计	270	15.61%	7.15%	7.37%
长期应收款	310	206.67%	1.64%	0.64%	负债合计	930	16.23%	23.79%	24.42%
长期股权投资	160	22.22%	3.14%		所有者权益				
固定资产	1880	14.92%	51.73%	53.71%	股本（面值1元）	0	0.00%	41.44%	49.45%
在建工程	130	14.61%	3.64%	3.79%	资本公积	0	0.00%	0.71%	0.85%
无形资产	480	96.00%	3.50%	2.71%	盈余公积	0	0.00%	6.07%	7.25%
非流动资产合计	3170	20.54%	66.45%	65.77%	未分配利润	3,600	85.11%	27.97%	18.03%
					所有者权益合计	3,600	20.30%	76.21%	75.58%
资产总计	4530	19.31%	100.00%	100.00%	负债和所有者权益总计	4,530	19.31%	100.00%	100.00%

资产负债表分析模型 ∕ 利润表分析模型 ∕ 现金流量表分析模型 ∕ 财务比率分析模型 ∕ 企业间财务状况比较分析-理想的利

图 11-3　华夏公司的资产负债表分析模型

要求：进行图解法操作，以分析营业收入的变化趋势。

华夏公司2014年至2019年营业收入（单位：万元）						
年度	2014年	2015年	2016年	2017年	2018年	2019年
营业收入	7,800	11,300	15,800	19,200	23,100	21,600

综合评分表 ∕ 杜邦系统分析模型 ∕ 趋势图

图 11-4　华夏公司营业收入数据

【操作步骤】

1．以折线图为例

（1）选择 A2:G3。

（2）选择"插入"｜"折线图"命令，根据需求，选择折线图中的任何一个图例。如图 11-5
所示是以二维折线图中的"堆积折线图"为例。

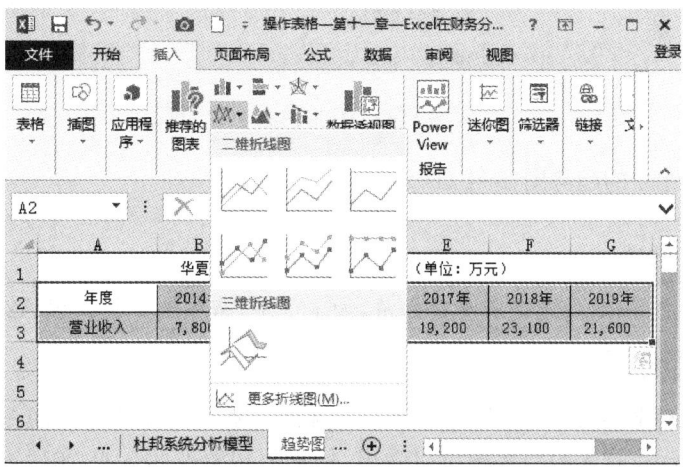

图 11-5　折线图命令

（3）折线图建立的趋势图如图11-6所示。

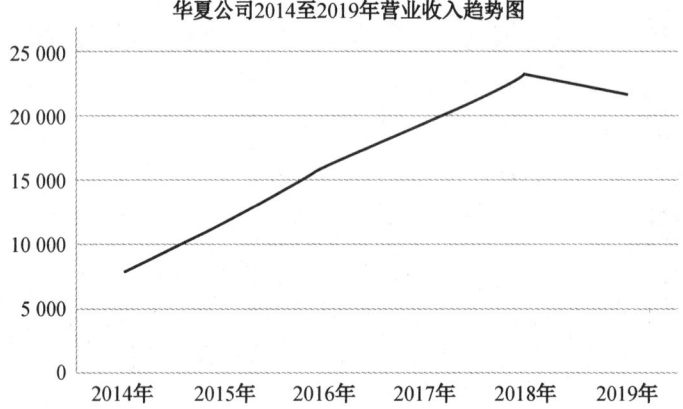

图11-6 华夏公司营业收入趋势图：折线图

2. 以柱形图为例

（1）选择A2:G3。

（2）选择"插入"|"柱形图"命令，根据需求，选择柱形图中的任何一个图例，如图11-7所示是以柱形图中的"三维簇状柱形图"为例。

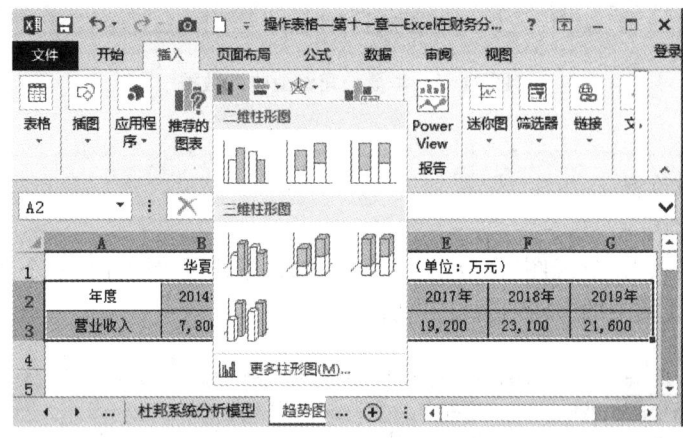

图11-7 柱形图命令

（3）柱形图建立的趋势图如图11-8所示。

🔊 操作注意事项

　　运用图解法，一定先选定所需数据源，如本例中，需先选定数据源A2:G3，然后再进行"插入"图形的操作。

　　除了折线图、柱形图以外，还可以根据需要，将趋势图调整为饼图、条形图、面积图、散点图等。

　　从华夏公司营业收入的趋势图可以看出：华夏公司营业收入自2014年至2018年一直呈上升趋势，且2018年达到高峰，2019年出现下降趋势。这就要求企业寻找出2019年营业收入发生下降的原因，以便采取相应措施。

图 11-8　华夏公司营业收入趋势图:柱形图

二、利润表分析模型

(一)利润表分析模型概述

1. 利润表的概念

利润表是反映企业一定时期经营成果的报表。通过对利润表的分析,可以深入了解企业一定时期经营成果的形成情况及获利能力,判断企业未来的发展趋势,从而作出正确的决策。

2. 对利润表的分析包括比较分析和结构分析。

(1)比较分析。比较分析是指将前后两期的利润表数据进行对比计算增减变动额和增减变动幅度。

(2)结构分析。结构分析一般是以营业收入为100%,计算利润表上的各项目占营业收入的百分比。

(二)建立利润表分析模型的具体方法

【案例 11-3】　华夏公司 2018 年利润表本期金额与上期金额有关数据存放在"第 11 章 Excel 在财务分析中的应用"工作簿中名为"利润表分析模型"的工作表中的 A1:C21 单元格区域,如图 11-9 所示。

要求:建立一个对华夏公司利润表进行比较分析和结构分析的模型。

【操作步骤】

1. 设计利润表分析模型结构

在工作表"利润表分析模型"的 E1:I21 单元格区域设计模型结构,如图 11-10 所示。

2. 输入公式

(1)在单元格 F4 中输入公式"=B4-C4"。

(2)在单元格 G4 中输入公式"=IF(C4=0,"无意义",F4/C4)"。

(3)在单元格 H4 中输入公式"=B4/$B$4"。

(4)在单元格 I4 中输入公式"=C4/$C$4"。

(5)选取单元格区域 F4:I4,将其复制到单元格区域 F5:I21。

利润表分析模型如图 11-11 所示。

	A		B	C
1		**利润表**		
2	编制单位：华夏公司	2018年度		单位：万元
3	项　目		本月数	上期金额
4	一、营业收入		23,100.00	19,200.00
5	减：营业成本		13,800.00	11,450.00
6	税金及附加		1,260.00	1,060.00
7	销售费用		1,950.00	1,600.00
8	管理费用		1,100.00	910.00
9	研发费用		－	－
10	财务费用		360.00	300.00
11	资产减值损失		－	－
12	加：其他收益			
13	投资收益		320.00	260.00
14	公允价值变动收益		－	－
15	资产处置收益		－	－
16	二、营业利润		4,950.00	4,140.00
17	加：营业外收入		120.00	80.00
18	减：营业外支出		260.00	92.00
19	三、利润总额		4,810.00	4,128.00
20	减：所得税费用		1,210.00	1,050.00
21	四、净利润		3,600.00	3,078.00

資产负债表分析模型 ｜ 利润表分析模型 ｜ 现金流量表分析模型 ｜ 财务比率分析

图 11-9　华夏公司的利润表

	E	F	G	H	I
1	**华夏公司2018年利润表分析（单位：万元）**				
2	项　目	与上期比较分析		结构分析	
3		增减额	增减幅度	本期结构	上期结构
4	一、营业收入				
5	减：营业成本				
6	税金及附加				
7	销售费用				
8	管理费用				
9	研发费用				
10	财务费用				
11	资产减值损失				
12	加：其他收益				
13	投资收益				
14	公允价值变动收益				
15	资产处置收益				
16	二、营业利润				
17	加：营业外收入				
18	减：营业外支出				
19	三、利润总额				
20	减：所得税费用				
21	四、净利润				

資产负债表分析模型 ｜ 利润表分析模型 ｜ 现金流量表分析模型 ｜ 财务比率分析模型 ｜ 企业间财务状况比较分析

图 11-10　华夏公司的利润表分析模型结构

	E	F	G	H	I
1	**华夏公司2018年利润表分析（单位：万元）**				
2	项　目	与上期比较分析		结构分析	
3		增减额	增减幅度	本期结构	上期结构
4	一、营业收入	3,900.00	20.31%	100.00%	100.00%
5	减：营业成本	2,350.00	20.52%	59.74%	59.64%
6	税金及附加	200.00	18.87%	5.45%	5.52%
7	销售费用	350.00	21.88%	8.44%	8.33%
8	管理费用	190.00	20.88%	4.76%	4.74%
9	研发费用	－	无意义	0.00%	0.00%
10	财务费用	60.00	20.00%	1.56%	1.56%
11	资产减值损失	－	无意义	0.00%	0.00%
12	加：其他收益	－	无意义	0.00%	0.00%
13	投资收益	60.00	23.08%	1.39%	1.35%
14	公允价值变动收益	－	无意义	0.00%	0.00%
15	资产处置收益	－	无意义	0.00%	0.00%
16	二、营业利润	810.00	19.57%	21.43%	21.56%
17	加：营业外收入	40.00	50.00%	0.52%	0.42%
18	减：营业外支出	168.00	182.61%	1.13%	0.48%
19	三、利润总额	682.00	16.52%	20.82%	21.50%
20	减：所得税费用	160.00	15.24%	5.24%	5.47%
21	四、净利润	522.00	16.96%	15.58%	16.03%

資产负债表分析模型 ｜ 利润表分析模型 ｜ 现金流量表分析模型 ｜ 财务比率分析模型 ｜ 企业间财务状况比较分析

图 11-11　华夏公司的利润表分析模型

三、现金流量表分析模型

(一) 现金流量表分析模型概述

1. 现金流量表的概念

现金流量表是反映企业在一定会计期间的经营活动、投资活动和筹资活动产生的现金和现金等价物流入和流出的报表。它是以现金及现金等价物为基础编制的财务状况变动表。通过对现金流量表的分析，可以了解企业一定会计期间内现金流入和流出的原因，并进一步分析企业的偿债能力和支付股利的能力，预测企业未来获取现金的能力。

2. 对现金流量表的分析包括比较分析和结构分析

(1) 比较分析。比较分析是指将前后两期的现金流量表数据进行对比计算增减变动额和增减变动幅度。

(2) 结构分析。结构分析包括现金流入量结构分析、现金流出量结构分析和现金流量净额结构分析。通过对现金流量表的分析，可以反映企业的现金流入量、现金流出量和现金流量净额的构成情况。

(二) 建立现金流量表分析模型的具体方法

【案例 11-4】 华夏公司 2018 年现金流量表本期金额与上期金额有关数据存放在"第 11 章 Excel 在财务分析中的应用"工作簿中名为"现金流量表分析模型"的工作表中的 A1：C28 单元格区域，如图 11-12 所示。

要求：建立一个对华夏公司现金流量表进行比较分析和结构分析的模型。

	A	B	C
1	现金流量表		
2	编制单位：华夏公司　　2018年度		单位：万元
3	项　目	本期金额	上期金额
4	一、经营活动产生的现金流量：		
5	销售商品、提供劳务收到的现金	14,408	11,460
6	经营活动现金流入小计	14,408	11,460
7	购买商品、接受劳务支付的现金	12,290	9,349
8	支付给职工以及为职工支付的现金	263	167
9	经营活动现金流出小计	12,553	9,516
10	经营活动产生的现金流量净额	1,855	1,944
11	二、投资活动产生的现金流量：		
12	收回投资收到的现金	0	0
13	取得投资收益收到的现金	320	260
14	投资活动现金流入小计	320	260
15	购建固定资产、无形资产和其他长期资产支付的现金	1,900	1,560
16	投资支付的现金	370	520
17	支付其他与投资活动有关的现金	2	3
18	投资活动现金流出小计	2,272	2,083
19	投资活动产生的现金流量净额	-1,952	-1,823
20	三、筹资活动产生的现金流量：		
21	发行债券所收到的现金	140	60
22	取得借款收到的现金	430	320
23	筹资活动现金流入小计	570	380
24	支付其他与筹资活动有关的现金	263	176
25	筹资活动现金流出小计	263	176
26	筹资活动产生的现金流量净额	307	204
27	四、汇率变动对现金及现金等价物的影响	0	0
28	五、现金及现金等价物净增加额	210	325

图 11-12　华夏公司的现金流量表

【操作步骤】

1. 设计现金流量表分析模型结构

在工作表"现金流量表分析模型"的 E1:M28 单元格区域设计模型结构,如图 11-13 所示。

图 11-13 华夏公司的现金流量表分析模型结构

2. 输入公式

(1) 在单元格 F5 中输入公式"=IF(AND(ISBLANK(B5), ISBLANK(C5)),"",B5－C5)"。

(2) 在单元格 G5 中输入公式"=IF(AND(ISBLANK(B5), ISBLANK(C5)),"",IF(C5=0,"无意义",(F5/C5)))"。

(3) 选取单元格区域 F5:G5,将其复制到单元格区域 F6:I28。

(4) 在单元格 H6 中输入公式"=B6/SUM($B$6, $B$14, $B$23)",并将其复制到单元格 H14 和单元格 H23。

(5) 在单元格 I9 中输入公式"=B9/SUM($B$9, $B$18, $B$25)",并将其复制到单元格 I18 和单元格 I25。

(6) 在单元格 J10 中输入公式"=B10/SUM($B$10, $B$19, $B$26)",并将其复制到单元格 G19 和单元格 G26。

(7) 在单元格 K6 中输入公式"=C6/SUM($C$6, $C$14, $C$23)",并将其复制到单元格 K14 和单元格 K23。

(8) 在单元格 L9 中输入公式"=C9/SUM($C$9, $C$18, $C$25)",并将其复制到单元格 L18 和单元格 L25。

(9) 在单元格 M10 中输入公式"=C10/SUM($C$10, $C$19, $C$26)",并将其复制到单元格 M19 和单元格 M26。

(10) 在单元格 H28 中输及公式"=SUM(H6:H27)",将其复制到单元格区域 I28:M28。

现金流量表分析模型运行结果如图 11-14 所示。

图 11-14　华夏公司的现金流量表分析模型

第三节 | 财务比率分析模型

一、财务比率分析模型概述

财务比率分析是指将资产负债表、利润表、现金流量表的有关项目进行对比,计算出一系列的财务比率,以此来揭示企业的财务状况。

财务比率涉及企业经营管理的各个方面,财务比率通常分为 4 大类,即偿债能力比率、获利能力比率、营运能力比率、发展能力比率。

二、财务比率指标

1. 偿债能力比率

偿债能力比率又称变现能力比率,是衡量企业产生现金能力大小的比率。偿债能力比率主要有如表 11-1 所示几种。

表 11-1　　　　　　　　　　　　偿债能力比率分析指标

大类	分 类	比率指标名称	计 算 公 式
偿债能力比率	短期偿债能力比率	流动比率	流动资产/流动负债
		速动比率	(流动资产－存货)/流动负债
		现金比率	可立即动用的资金/流动负债
		现金流量比率	经营活动现金流量/流动负债
	长期偿债能力比率	资产负债率	负债总额/资产总额
		股东权益比率	股东权益总额/资产总额
		偿债保障比率	负债总额/经营活动现金净流量
	负担利息和固定费用能力	利息保障倍数	息税前利润/利息费用
		固定费用保障倍数	税前及支付固定费用前利润/[利息费用＋租金＋优先股股利/(1－税率)]

2. 获利能力比率

获利能力是企业赚取利润的能力。企业的获利能力指标越来越受到投资人、债权人等的重视。获利能力比率主要有如表 11-2 所示几种。

表 11-2　　　　　　　　　　　　获利能力比率分析指标

大类	分类	比率指标名称	计算公式
获利能力比率	与营业收入有关的获利能力比率	销售毛利率	销售毛利/营业收入
		销售净利率	净利润/营业收入
	与资金有关的获利能力比率	资产净利率	净利润/资产平均总额
		净资产收益率	净利润/净资产平均总额
	与股份数或股票价格有关的获利能力比率	普通股每股收益	(净利润－优先股股利)/发行在外的普通股平均股数
		普通股每股现金流量	(经营活动现金净流量－优先股股利)/发行在外的普通股平均股数
		普通股每股股利	普通股现金股利/发行在外的普通股平均股数
		市盈率	普通股每股市价/普通股每股收益
		市净率	普通股每股市价/普通股每股净资产

3. 营运能力比率

营运能力又称资产管理能力,营运能力比率是用来衡量企业在资产管理方面的效率的财务比率。营运能力比率主要有如表 11-3 所示几种。

表 11-3　　　　　　　　　　　　营运能力比率分析指标

大类	分类	比率指标名称	计算公式
营运能力比率	反映资产周转情况比率	应收账款周转率	营业收入/应收账款平均余额
		应收账款周转天数	360/应收账款周转率
		存货周转率	销售成本/存货平均余额
		存货周转天数	360/存货周转率
		流动资产周转率	营业收入/流动资产平均余额
		固定资产周转率	营业收入/固定资产平均余额
		总资产周转率	营业收入/资产平均余额
	产生现金能力的比率	经营现金使用效率	经营活动现金流入/经营活动现金流出
		现金利润比率	现金及现金等价物净增加额/净利润
		现金收入比率	经营活动现金净流量/营业收入

4. 发展能力比率

企业的发展能力又称企业的成长性,它是企业通过自身的生产经营活动,不断扩大积累而形成的发展潜能。发展能力比率主要有如表 11-4 所示几种。

表 11-4 　　　　　　　　　　　　　发展能力比率分析指标

大类	分 类	比率指标名称	计 算 公 式
发展能力比率	与资产有关的增长率	总资产增长率	（期末总资产－期初总资产）/期初总资产
		净资产增长率	（期末净资产－期初净资产）/期初净资产
	与收入和利润有关的增长率	营业收入增长率	（本期营业收入－上期营业收入）/上期营业收入
		净利润增长率	（本期净利润－上期净利润）/上期净利润

三、建立财务比率分析模型的具体方法

【案例 11-5】　华夏公司 2018 年的资产负债表、利润表、现金流量表分别存放在"第 11 章 Excel 在财务分析中的应用"工作簿中名为"资产负债表分析模型""利润表分析模型""现金流量表分析模型"的 3 张工作表中。

要求：建立 2018 年华夏公司的各项财务比率分析模型。

【操作步骤】

1. 设计财务比率分析模型结构

如图 11-15 所示，计算财务比率过程中所用的其他数据如单元格区域 G2：H17 所示。

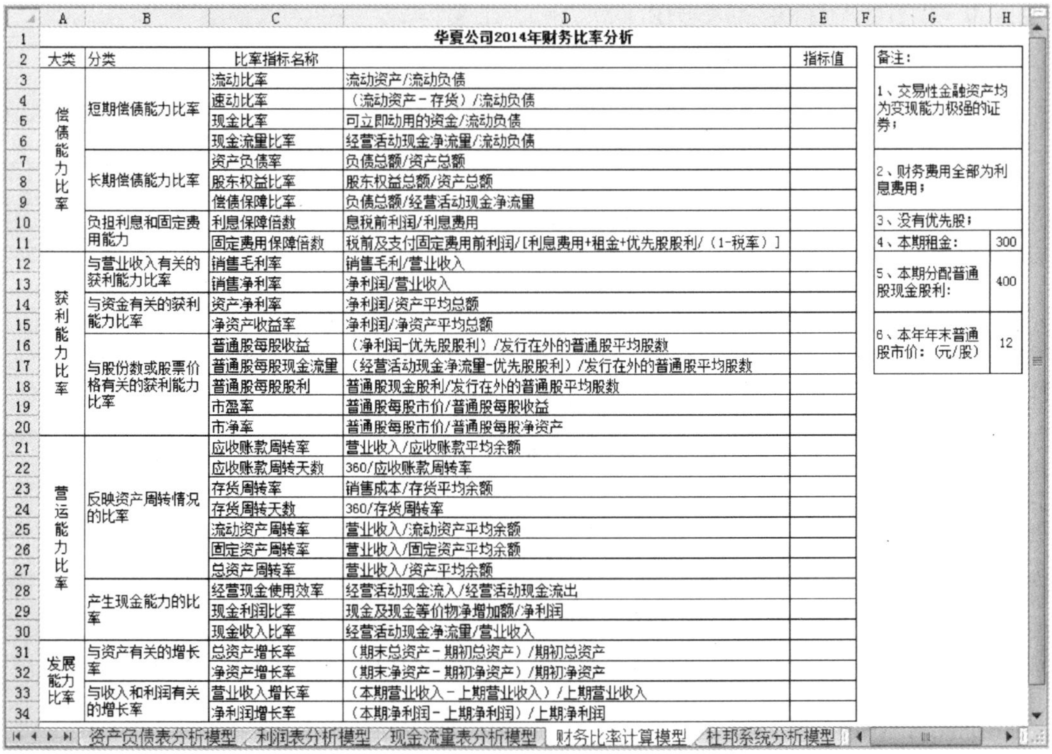

图 11-15　华夏公司的财务比率分析模型结构

2. 输入公式(见表 11-5)

表 11-5   华夏公司的财务比率分析模型公式

单元格	计 算 公 式
E3	=资产负债表分析模型!B9/资产负债表分析模型!E7
E4	=(资产负债表分析模型!B9−资产负债表分析模型!B8)/资产负债表分析模型!E7
E5	=(资产负债表分析模型!B5+资产负债表分析模型!B6)/资产负债表分析模型!E7
E6	=现金流量表分析模型!B10/资产负债表分析模型!E7
E7	=资产负债表分析模型!E12/资产负债表分析模型!B19
E8	=资产负债表分析模型!E18/资产负债表分析模型!B19
E9	=资产负债表分析模型!E12/现金流量表分析模型!B10
E10	=(利润表分析模型!B21+利润表分析模型!B20+利润表分析模型!B10)/利润表分析模型!B10
E11	=(利润表分析模型!B21+利润表分析模型!B20+利润表分析模型!B10+财务比率计算模型!H11)/(利润表分析模型!B10+财务比率计算模型!H11)
E12	=(利润表分析模型!B4−利润表分析模型!B5−利润表分析模型!B6)/利润表分析模型!B4
E13	=利润表分析模型!B21/利润表分析模型!B4
E14	=利润表分析模型!B21/((资产负债表分析模型!B19+资产负债表分析模型!C19)/2)
E15	=利润表分析模型!B21/((资产负债表分析模型!E18+资产负债表分析模型!F18)/2)
E16	=利润表分析模型!B21/资产负债表分析模型!E14
E17	=现金流量表分析模型!B10/资产负债表分析模型!E14
E18	=H12/资产负债表分析模型!E14
E19	=H15/E16
E20	=H15/(资产负债表分析模型!E18/资产负债表分析模型!E14)
E21	=利润表分析模型!B4/((资产负债表分析模型!B7+资产负债表分析模型!C7)/2)
E22	=360/E21
E23	=利润表分析模型!B5/((资产负债表分析模型!B8+资产负债表分析模型!C8)/2)
E24	=360/E23
E25	=利润表分析模型!B4/((资产负债表分析模型!B9+资产负债表分析模型!C9)/2)
E26	=利润表分析模型!B4/((资产负债表分析模型!B14+资产负债表分析模型!C14)/2)
E27	=利润表分析模型!B4/((资产负债表分析模型!B19+资产负债表分析模型!C19)/2)
E28	=现金流量表分析模型!B6/现金流量表分析模型!B9
E29	=现金流量表分析模型!B28/利润表分析模型!B21
E30	=现金流量表分析模型!B10/利润表分析模型!B4
E31	=(资产负债表分析模型!B19−资产负债表分析模型!C19)/资产负债表分析模型!C19
E32	=(资产负债表分析模型!E18−资产负债表分析模型!F18)/资产负债表分析模型!F18
E33	=(利润表分析模型!B4−利润表分析模型!C4)/利润表分析模型!C4
E34	=(利润表分析模型!B21−利润表分析模型!C21)/利润表分析模型!C21

3. 财务比率分析模型的运行结果如图 11-16 所示。

	A	B	C	D	E
1	大类	分类	比率指标名称	华夏公司2018年财务比率分析 计算公式	指标值
2					
3	偿债能力比率	短期偿债能力比率	流动比率	流动资产/流动负债	2.02
4			速动比率	（流动资产-存货）/流动负债	0.71
5			现金比率	可立即动用的资金/流动负债	0.31
6			现金流量比率	经营活动现金净流量/流动负债	0.40
7		长期偿债能力比率	资产负债率	负债总额/资产总额	23.79%
8			股东权益比率	股东权益总额/资产总额	76.21%
9			偿债保障比率	负债总额/经营活动现金净流量	3.59
10		负担利息和固定费用能力	利息保障倍数	息税前利润/利息费用	14.36
11			固定费用保险倍数	税前及支付固定费用前利润/[利息费用+租金+优先股股利/（1-税率）]	8.29
12	获利能力比率	与营业收入有关的获利能力比率	销售毛利率	销售毛利/营业收入	34.81%
13			销售净利率	净利润/营业收入	15.58%
14		与资金有关的获利能力比率	资产净利率	净利润/资产平均总额	13.99%
15			净资产收益率	净利润/净资产平均总额	18.43%
16		与股份数或股票价格有关的获利能力比率	普通股每股收益	（净利润-优先股股利）/发行在外的普通股平均股数	0.31
17			普通股每股现金流量	（经营活动现金净流量-优先股股利）/发行在外的普通股平均股数	0.16
18			普通股每股股利	普通股现金股利/发行在外的普通股平均股数	0.03
19			市盈率	普通股每股市价/普通股每股收益	38.67
20			市净率	普通股每股市价/普通股每股净资产	6.53
21	营运能力比率	反映资产周转情况的比率	应收账款周转率	营业收入/应收账款余额	14.22
22			应收账款周转天数	360/应收账款周转率	25.32
23			存货周转率	销售成本/存货平均余额	2.51
24			存货周转天数	360/存货周转率	143.48
25			流动资产周转率	营业收入/流动资产平均余额	2.85
26			固定资产周转率	营业收入/固定资产平均余额	1.71
27			总资产周转率	营业收入/资产平均总额	0.90
28		产生现金能力的比率	经营现金使用效率	经营活动现金流入/经营活动现金流出	1.15
29			现金利润率	现金及现金等价物净增加额/净利润	0.06
30			现金收入比率	经营活动现金净流量/营业收入	0.08
31	发展能力比率	与资产有关的增长率	总资产增长率	（期末总资产-期初总资产）/期初总资产	19.31%
32			净资产增长率	（期末净资产-期初净资产）/期初净资产	20.30%
33		与收入和利润有关的增长率	营业收入增长率	（本期营业收入-上期营业收入）/上期营业收入	20.31%
34			净利润增长率	（本期净利润-上期净利润）/上期净利润	16.96%

資产负债表分析模型　利润表分析模型　现金流量表分析模型　财务比率计算模型　杜邦系统分析模型

图 11-16　华夏公司的财务比率分析模型运行结果

❓ 相关思考 11-1 ....

你还知道哪些财务比率?

请问:除了教材上提到的财务比率,你还知道哪些财务比率?

(1) 长期负债比率常见的还有以下比率:

产权比率＝负债总额/所有者权益

有形资产债务率＝负债总额/(所有者权益－无形资产净值)

(2) 获利能力比率常见的还有以下比率:

营业利润率＝营业利润/营业收入

总资产报酬率＝息税前利润/平均资产总额＝(营业利润＋利息费用)/平均资产总额

第四节 企业间财务状况的比较分析

一、企业间财务状况的比较分析概述

在进行财务报表分析时,计算出财务比率后,会发现无法判断其与同行业、同规模的其他企业相比是偏高还是偏低,如果仅将该指标与本企业的历史指标进行比较,只能看到自身的变化,无法判断企业在竞争中所处的地位。因此只有进一步与同行业、同规模的其他企业相比才能看到与对方的区别,才会发现问题,进而去解决问题。

二、企业间财务状况比较分析的方法

(一) 比较标准

通常采用"标准财务比率"或"理想财务报表"进行比较和分析。

1. 用标准财务比率进行比较、分析

标准财务比率是指特定国家、特定时期和特定行业的平均财务比率。标准财务比率的建立主要采用统计方法,即以大量历史数据的统计结果作为标准。

2. 采用理想财务报表进行比较、分析

理想财务报表是根据标准财务报表比率和所考察企业的规模来共同确定的财务报表,反映了企业的理想财务状况。决策人可以将理想财务报表与实际的财务报表进行对比分析,从而找出差距和原因。

(1) 理想资产负债表。理想资产负债表的百分比结构,来自行业平均水平,以百分比表示的理想资产负债表如表11-6所示:

表 11-6 理想资产负债表的百分比结构

项 目	理想比率	项目	理想比率
流动资产:	60%	负债:	40%
速动资产	30%	流动负债	30%
盘存资产	30%	长期负债	10%
固定资产:	40%	所有者权益:	60%
		实收资本	20%
		公积金	30%
		未分配利润	10%
总 计	100%	总 计	100%

(2) 理想利润表。理想利润表的百分率是以营业收入为基础。通常情况,毛利率因行业而异,周转快的企业奉行薄利多销的原则,毛利率一般偏低;周转慢的企业毛利率一般较高。每一个行业都有一个自然形成的毛利率水平。

以百分比表示的理想利润表如表11-7所示,其中所得税费用由于纳税调整等原因,假设为6%:

表 11-7 理想利润表的百分比结构

项 目	理想比率
营业收入	100%
销售成本(包括销售税费)	75%
毛利	25%
期间费用	13%
营业利润	12%

(续表)

项　　目	理想比率
营业外收支净额	1%
利润总额	11%
所得税费用	6%
净利润	5%

　　在确定了以百分比表示的理想利润表后,即可根据企业某一会计期间的营业收入金额来设计以绝对数额表示的理想利润表,然后再与企业实际的利润表进行比较分析,以判断企业实际利润表的优势与劣势,从而找到问题并寻找其原因,最终达到解决问题的目的。

　　【案例 11-6】 　根据图 11-9 华夏公司 2018 年的利润表数据(不包括投资收益),按营业收入 23 100 万设计并编制出"华夏公司实际利润表与理想利润表的差异比较表"(单位:万元)。

　　【操作步骤】

　　(1) 各项目"理想金额"=23 100 万 * 各项目的理想比率。

　　(2) "本年金额"根据图 11-9 利润表依次取数填写。

　　(3) 各项目"差异"=各项目"本年金额"-"理想金额"。

　　(4) 结果如表 11-8 所示。

表 11-8　　　　　　　　　　**华夏公司实际利润表与理想利润表差异比较**

项　　目	理想比率	理想金额	本年金额	差　异
营业收入	100%	23 100	23 100	—
销售成本(包括销售税费)	75%	17 325	15 060	-2 265
毛利	25%	5 775	8 040	2 265
期间费用	13%	3 003	3 410	407
营业利润	12%	2 772	4 630	1 858
营业外收支净额	1%	231	-140	-371
利润总额	11%	2 541	4 490	1 949
所得税费用	6%	1 386	1 210	-176
净利润	5%	1 155	3 280	2 215

　　根据"差异"结果,对每一项的差异进行分析,找到问题并寻找其原因,进而采取措施最终达到解决问题的目的。

　　(二) 企业间财务状况比较分析的运用

　　下面以标准财务比率分析为例进行说明。

　　【案例 11-7】 　根据图 11-16 华夏公司的财务比率分析模型运行结果,以其中 6 个主要的财务比率数据与标准财务比率(通过相关渠道得到)进行对比,编制出"华夏公司实际财务比率与理想财务比率差异比较表"。

【操作步骤】

（1）"标准财务比率"，通过相关渠道取得并进行填写。

（2）"本企业财务比率"根据图 11-16 华夏公司的财务比率分析模型运行结果进行取数填写。

（3）各比率指标的"差异"＝各指标"本企业财务比率"－"标准财务比率"。

（4）结果如表 11-9 所示：

表 11-9 　　　　　　　华夏公司实际财务比率与理想财务比率差异比较

比率指标名称	标准财务比率	本企业财务比率	差　异
流动比率	2	2.02	0.02
速动比率	1	0.71	－0.29
资产负债率	50%	23.79%	－26.21%
净资产收益率	20%	18.43%	－1.57%
应收账款周转率	6	14.22	8.22
总资产周转率	1	0.90	－0.10

根据"差异"结果，对每一项的差异进行分析，找到问题并寻找其原因，进而采取措施解决问题。

第五节　综合财务分析

综合财务分析是指对企业的财务状况和经营成果等各方面情况进行综合的评价。只有对各种财务指标进行系统、综合的分析，了解内部的各项因素及其相互之间的关系，才能对企业的财务状况和经营成果做出全面合理的评价。

综合财务分析的方法主要有财务比率综合评分法和杜邦系统分析法两种。

一、财务比率综合分析法

采用财务比率综合分析法对企业进行综合财务分析时，一般分为以下几个步骤：

（1）选择一套具有代表性的财务指标。

（2）确定各项财务指标的标准评分值。

（3）确定各项财务指标的行业标准值。

（4）填写各项财务指标的实际值。

（5）计算各项财务指标的关系比率：关系比率＝实际值/标准值。

（6）计算各项财务指标的实际得分：实际得分＝标准评分值×关系比率。

（7）计算综合分数：为各财务指标的实际得分值之和。

（8）根据综合分数的高低对企业的财务状况进行综合评判。

【案例 11-8】 根据图 11-16 华夏公司的财务比率分析模型运行结果、行业标准评分值、行业标准值数据。

要求：建立计算华夏公司综合分数并做出综合评价的模型。

【操作步骤】

（1）建立"综合评分表"的设计模型结构，如图 11-17 所示。

图 11-17　华夏公司综合财务分析模型结构

（2）根据相关渠道取得并输入"标准评分值"和"行业标准值"。

（3）根据图 11-16 华夏公司的财务比率分析模型运行结果，取其相关数据填写"实际值"。输入公式（见表 11-10）。

表 11-10　　　　　　　　　　华夏公司财务指标"实际值"公式

单 元 格	计 算 公 式
E3	＝财务比率计算模型!E3
E4	＝财务比率计算模型!E5
E5	＝财务比率计算模型!E8
E6	＝财务比率计算模型!E10
E7	＝财务比率计算模型!E13
E8	＝财务比率计算模型!E14
E9	＝财务比率计算模型!E15
E10	＝财务比率计算模型!E21
E11	＝财务比率计算模型!E23
E12	＝财务比率计算模型!E27

（4）计算各指标的"关系比率"，即"实际值"与"标准值"之比。单击单元格 F3，输入计算公式"＝E3/D3"。利用公式复制功能，将单元格 F3 中所使用的公式复制并粘贴到单元格 F4 至 F12 中。

（5）计算各项财务指标的实际得分：实际得分＝标准评分值＊关系比率。单击单元格 G3，输入计算公式"＝C3＊F3"。利用公式复制功能，将单元格 G3 中所使用的公式复制并粘贴到单元格 G4 至 G12 中。

（6）计算综合分数：即各财务指标的实际得分值之和。在单元格 G13 中，输入计算公式

"＝SUM(G3：G12)"，或单击"求和"按钮得到合计值。

（7）根据综合分数的高低对企业的财务状况进行综合评判。在合并单元格 C14 中输入"＝IF(G13＝100,"与行业平均水平一致",IF(G13＞100,"比同行业平均水平好","比行业平均水平差"))"。

运行结果如图 11-18 所示。

	华夏公司2018年综合评分表					
指标类别	指标名称	标准评分值	行业标准值	实际值	关系比率	实际得分
偿债能力比率	流动比率	8	2	2.02	1.01	8.06
	现金比率	8	0.3	0.31	1.03	8.24
	股东权益比率	12	50%	76.21%	1.52	18.29
	利息保障倍数	8	20	14.36	0.72	5.74
获利能力比率	销售净利率	10	12%	15.58%	1.30	12.99
	资产净利率	10	15%	13.99%	0.93	9.33
	净资产收益率	16	20%	18.43%	0.92	14.75
营运能力比率	应收账款周转率	8	6	14.22	2.37	18.95
	存货周转率	8	5	2.51	0.50	4.01
	总资产周转率	12	1	0.90	0.90	10.78
合计		100				111.14
综合评价结论：			比同行业平均水平好			

企业间财务状况比较分析-标准财务比例 ┃ 综合评分表 ┃ 杜邦系统分析模型

图 11-18　华夏公司综合财务分析模型运行结果

本例中，华夏公司综合评分为 111.14 分，说明该企业的综合财务状况很理想。

二、杜邦系统分析法

杜邦系统是由美国杜邦公司的管理人员在实践中总结出来的一种指标分解体系，因此称之为杜邦系统。该系统是从综合性最强的净资产收益率指标出发，逐层进行指标分解，从而分析影响该指标的因素，以便找到提高净资产收益率的有效途径。

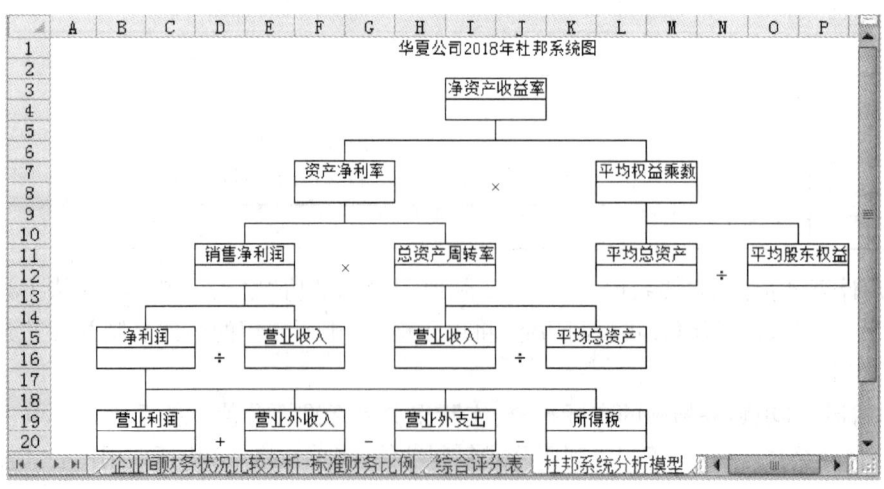

图 11-19　华夏公司杜邦系统分析模型

【案例 11-9】 根据 2018 年华夏公司的资产负债表分析模型、利润表分析模型。

要求:建立华夏公司 2018 年的杜邦系统分析模型。

【操作步骤】

(1) 建立"华夏公司杜邦系统分析模型",如图 11-19 所示。

(2) 输入相应指标的计算公式(见表 11-11)。

表 11-11 华夏公司杜邦系统分析中相关财务指标公式

单元格	计 算 公 式
B20	=利润表分析模型!B16
E20	=利润表分析模型!B17
H20	=利润表分析模型!B18
K20	=利润表分析模型!B17
B16	=利润表分析模型!B20
E16	=利润表分析模型!B4
H16	=利润表分析模型!B4
K16	=(资产负债表分析模型!B19+资产负债表分析模型!C19)/2
D12	=B16/E16
H12	=H16/K16
F8	=D12 * H12
L12	=(资产负债表分析模型!B19+资产负债表分析模型!C19)/2
O12	=(资产负债表分析模型!E18+资产负债表分析模型!F18)/2
L8	=L12/O12
I4	=F8 * L8

杜邦系统分析模型运行的结果如图 11-20 所示。

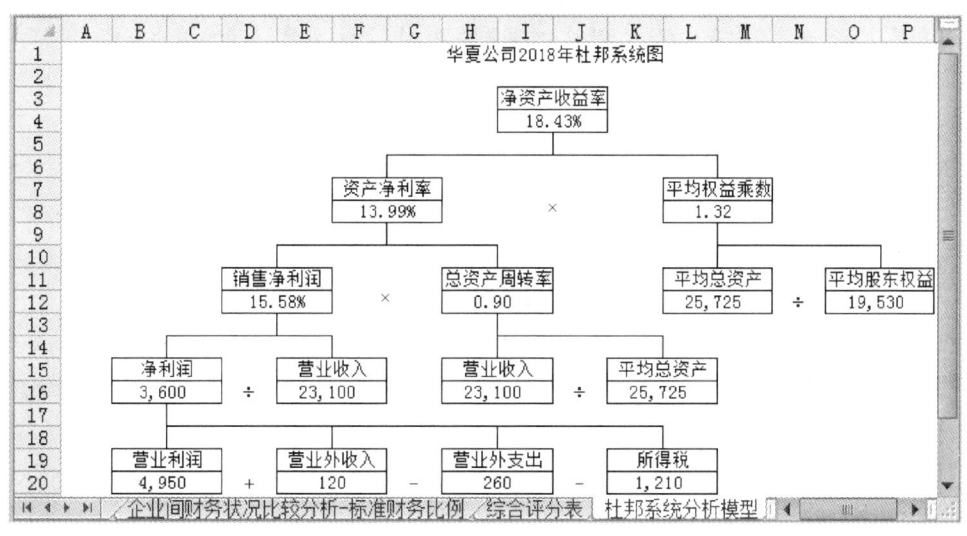

图 11-20 华夏公司杜邦系统分析模型运行结果

通过杜邦系统分析,可以直观、明了地反映出企业的综合财务状况,该指标能够解释各指标变动的原因和变化趋势,为决策者采取措施指明了方向。

本 章 小 结

本章主要学习了:资产负债表分析模型、利润表分析模型、现金流量表分析模型、财务比率分析模型;企业间财务状况的比较分析;财务比率的综合分析以及杜邦分析法。

本 章 重 要 概 念

财务分析　比率分析　资产负债表分析模型　利润表分析模型　现金流量表分析模型
财务比率分析模型　企业间财务状况的比较分析　财务比率的综合分析　杜邦分析法

思 考 与 练 习

1. 简述财务分析的定义。
2. 财务分析有哪些方法?
3. 反映企业偿债能力、获利能力、营运能力、企业发展能力分别有哪些主要指标?
4. 什么是杜邦系统分析法?

推 荐 阅 读 资 料

[1] 崔杰,姬昂,崔婕.Excel 在会计和财务中的应用[M].5 版.北京:清华大学出版社,2015.

[2] 丁昌萍,韩丹,宁方旭.Excel2010 财务应用教程[M].北京:人民邮电出版社,2015.

[3] 韩良智.Excel 在财务管理中的应用[M].3 版.北京:清华大学出版社,2015.

[4] 桂良军.Excel 会计与财务管理——理论、方案暨模型[M].2 版.北京:高等教育出版社,2016.